本丛书得到韬奋基金会资金资助
“十一五”国家重点图书出版规划项目

书林守望丛书

编辑的悟性

郑一奇 著

首都师范大学出版社

图书在版编目(CIP)数据

编辑的悟性 / 郑一奇著．—北京：首都师范大学出版社，2009.9

(书林守望丛书 / 吴道弘主编)

ISBN 978-7-81119-536-1

Ⅰ．编… Ⅱ．郑… Ⅲ．编辑工作-文集 Ⅳ．G232-53

中国版本图书馆 CIP 数据核字(2009)第 125440 号

书林守望丛书

BIANJI DE WUXING

编辑的悟性

郑一奇　著

项目统筹：张　巍

责任编辑：杨林玉　　责任设计：张　朋

责任校对：王亚利　　责任印制：沈　露

首都师范大学出版社出版发行

地　址　北京西三环北路 105 号

邮　编　100048

电　话　68418523(总编室)　68982468(发行部)

网　址　www.cnupn.com.cn

北京嘉实印刷有限公司印刷

全国新华书店发行

版　次　2009 年 9 月第 1 版

印　次　2009 年 9 月第 1 次印刷

开　本　787mm×1 092mm　1/16

印　张　16.75

字　数　245 千

定　价　37.00 元

做文化的守望者

——《书林守望丛书》总序

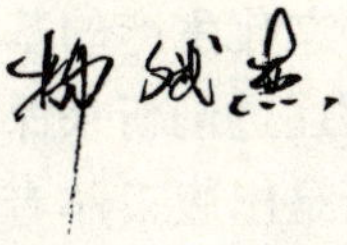

文化是每一个民族赖以生存的根基和灵魂，而出版事业和出版物，是民族文化的结晶，是民族精神的物质承载者，是衡量一个国家和民族文明程度的重要标志。从事这项伟大事业的出版人，不仅是出版活动的实践者，而且是人类文化创造、积累、交流、传播的组织者和参与者，是文化产品的生产者、民族精神的护卫者和时代精神的弘扬者。任何时代，治书修史者都肩负着神圣的历史责任、文化责任、社会责任，在我国，这种传统一直延续了几千年。但是，目前受名利诱导和网络快餐文化的影响，出版界跟风炒作、追求市场效应一夜成名而不顾文化品位等现象时有耳闻。在种种浮躁的背后，反映出来的是出版从业者文化品格的缺失。唯其如此，为繁荣学术和民族文化而坚守文化天职、恪守社会责任的职业精神和文化追求，尤其值得在出版界大力弘扬。

出版人是文化薪火的传承者，具有坚守文化自信的历史责任。众所周知，出版是人类文明薪火相传的重要依托，一个国家民族科学文化的传播和传承，有赖于它的出版事业。中华文明之所以历经五千年而一脉不绝，就在于中国历代政治家、著作家、出版家、藏书家接续几千年文明发展进程中形成的尊崇历史、珍惜古籍、编修文献、善待图书、重视典藏的优良传统，他们将中华文化的精髓融入历代出版物之中，一代一代地传之后世，肩负起了将一个时代的科学文化及思想智慧真实地记录下来、传承下去的历史责任，使中华民族的文化根基与时俱丰、愈加巩固。作为新时期文化创新和文化传播的主体，当代出版工作者更加需要继承传统、关注时代，一方面自觉承担起对民族文化传统的保存、整理、批判、传承的责任，保持中华文化的统一性、延续性；另一方面推动文化创新和发展，弘扬和培育符合时代要求的民族精神，在增强民族的凝聚力、创造力以及同世界其他文明进行对话的文化自信力方面作出贡献，使中华民族独立于世界民族之林的文化根基更加坚韧。

出版人是文化创新的推动者，具有坚守文化本性的特殊责任。作为一种文化生产的基本业态，出版既有产业的属性，又有意识形态的属性，必须通过创新来保持文化的独特品质和内容的先进性。从这个意义上说，创新是出版工作者的不竭动力和显著特征，不仅是文化积累和产品制造的组织者，而且也是文化内容的选择者和把关者，当然应当是新知识领域的开拓者和新成果的发现者、催生者。一方面，知识的保存、生产和应用，文化和技术的传承、生产和原创，都是以出版活动为基础的。历史上重要的思想创新、科学发现和技术进步主要是通过出版物得以传承和发展的。另一方面，从造纸术、印刷术到当代激光照排系统、计算机王码汉字处理系统以及数字技术的应用，出版人率先将新成果引进出版业，引发出版形式和内容的不断创新。在文化传播过程中，出版人通过传承优秀民族文化、吸收外国文化精华、把握时代需要，促进着社会文化的不断进步。而现代出版史上鲁迅发现大批文学青年、叶圣陶对巴金处女作的慧眼识珠、巴金对曹禺作品的琢璞为玉的佳话，也反映了出版人所必备的发现新人新作的创新品质。在当前的创新型时代、创新型国家建设的过程中，人民群众的伟大创造，已然成为文化创新取之不尽、用之不竭的源泉，迫切需要出版工作者发现、认识、扶持、推广，进而铺垫中华民族元气深厚的文化创新的阶石，培育中华民族根深叶茂、神韵独具的文化创新的活力。

出版人是时代思潮的引领者，具有坚守文化领土与文化阵地的社会责任。出版的本质不仅在于积累文化、创造新知，不断推出更优秀的文明成果，而且还在于按照一定的价值目标对社会现实文化作出评价，通过选择、把关实现对社会风气、学术思潮、文化倾向的引导。古代中国知识分子正是借助“竹帛长存”所构成的社会认知体系和社会规范体系，才唤起了“见贤而思齐”的文化自觉和道德自律。“五四”时期以《新青年》为中心凝聚的一大批知识青年的出版传播活动，将“科学”与“民主”汇聚成了思想解放的伟大潮流。在当今政治多极化、经济全球化、文化多元化、新技术日新月异的国际背景下，在经济社会急剧转型、社会文化事业和文化产业发展不平衡的国内背景下，承担着建构社会主义和谐社会及传播先进文化的神圣使命的出版工作者，其选择、把关进而引导大众的责任更加重大，需要通过对精神生产加以规划与组织，对精神产品进行鉴别与加工，对文化遗产作出选择和整理，对社会信息予以筛选和传递，打造传承主流文化和主流价值观的精品力作，不断巩固主流文化阵地。这就要求当代出版工作者必须深深植根于中国特色社会主义伟大实践，敏锐把握时代变革的风气之先，不随波逐流，不跟风炒作，不断提高辨别真善美和引导大众文化、传播主流文化和主流价值观的能力，致力于弘扬民族精神和时代精神，为中国的改革开放和现代化建设事业提供有力的思想保证、精神动力和智力支持。

历史已经证明，出版业作为文化传承和文化创新的核心，如果没有文化理想和文化追求，便失去了发展的根基。而出版工作者的文化价值取向、人文素养、文化责任、文化运作能力和学术品评能力，又直接影响到出版物的文化含量。从这个意义上说，对于文化的坚守，不仅是一种出版理念，也是一项出版实践。在竞争日益激烈的世界文化市场中，能否坚持文化本位，能否坚守文化责任，对新时期的出版从业者来说，无疑是一种严峻的考验。《书林守望丛书》的问世，为我们提供了一部关于新中国出版人的精神文化启示录。其中反映出的经过沉淀而彰显的文化品格，尤其应该成为新时期出版工作者的精神支柱。这套丛书的作者，是一群深深地钟情于出版事业的文化守望者，他们在“书荒”时代辛勤耕耘，在“书海”时代坚持方向，恪守文化的尊严，组织、规划、策划、编辑、出版过一大批反映时代精神、民族精神及具有学术价值、文化品位的标志性工程，主持、主编过一大批科学、人文、经济、教育等方面为广大读者喜闻乐见的知识读物，为全社会提供优秀的精神食粮作出过重要贡献。在他们身上体现出来的勇于开拓、后启来者的创新精神和坚守精神家园、淡泊名利的文化风骨，堪称典范。希望通过这套丛书的出版，使新时期的出版工作者形成一种更加清醒的文化自觉，在文化与产业协调发展的道路上走得更加坚定，产生更多让世界为之惊喜的拥有自主知识产权的民族文化品牌，再现中华民族宏大的文化气魄。

当前，出版业的发展同政治、经济、社会、文化的发展一样，要在世界范围内的大对话、大交流、大竞争、大角逐中，把握机遇，迎接挑战，创造新的辉煌，需要一大批具有真才实学且能开阔视野、崇尚科学、追求真理、尊重创造、包容多样的新型复合型出版人才，来担当中国特色社会主义文化建设的推动者。《书林守望丛书》汇集的新中国成立六十年来成长起来的十几位出版家在长期为人作嫁的职业生涯中的思想火花、书坛掌故，集中反映了新时期出版工作者的精神风貌，不仅抓住了时代的新变化，也深刻把握了出版职业的新要求。这套丛书的作者，或者长于出版规划，或者长于鉴赏加工，或者长于经营管理，但都有将丰富的实践经验升华为理论的深沉思考。将这些经过实践检验的理论总结汇集起来，转化为鲜活的历史智慧和生命依托，对于未来的新型出版人才，无疑具有深远的精神哺育作用。我希望这套丛书的出版，能够吸引更多才华横溢、富有创造力的新军投身我们的出版事业，使中国出版人的文化守望薪火相传，为推动社会主义文化大发展大繁荣建功立业。

2009 年 7 月

目 录

自 序

2007年我在审读一部艺术类书稿时，读到了这样一段话："悟性、功力、境界是一切人类文化创造活动不可缺少的要素。"我用这段话来回顾、总结自己从事过的30年的编辑工作，不觉豁然贯通。我体会到编辑是发现文化成果的创造者，现代社会文化创造成果的完善、传播，离不开编辑创造性的劳动。为了更深入地了解编辑创造性的劳动是怎样展开的，也为了给大学编辑出版专业的学生讲课，近些年我读过多种中外编辑家写的回忆录与经验总结，也读过新出版的多种出版编辑专业教材，得到不少启示。但是也感到还有不满足之处：比如有的编辑家结合自己的实际经验来写，比较生动具体，但又缺少抽象的概括与理论上的思考；有的专家教授编的相关教材，条理清晰、视野开阔，颇具前瞻性，但又缺少实际工作的体会。而且这些著作都没有深入回答以下问题：为什么编辑工作是和工程师、艺术家的工作一样，也是充满创造性的？要发挥编辑工作的创造性，编辑自身应达到什么境界？具备什么样的功力？编辑如何修炼自己的悟性？

我非常热爱编辑工作，以至2001年退休后，还在为编辑工作奔忙，帮助、带领一些年轻编辑从事编辑活动，也在一些大专院校讲授编辑专业知识，现在写出的这部新书，就是我近些年来实际工作总结与教学研究的成果。我在工作与教学中体会到：要向青年编辑讲授编辑业务知识，除了要传授这方面的基本知识、基本技能，还要传授编辑之道，即做好编辑工作应遵循的规律和应当具有的科学思维方法。编辑工作要发挥自己的创造才能，必须学会用严密的逻辑思维来指导自己的工作，也要学会用各种非逻辑思维来灵活开拓自己的工作，也就是说编辑要不断修炼自己的悟性。另外，要做好这项工作，不能只把这项工作仅仅看作是自己的一个谋生手段，而要逐步领悟这项工作的文化使命与庄严职责，要逐步领悟这项工作的独特魅力，真正爱上这项工作。

我写的这本新书是面向行业内的年轻人的，是我对编辑工作的一些理解、领悟与思考。我试图结合编辑工作的实际，思考什么是编辑的悟性？编辑的功力是什么？编辑应追求什么样的境界，至于这些思考是否成熟和深入，我准备听取专家的批评与读者的指教。

一位画家说过：大自然不缺乏美，缺乏的是发现。借用这句话，我可以说：编辑工作不缺乏美，编辑工作之美，需要我们共同来发现。在这方面的研究上，我对年轻一代的同行也充满了期待与希望。

2007 年 12 月

第一章

编辑悟性纵横谈

我与编辑工作结缘，已有整30年了。开始结缘，纯属偶然。缘分至今不断、不舍，也是必然。其中有引路人的点拨，有名师的传授，有悟性的顿开，有功成的喜悦，也有不尽的遗憾。故事开始在1977年。

第一节　半路出家当了编辑

我是一位老编辑，从1977年11月到中国青年出版社做编辑工作至今，已在编辑岗位上工作30年了。30年“煮字生涯”“为人作嫁”，这份工作我却越干越有滋味。2001年我退休后，还为社里社外各种编辑活动忙碌着。编辑工作成了我的真爱，与自己的生命历程密不可分了。但我与编辑工作结缘却完全是偶然的。

一、1977年，我喜出望外到中青社报到

我1962年毕业于北京师范大学历史系，毕业后没有如原先所想去当历史老师、去研究历史，而是被分配到中国人民公安部队做了青年干事，当了八年的政工干部。我本想在部队好好干下去，没想到1966年这支部队被改编，1969年我被复员到地方，到北京一工厂当了工人，在车间学开车床。期间也曾被借调出来，在北京149中学当过老师，到北京市机械局党校讲过课，一晃又是七年。我是学文科的，在工厂专业不对口，学非所用，上班又很远，总是不安心。

1977年中国青年出版社在“文革”后要复业，一天，机械局党校的关若鸾书记对我说：小郑，青年出版社要复业了，我推荐你到那儿工作吧！那时，我对出版社的工作还不甚了解，但总觉得那是知识分子可以干好的工作。况且，我就是看着中青社的书长大的。20世纪50至60年代，中青社的一些好书，如《红岩》、《回忆列宁》、马雅可夫斯基的诗集《给青年》我上中学、大学时都反复阅读过，一直珍藏着，我对中青社印象是很

我与北京市机械局党校同事合影(1977 年)

好的，听说能去著名的中国青年出版社工作，我喜出望外。

我很快就到出版社报了到。我找到东四 12 条 21 号老君堂大院，青年出版社就在这儿办公。那时，出版社的正门很小，就是一般四合院民居的小门。进了门，曲曲折折，有回廊、有翠竹、有花坛，是几套老旧的四合院平房。我去报到时见到办公地点如此老旧、窄小，还不如一所普通中学宽敞，也有点吃惊。没想到，出版过许多优秀著作的中青人，就在如此简朴的环境中工作。

二、我 37 岁时，初尝编辑工作滋味，一切要从头学起

1977 年 11 月，我 37 岁时跨进了中国青年出版社的门，半路出家，学做编辑，滋味如何呢？

我一到出版社被分配到社会科学编辑室，第一任主任是雎联五同志，这是一位很严肃、极认真，不苟言笑的老编辑。当时他 48 岁，每天来的最早，大约 7:00 就到办公室了。来了他先把煤炉捅开，让封着的火烧旺，烧上一壶开水，让办公室暖和起来(当时办公室没装暖气，靠火炉烧蜂窝煤取暖)，然后他把所有的办公桌擦干净。编辑室有八位老编辑，多是 1949 年解放前就上大学或参加革命工作的。如孟庆远同志(1923～2004)当时已 54 岁，他 1943 年考入复旦大学新闻系，1947 年在上海参加爱国民主学生运动，曾被国民党当局逮捕入狱。解放初在上海《青年报》编辑部任副主任、秘书长。1977 年，他右派问题刚改正，在社会科学编辑室编历史读物。编历史读物的还有一位老编辑宋嘉霈，他 1928 年生，

1951年毕业于辅仁大学历史系。其他几位老编辑是熊启芳、曹冰峰、王世义，还有从中央团校借调来的刘少庭、从团报借调来的张柏树。我在编辑室当时是名符其实的小字辈了。

我到编辑室接受的第一项任务是清理、登记编辑室的样书，这些样书多是"文革"前出版的，睢联五主任让我边整理，边看看有什么书可以重印的。因为当时"文革"刚结束，读者无好书可读，要先重印一批以应急需。经我手重版的书有《中国石器时代》(裴文中著)、《古代的希腊和罗马》(吴于廑著)、《历史上的北京城》(侯仁之著)、《地图史话》(陈述彭著)等，由于联系这些书的修订重版，我得以认识这几位著名学者。然后，我参与了一些经济、地理类书稿的编辑工作。工作一年多，我向睢联五主任提出，我是学历史专业的，编辑室历史类书稿也多，要求去做历史书稿的编辑工作，经他同意，我就跟着老孟、老宋学做历史读物的编辑工作了。

三、编出第一本畅销书，遭遇专家"点评"

1979年我第一次独立责编了一本新书《资本原始积累史话》，作者李乾亨是南京大学的老师，这是一本投稿。书稿我看了认为写得比较通俗生动，用大量事实，具体生动地讲述了资本主义的发家史，对青年人了解资本主义的历史、本质很有帮助，我建议列入出书计划，并为书选配了多幅历史图片。这本书出版后反响甚好，首印10万册，1988～1992、1993年又重印了3次，累计印了149 850册。书出版后为扩大影响，老孟让我写篇评介文章，我起草后，他改写一遍，增加了许多内容，并带着我去《中国青年报》见他的老朋友钟沛璋总编辑，《中国青年报》很快在头版发表了这篇3 400字的长篇书评(见1979年5月26日《中国青年报》)，这篇稿子老孟修改处很多，发表时他却把我的名字放在前面，他署名"辛智"放在后面，这体现老同志关心、扶植年轻人的热心。这是我在报上发表的第一篇书评，发表后被《新华文摘》全文转载，后又收入了《中国出版年鉴》(1980年卷)。

老孟对年轻编辑既热情扶植又严格要求。《资本原始积累史话》出版后，老孟寄了一本给上海师大历史系外国史教研室主任程纯。1979年7

月31日程纯给老孟和我写了7 500字的长信，评论此书。他认为"《史话》主要以马克思的《资本论》为理论依据，对资本的原始积累作了比较全面、通俗的叙述，有可资参考之处。尤其是书中收集的一些材料，颇能说明问题，如第八页上引用的一首歌谣，生动地反映出16世纪英国手工工场内部的状况。书中选择的插图，也是比较好的。"但他认为这本书"在观点、史实及文字方面，都存在不少值得商榷的地方。"

在观点方面，他认为书中有的表述不够准确，如"史话"有一节的副标题是"欧洲资本主义制度的产生和发展"，他认为从"史话"这节的内容看"只讲了资本主义生产关系或生产方式的产生和发展，根本没有涉及到资本主义的政治制度和意识形态"，因此用"制度"概括与此节内容不完全对应。又如书中行文说："欧洲是资本主义的故乡"，程纯认为用"故乡"不妥，因为虽然"资本主义最早产生于欧洲，并最早在欧洲取得统治地位，但不能说欧洲以外就不存在产生资本主义的条件，那里的资本主义都是从'故乡'欧洲传播过去的。"

在史实方面，"史话"中说"葡萄牙、西班牙15世纪末，他们的殖民地已遍及欧亚非三洲"，程纯指出，这样表述没有史实依据：当时两国"在欧洲根本没有殖民地。在非洲，葡萄牙主要占据了西非沿海一些地区、一些据点以及大西洋中的若干岛屿；西班牙尚未插足非洲。至于说到亚洲，为时也过早。"又如"史话"中说"到了16、17、18世纪以后，荷兰的、法国的、英国的海盗，横行海上，盛极一时……"程纯质疑："到底是十几世纪以后?"认为书中说法"含糊其词"，"实际情况是，海盗活动盛行于16至17世纪。"

在文字方面，"史话"中说1494年的教皇子午线"它在地球西经41度与45度之间，自南向北横穿大西洋"。程纯认为"既然是由南向北，又怎么'横穿'大西洋呢？明明是纵分大西洋嘛。"……

编辑室收到这封信后，睢联五主任、老孟都认真阅读了，老孟还在来信上逐条作了批注，表明他的看法。睢联五主任批示：把程纯的意见向作者转达，有些问题"请程纯同志跟作者直接通讯讨论。"李乾亨收到信后，给我写了5 700字的信，对程纯的质疑作了逐条说明，多数观点表述方面的问题，他并不同意，引经据典一一回复，保留了自己的看法。但史实与文字表述上不准确处，他都同意作出修改。老睢又批示：将两封信作为业务参考，在编辑室内传阅。

我责编的第一本书，经过如此这般的认真详细的评论，使我初知编辑工作之深浅。审读文稿，既要从整体上把握，又要从细节上推敲：史实、概念、表述是否准确要逐一推敲，大而化之是万万不行的。这两封信我一直保存着，时时提醒我审稿要严细。中青社的老师就是如此细心地带着我进入编辑角色的。

第二节　引我上路的老师

1977年11月时调入中青社的新人还很少，到了社里，年龄比我大的，“文革”前就从事编辑工作的，从事出版、发行、校对的老同志自然都是我的老师。先后见到的社领导有胡德华、朱语今、李庚、蔡云、刘文致等老同志。

他们多叫我“小郑”，老师之多，数都数不过来，但给我帮助最多，影响最深的是社会科学编辑室的几位老师。

一、中青社的老师，都是大能人

中青社社会科学编辑室的几位老编辑如老睢、老孟、老宋、老熊、老曹、老王……都是大能人。这几位老同志在编辑业务方面都是行家里手，中青社复业后他们编出过畅销书和长销书、得奖书，在出版界、著作界享有盛名。老孟责编的《中国古代史常识》(6册)1979～1981年重印5次，发行360万套。老宋责编的《中国共产党历史讲话》1981～1991年，重印12次，发行340万册，《中国近代史常识》1979～1984年，重印8次，发行140万册，这两套书我都参与做了一点编辑工作。曹冰峰责编的《通俗哲学》1982～1996年，重印12次，发行252万册，王世义责编的《祖国》1981～1994年，重印9次，发行160万册，王世义约我为这本书写了5篇文章。《趣味逻辑学》1981～1993重印6次，深受读者欢迎。这一时期，中青社社会科学编辑室推出畅销书之多，实属空前。后来，我给新编辑讲课，回顾这一时期，我说：几乎每推出一本重点书，就印上百万册，印十万册算是订货数少的。印书简直跟印钞票差不多，堪称出版界的"幸福时光"。不过那时赚的钱，多数都上交给国家财政部了。我们拿的奖金也就是几十元钱。老编辑们用实际行动，教会我应如何做好编辑工作。

中青社社会科学编辑室的同事(1983年)

前排右二为孟庆远，后排右一为宋嘉霈，右五为王世义，左二为我

1979年3月老孟担任社会科学编辑室第二任主任。他从这时到1983年一直主持编辑室的工作。他以巨大的政治热情，求实的思想见解，丰富的编辑经验，带领全室同志在社会科学读物、历史读物出版上做了许多卓越有成效的工作，在三次全国性评奖中编辑室均名列前茅。1983、1988年，在两次全国通俗政治理论读物评奖中，编辑室的《通俗哲学》、《中国共产党历史讲话》、《社会主义初级阶段》(王世义责编)，获一等奖。《毛泽东思想原理讲话》(熊启芳责编)、《政治经济学简明读本》(社会主义部分)(程绍沛责编)、《共产主义道德概论》(曹冰峰责编)、《简明管理学》(程绍沛责编)、《中国古代学者百人传》(郑一奇责编)获二等奖。1984年在全国爱国主义通俗历史读物评奖中编辑室的《中华民族杰出人物传》(2)(郑一奇责编)、《中国古代史常识》(孟庆远责编)、《中国近代史常识》、

《辛亥革命时期的历史人物》(宋嘉霈责编)获奖。一个编辑室能在全国性的三次评奖活动中获得这么多奖项，在当时也是空前的。记得《北京晚报》曾用“三连冠”来称誉中青社的社科图书获奖。1983 年由王世义接任社会科学编辑室主任，我被任命为社会科学编辑室副主任。

二、说说老孟——我的严师与诤友

中青社带过我的老师这么多，要一一详细写来，可以单写一本小书，这里只好说说对我影响较深的老孟。老孟在编辑工作上对我启发较多的有以下几点：

(一)要重视调查研究，摸准读者思想脉搏、阅读需求，及时地有针对性地满足读者需求。

1979 年 3 月老孟接任室主任后，5 月就带着我到四川、湖北的工厂、学校、农村、机关、书店等 11 个基层单位作了一个月的调查。主要调研青年的思想状况、阅读需求和书店对青少年读物的反映，了解中青社出的书，什么好销，什么不好销。那时候下去调查，都先到团中央开介绍信，到下面请团省委协助。在一次调查会上团干部谈到，有的青年由于缺少健康的精神食粮，精神空虚，竟把行凶、抢劫当作“取乐”和“侠义行为”，从而向出版界的同志发出了“救救青年”的呼吁。老孟在一份材料中提到这件事，他这样写道：“对于一个长期从事青年读物的编辑来说，这个呼吁，震撼了我的心，在今后的工作中，这句话，始终响在我的耳边!”在调研中，我们了解到一些青年工人，在政治常识测验中，不仅缺乏马克思主义基本常识，甚至连马克思、恩格斯是哪国人也搞不清楚。这些使我们对十年动乱造成的一部分青年中的知识“空白”有了清醒的估计。许多团干部在座谈中反映，在对青年进行坚持四项基本原则的教育中，遇到了不少新问题。一些青年只讲实惠，对政治思想教育厌烦，认识混乱。团干部迫切希望能出版一些针对当代青年实际，讲清马克思主义基本原理，形式生动活泼，能为青年人喜闻乐见的书。有的青年和书店的同志说：“最好能从马列主义 ABC 讲起。”老孟由于了解不少这样的实际情况，1979 年 6 月他参加中宣部召开的通俗政治理论读物座谈会，会上提出要落实 44 个这方面的选题，他代表中国青年出版社主动认领了

12 个选题。当时一些人对出版通俗政治理论读物有种种畏难情绪：怕出书跟不上形势，犯政治错误；怕书编不好读者不愿看；怕书不好销，要赔钱……老孟在调研的基础上，做到情况明、决心大，不仅主动认领选题，还积极组织力量编写，及时出版，获得了显著的双效益。这次调研回来，老孟让我在中青、中少的中层干部会上作了汇报，强调要为青年出好"基础、入门、综合、实用、应时"的知识读物，这个十字方针，成了中青社许多编辑长时期的共识，指导编辑们推出了许多普及各科知识的好书。老孟常说："搞好调查研究，向群众学习，向实际学习，有的放矢，有针对性的出书，是一个青年读物编辑的基本功。"作为编辑如何搞调研？调研后如何就出书方向、思路、项目作出正确的判断、选择，成为我业务活动中反复要研究的课题。

(二)重视图书质量，不片面追求数量，成熟一本出一本。

重视图书质量是中青社的老编辑的传统作风。1983 年 11 月 8 日《光明日报》在头版头条用这样的标题报道中青社——"中国青年出版社出版的图书读者'信的过'"，这样的表扬是比较少见的。这则新闻稿还指出："从 1979 年 1 月到今年 9 月共出版 639 种各类图书，质量比'文革'前有所提高，重版率逐年上升，一些图书供不应求。"中青社重视图书质量已形成了传统。老孟常说："编辑对图书质量责无旁贷"，他既重视选题、书稿质量，也很重视编校质量。他带头编出了一批高质量的通俗读物，也编出了一批有分量的学术著作，如侯外庐主编的《中国思想史纲》，何兆武、唐宇元、步近智、孙开太合著的《中国思想发展史》，张舜徽主编的《中国史学名著题解》。他还主编了(李敏、郑一奇、夏松凉为副主编)一部工具书《新编中国文史词典》(1989 年初版，1991 年重版)，后被日本小岛晋治、立间祥介、丸山松幸教授译成日文，由日本新潮社在 1998 年出版。1991 年 8 月，我参与策划的一套"中华文化集粹丛书"，其中一本内容是讲古人如何磨炼意志的，作者是一位著名的历史学教授。书稿排出校样后，我们请老孟复审(这时已退休)，他发现书中有些差错，对书中的有些内容也有不同看法。他给我写了一信，不仅批评作者"写作极不严肃"，也批评我们审校不细，同时对这套丛书 15 卷 19 册要一齐推出，也表示不理解，重申应当成熟一本再推出一本。

老孟的原信因说的很不客气，我们不好直接寄给作者，只好由我另写一信，就书稿中的史实、引文、人名、年代可能有误之处一一列出，请作者查核。

我给作者的信提出请他查核四方面的问题：

《新编中国文史词典》主编、副主编(1988年)
右一为主编孟庆远，左一为副主编李敏，
左二为副主编郑一奇，左三为副主编夏松凉

(1)史实问题：

①P22说寇准“决心不过豪华生活。他家十分简朴，卧室的青布围帘用了20年也没有更换。”据《宋史》记载，寇准生活奢侈无度。此说根据何在？你可能是根据《涑水记闻》写的，此书我们的资料室没找到，请你查核一下。

②P76说“周文王……著作《周易》”，是否改为“推演《周易》”更准确。

③P92说“单于又对他(苏武)施加酷刑，把他放在火上烤”，此说法根据何在？据《资治通鉴》记载，“驰召医，凿地为坎，置煴火，覆武其上，蹈其背以出血，武气绝，半日复息。”意思是用土法医治抢救苏武的意思，并不是用酷刑。说“一天，单于举行集会，命苏武屈服。”不知根据何在？

(2)引文问题：

①P27引孔子说：“过而改之，是不过也”，请核对，我们查了一下，只查到“过而不改，是谓过矣。”意思不完全一样。

②P59“大江东去，浪滔尽，千古风流人物”，应为“浪淘尽”。

③P101“人生自古谁无死，留取丹心照汉青”，应为“汗青”。

(3)人名问题：

①P21太尉王琼应为高琼。

②P142宋仁宗温成张皇后，温成是什么意思？

(4)年代问题：

①P67说公元前446年楚国屈建主持弭兵大会。查《辞海》，弭兵之

会为公元前 579 年、公元前 546 年，文中说前 446 年，是否有误?

…………

作者收到编辑部信后，逐条作了查核，回信就四方面的问题,作了答复:

①寇准事，有不同记载，我不取《宋史》之说。

②P76“推演”为好。不改也行。原文是说《史记》讲文王被囚著作《周易》，不是我认为就是这样，故 P77 说“文王作《周易》只是一种传说，不足为信。”

③P92 对苏武施刑事，我理解有误，请删去倒 3 行“单于……(倒 2 行)过来。”P93 一行，改为“一天，单于派原来汉臣投降……”

④P27……经检草稿，有孔子说“过而改之，是不过也”的文字。查《论语》邢昺疏引正义孔子语“过而不改，是谓过矣。”正义云：“人谁无过，过而能改，善莫大焉。”因此原文可改为：唐代经学家孔颖达说：“过而能改，善莫大焉”，改正了错误，就是做了大好事。他们胸怀博大……至于“过而改之，是不过也”，我想不起出处了，或者我弄错了。

⑤请改为“淘尽”P59。

⑥请改为“汗青”P101。

⑦P21 请改为“高琼”。

⑧P142 宋仁宗张皇后，生前为贵妃，追封皇后，谥温成，若因不好理解，删去“温成”，相应“张皇后”改为“张贵妃”。

⑨P67 请改为“公元前 546 年”。

…………

这位作者是著名学者，为我社写这本讲历代贤人磨炼意志小书，有个别手误，在所难免。老孟复审时，非常认真，有疑问处，他都一一查书，找原始史料核对，作出比较准确的释读。他批评我们，有时虽然言词较严厉，但我们还是认真领会其精神，接受批评，尽力把书稿修改好。作者也一一认真核对、回复，使编辑工作较圆满地完成，我们也从中学到了老编审的过硬案头功夫。这三封信我一直保存着，可作为老孟严格传、帮、带的又一例证了。

(三)重视作者水准，力求请大专家、名专家为青年写小书。

老孟常说：“通俗读物贵在深入浅出，这要求编辑要有学识有鉴别，善表述，能沟通。”为了防止编辑在编通俗历史读物时“浅入浅出”，他要求编辑室有读书学习的氛围，要力争做学者型的编辑，抽空要写论著，要积极参加有关的学术活动，及时了解学术动态，熟悉各方面的学术代表人物，在组稿时能选好作者，鉴别书稿，请到一流的大家来写优秀的通俗读物，做到“深入浅出”。他带动我参加了中国先秦史、秦汉史、农战史、世界中世纪史四个研究会的活动。老孟曾任中国农民战争史学会的理事，我后来又担任过四个学会的理事、常务理事。他曾去上海，回访复旦母校，带着我一一拜访了复旦的许多著名专家、学者，如周谷城、蔡尚思、谭其骧等。我们社与许多一流的学者成了朋友，他们也以自己的著作能在中青社出版为荣。老孟在 1978 年开始着手《中国古代史常识》先秦部分组稿时，他约请中国社会科学院先秦史研究室编写，由杨向奎、胡厚宣先生审订。后来，秦汉魏晋南北朝部分，他约请北师大历史系编写，请何兹全先生审订。隋唐五代宋元部分，由教育部社科司田珏和南京大学历史系洪焕椿、邱树森先生编写。明清部分由近代史所通史研究室编写，蔡美彪先生审订。历史地理部分由中国社会科学院历史地理研究室编写。专题部分由中国历史博物馆王宏钧、史树青等先生编写。这套书是用问答形式，普及历史知识，但作者多是国内著名专家。大专家写小书，做到了厚积薄发。这套书出版后收到来自 12 个省、市、自治区的青年读者的来信，称赞此书“不同凡俗”，“知识面广且深”，“不同于时兴的‘八股’”。有的青年考上研究生后兴奋地告诉我，他考试的准备用书就是这套《中国古代史常识》。当时能请到这么多大专家参与写这套小书，自然是因“文革”后学术界还不太忙，但也与中青社的声誉及老孟的积极组稿活动有关。此后，我们找作者都坚持有个“格”，有个“档次”，找在这个领域中有研究成果的优秀作者写书，当然也不忘扶植有潜力的新人。

(四)重视图书的文化、知识含量与长销价值。

图书要区别于报纸、杂志，要重视知识性、稳定性。中青社 1977 年复业之初，出过一些小册子，内容与报刊文章无多大区别，如《无产阶级领袖的伟大历史作用》、《怎样正确看待革命与生产》、《评“四人帮”的反动世界观》等。老孟是办报出身的，又编过刊物、图书。他很快提出，要注意图书与报刊分工不同，图书生命力应比报刊长。图书要重在介绍、普及科学知识，注意内容的相对稳定和保存价值。他还进一步指出：普及读物虽然“贵在通俗”，但“通俗”只是手段，而不是目的。他认为“出版

朱寰教授与我们在参加世界中世纪史年会后
参观承德外八庙

通俗读物的根本目的，是使读者阅读之后，能在原有的学识基础上有所提高。古人所谓‘开卷有益’，即或指此而言。”他认为“一本优秀的通俗读物，必备三个要素：一是选题对路，为读者所需；二是表述通俗，为读者所懂；三是内容充实，使读者提高。三者缺一不可，而以内容充实为核心，表述通俗为手段，提高读者为目的。”报纸、杂志、图书同样要研究读者的阅读需求、心理，但也要研究报、刊、书的不同特点、任务。老孟主张通俗读物“在介绍学术分歧的内容时……应尽可能将不同的学术观点，加以扼要介绍，但必须与学校的课本和教材相一致”，把学术界通行的观点，和已趋一致的稳定的说法，告知读者。要力求“正确普及科学知识”，“对伪科学、反科学的货色”要有鉴别力。这些观点，对今天大众读物的编辑工作，还是有参考价值的。

（五）重视编辑人才的培养，形成团队，努力开发每个人的潜能。

老孟在带我的过程中，不仅业务上言传身带，政治思想上也严格要求。他常常微笑地对我说：小郑！我看你的潜力还未开发出来！他不仅带着我编书，参加学术活动，还要求我业余多写书。他主张编辑可以为本社写书，在他倡导下，我参加了《祖国》、《美哉中华》、《中华民族杰出人物传》、《三十六计演义》、《新编中国文史词典》的编写工作，并在本社出版。这些书不仅为社里创造了经济效益，也带来了声誉。他对我严格要求还体现在我的入党问题上。我早在 1962 年大学毕业时就提出了加入中国共产党的入党申请。在部队时，几经考验，还是未能入党。离开部队时只向地方上介绍我是“入党积极分子”。1977 年我到出版社后，又提出了入党申请，组织上指定老孟、老宋与我联系。我又多次写了入党申请书，老孟看了总说不行，说我找不到自己存在的问题。一段时间，我停止了写申请。老孟见我没了动静，又找我谈话。他说：如果你老找不到自己的问题所在，我们就准备把你的入党问题先放一放。我一听，着了急，想来想去我的问题何在呢？我想，我参军前是个学生，在部队大家反映我政治上比较“单纯”，经过十年动乱，我复转到地方后，学的“世故”多了，什么话该说，不该说都多了个心眼。我把这些思想变化向老孟汇报，他觉得我抓住了自己存在的问题，找到了影响自己进步的症结所在。他终于同意我再写入党申请书，并到支部大会上讨论。我1962年提出入党申请，到1985年才获准入党，历经了23年的考验。老孟对编辑室的每个人都政治上严格要求，生活上主动关心。我当时住在部队的营房，是座旧办公楼。居民共用厕所，在走廊里做饭。部队营房改建，这座旧楼要拆，居民要求妥善安排后再搬，部队却下了命令，限时限刻搬入一座更旧的、也要拆去的旧楼中。居民们抵制不搬，部队派人停水停电，派战士上房揭瓦开拆，时值寒冬，居民们叫苦连天。老孟知道后，到部队大院实地了解情况，并向出版社反映，动员我们先按部队命令搬到一座更旧的楼中，待出版社东四12条21号宿舍楼建成后，让我提出住房申请。在出版社领导关心下，我才从待拆的旧筒子楼搬出，第一次住上了单元楼宿舍。我出生于1940年，到了1977年，已进入中年。经历了几十年的社会变革，我大学毕业后当过兵、下过乡、当过工人，人生的历练、挫折，使我尝遍酸、甜、苦、辣。在新时期，在党组织、老同志关怀下，我精神上得到解放，工作中的干劲，总也使不完。在老孟等老同志的带领下，编辑室陆续调入一些中年知识分子，形成了一个强有力的团队。在这个团队中锻炼，对我后来的工作、人生产生了长久的影响。除了老孟，中青社还有许多老同志对我也很关心。在编辑工作上朱语今、李庚、胡德华、陈模、阙道隆、老孟、老宋、老王……这些老师的教诲、帮助一言难尽，是我永志不忘的！

第三节　第一次参加业务培训

我到出版社后多次接受培训：两次编辑业务培训，一次上中共中央党校进修，这儿主要记述参加业务培训的情况。

一、中青社的业务培训

我到中青社后不久，社里就对新调入的这些半路出家的编辑进行了业务培训。由于培训的笔记没保留下来，培训的内容已记不清了。记得是在社里老平房内的资料室听课，由社里的老编辑、老校对、老资料馆员、老出版讲一些编辑、校对、出版、印刷方面的基本知识。印象较深的是培训中还组织我们参观了位于白家庄的中国青年出版社印刷厂。当时印厂归中青社管。这个印厂规模较大，设备也好，是 20 世纪 50 年代由波兰援建的。师傅带着我们一个车间一个车间参观，了解印刷流程。在参观排字车间时，看到工人师傅手拿原稿，一个字、一个字地从铅字架上拣字，一行行地排字，我们就具体地了解到书稿发稿前为什么必须“齐、清、定”了。作者原稿不定、不齐、不清，会给排字的师傅造成多大的困难与麻烦。当时中青社书稿的版式、插图是由文编来负责的，所以编辑还要懂批版式、批字号、选插图、写图说。一些出版、印刷、发行方面的问题，新编辑不清楚，只要问到出版、发行的老同志，他们都会手把手的教会你。

二、42 岁时接受版协的培训，老师讲课文采风流

1982 年 7 月 21 日我接到中国出版工作者协会的通知，让我参加版协组织的业务培训“出版业务基本知识讲座”，这是我入行业后，第一次比较正式的接受系统培训，印象深刻。当时授课的老师与讲课的题目是：边春光(国家出版局局长)《当前出版工作中的几个问题》，王益(国家出版局顾问)《出版工作的领导体制问题》，张宗绪(中国书店)《我国出版事业简史》，刘元彦(人民出版社)《选题、组稿、审稿的一些体会》，刘叶秋(商务印书馆)《辞典、辞书的编辑工作》，张慈中(人民出版社)《装帧设计工作》，戴文葆(人民出版社)《编辑工作漫谈》，汪轶千(新华书店总经理)《发行知识》，沈昌文(人民出版社)《老编辑工作经验谈》，陶膺(人民出版社)《总编室的工作任务和方法》，张家璋(人民出版社)《校对工作基本知识》，汪衡(国家出版局)《版权知识》，吴道弘(人民出版社)《图书的宣传和评介》，金敏之(人民出版社)《出版社资料工作》，刘杲(国家出版局)《书稿编辑中的政策问题》，周迅(北京图书馆参考部)《工具书的基本知识》，还有两讲《书籍出版知识》、《外语编辑业务知识》讲课老师是谁，已记不清了。

当时中青社派了七个同志参加这次培训，社里希望这些业务骨干通过培训得到提高，培训结束后还开了座谈会，收集大家对这次业务培训的反映，并责成我写个简报，报送版协。

大家普遍认为这次讲座课目设计的好，讲课人也请的好，听后丰富了出版业务知识，也学到了编辑工作的宝贵经验，对改进自己的工作很有启发、帮助。

刘元彦讲的《选题、组稿、审稿的一些体会》讲得很亲切，就像和新编辑在谈心，既帮助新同志破除对编辑工作的神秘感，又帮助大家了解做好这一工作的难处。

他说：“选题、组稿、审稿，是编辑工作中主要部分。最初做编辑工作的，可能会觉得它很难，不知道如何下手。……开始时一定要打破神秘感，去掉畏难情绪。从最简单的意义上讲，选题、组稿、审稿工作，是每一个有一定文化程度的人都能做到的。选题，就是你想出版什么题目的书；组稿，就是你要谁写这个题目的书；审稿，就是你对这本书满

意不满意，所以它并不困难，并不神秘，人人能做。”

“但是，要做好这些工作，却是困难的、很困难的，可以说是永远不能做得完美无缺的。……这是工作性质决定的。”

“工作是通过编辑工作来做的，但，工作却要求编辑代表读者、著者，代表广大人民的根本利益。读者的水平和要求不断变化，著者的水平、那门学术的研究水平也是不断变化的，都要求编辑不断地了解、跟上。代表广大人民的根本利益，更要求编辑不断研究更加广泛的各种问题，特别是党的方针、政策，并把它贯彻到工作中。这些，当然是十分困难的。

有人说，编辑是‘杂家’，编辑工作是综合性的工作。学无止境，每一门学科、每一个方面，都需要终生努力。编辑工作要求多方面的了解，甚至精通，当然很难。

有人说，科研工作是打主动仗，自己订计划，长期钻研；编辑是打被动仗，来什么稿看什么稿、钻什么问题，自己掌握不了。这个侧面，道出了编辑工作的特点和困难。

有人说，编辑工作要求一个编辑既要做好内勤，又要做好外勤，即既能坐下来钻研问题，又能跑出去善于同人打交道。这，又从另一个角度讲了编辑工作的特点和困难。

编辑工作客观上有这样多的特点和要求，所以，要全面做好，非常困难。但这也给我们提供了广阔的道路，使我们能够不断前进，克服一个困难就能明显地前进一点。

上述种种要求，是选题、组稿、审稿都须具有的。但各项工作的重点或应注意之点，又有所不同。”

戴文葆讲的“多读书、爱交友、勤动笔”对大家也很有启发。一开头，他半开玩笑地说：编辑工作有人誉为杂家，要入门要有勇气。入门有如入地狱之门(在科学上要采取谨慎态度)，工作中会有许多苦恼。反过来说，入门，又是天堂之路。做这个工作既是“地狱”，也是“天堂”，有许多酸甜苦辣。他引用了国务院古籍整理小组公布的一组数字：从1949～1981年出版了1 559种古籍，1949～1956年出版了257种，1957～1959年出版了518种，1960～1963年出版了288种，1964～1966年出版了62种，1967～1970年出版数字为“0”，1971～1976年出版了73种，1977～

1981年出版了361种。这些数字说明，当党的方针政策比较正确时，如提出双百方针，学术上就会出现高潮。他指出："现在是工作发展的形势，30年第一次遇到这种好的时期"，所以他要求我们"要认识自己的主要任务、责职"，"工作上要很慎重，很勤奋。"他讲了自己的工作体会，也是对我们的希望和要求。他说：一个编辑不爱书，与书没有关系，是做不好这个工作的。所以做文化工作的人要有文化，要多读书。多下功夫读理论，学习马列、毛泽东思想，社会科学基本知识，这样才能提高自己的政治素质、判断能力。不学基本理论，就难对书稿作出恰当的评价，会给工作带来很多困难。他要求新编辑学习"文史基本知识、专业知识、汉语、文学、地理等方面的知识"，他说地理和历史是"一横一竖"，横是地理概念，竖是历史概念，没有正确的空间与时间概念，往往一开口就错。他说：邓广铭先生提出做学问的四把钥匙：年代学、职官学、地理学、目录学。一个编辑脑子里要有很多年代，这是最基本的东西。他举了很多实例说明没有时空观念，就会文章中出错，有了具体时空观念就发现文稿中许多错。他说一些老前辈写文章，光凭记忆，就会出不少错。许广平写《鲁迅回忆录》，其中有很多史实错误。如说鲁迅在1916年对袁世凯统治不满，回到老家。《鲁迅日记》记他是在1916年12月3日去南方。1916年12月袁世凯已死了半年，他这次离开与对抗袁世凯没什么关系。又如7月9日《光明日报》上谢国桢有《抢救古籍》一文，点名批评了上海某出版社点校注释古籍中的错误，如把《时务报》说成是在北京出版的，其实是在上海出版的。所以编辑要掌握必要的文史知识，就能发现书稿中的错误。他希望编辑在学习有关专业知识的同时，要学习一门外国语，多一双眼睛，沟通中外。"眼界要比作者更广阔一点，观察社会，多读书，才能立足点比作者高一点。"

他还要求编辑要爱交友，多参加学术讨论会，通过学术活动广交朋友。"读古人书，闻天下事。"他鼓励编辑勤动笔，"抓紧一切机会练笔，给作者回信，要当一篇文章来写，要学会写审稿意见，内容提要，通信，前言，出版者的话，按语，注释，访问报告，读书笔记……""对某个问题，自己懂不懂，一写就晓得，要弄懂才能写。编辑写作，可以测验自己究竟懂得多少。"戴文葆的漫谈，对我启发很大，他讲的三条，我基本上都照着办了，果然收获不浅，悟性顿开。

沈昌文讲的《老编辑工作经验谈》大家认为讲得很好，他讲的经验教训非常宝贵。如“出好点子”，“以文会友”，“能作鸟瞰”三条，对大家启发很大。有的学员说：过去我们看稿时往往“只抓芝麻，不抓西瓜”，听了沈昌文“能作鸟瞰”的经验，懂得了“一个非专家的编辑，如何能看出专家稿件中的问题”，这就是“不能跟着稿件中的具体问题跑，而是站的角度要高”。这些经验和具体做法，学了马上就可以用。

吴道弘讲的《图书的宣传和评介》讲了经典作家写图书评论的经验，又讲了写好评介文章的具体要求：“抓住重点，突出关键，注意文风，写得中肯。”对我们写图书评介文章很有帮助。

大家感到讲座重点还不够突出，编辑业务还可以细点讲，如何结合不同专业的编辑工作也涉及不多。但是大家认为老领导、老编辑的经验非常宝贵，三言二语即可开我辈之智慧，认真学习，会受益终生。这次培训的笔记我一直珍藏着，现在我给后生备课，有时还拿出“太老师”的教诲复习一下，又转授给他们了。

三、有感于我的老师的教诲，我把培养出版新人当做自己退休前后的一项重任

由于我切身体会到编辑行业进行业务培训之重要，1993 年我参加中国编辑学会首届年会期间，即向刘杲先生建议应在全国开展编辑业务培训。1993 年到 2008 年，我还在中国青年出版社副总编岗位上，主动提出组织本社青年编辑的培训工作。从 1993 年到 2008 年，我又在社外授课，曾在新闻出版总署教育培训中心为编辑室主任岗位培训、新编辑岗位培训讲课，在北京大学、中央美院、民治新闻专科学校为编辑专业与出版设计专业的学生讲课。与更多的青年编辑和在校学生有了面对面的交流。接受业务培训，使我这个“半路出家”的中年编辑尽快进入了角色，并挑起了重担。我也要把自己的体会，讲给年轻编辑听。

第四节　悟出了一部《编辑心语》

俗话说：师傅领进门，修行在个人。我 37 岁进出版社的门，2001 年 2 月 60 岁准时退休，至今在编辑这一行正正规规工作了近 30 年，我干的怎么样呢？

一、我在中青社工作，可以说是一帆风顺

从 1977 年到 2001 年中国青年出版社一直处于快速发展的态势中。十年动乱后由于要出版姚雪垠的长篇小说《李自成》，1976 年中央批准中国青年出版社复业，一批批编辑干部从干校回到北京，开始新的工作。停业整整十年，获得重新工作机会的老编辑，工作的干劲是现在的编辑难以想象的。那时人们工资挣得不多，但是人们觉得能获得重新工作的机会，能参与拨乱反正的历史变革，就是一种幸福。我正好是在这样的时刻来到出版社的，我怎么能不受感染，不拼命工作呢？

除了老同志，到 1983 年出版社又陆续调进了一批中青年知识分子。同龄人是比较互相理解的。我们出生在 20 世纪 40 年代，到 1983 年都已进入中年。在解放后，我们经历了社会变革，十年动乱中又被当作“世界观基本是资产阶级的”知识分子，下放到基层，遭遇到种种困难、挫折，现在纷纷回到文化工作的岗位。人生的历练、挫折，使这些中年人愈挫愈奋。在新的历史时期，党中央、邓小平同志再三强调要信任、放手使用这些中年知识分子，我们这些中年人精神得到了解放，全身心地投入了工作。

有一段时间，我就住在东四12条21号出版社院内。每天早上8：00之前就到办公室，下午5：30下班，晚上吃过晚饭，还要回到办公室工作，或者看书、学习、写作。至少要到晚上10：00才回家休息。一天工作都在10小时以上。不是我一个人，而是不少编辑都如此。晚上中青、中少两社的办公楼灯火通明，后来社里考虑节约用电、办公楼安全管理，才在5：30下班后把办公楼大门锁上，大家只好回家用功了。回想起来，这批中年编辑各人个性不同，也有这样那样的优点、缺点，但工作上没有一位是不认真工作的。那时大家不怎么计较工资、奖金，谈话的兴奋点多是工作、工作！

范曾与中青社编辑商讨《中华文化集粹丛书》编写事项(1991年)

范曾(左二)、陈浩增(左一)、阙道隆(左三)、郑一奇(右二)、卢向韬(右一)

我1983年任社会科学编辑室副主任，1991年任文化教育编辑室副主任，后升任主任，1993年任副总编，评为编审。曾受聘为团中央出版专业高级职称评审委员，被国务院授予政府特殊津贴，是中国出版工作者协会学术委员会委员、副主任。我担任各级领导职务以后，没有休过一次假(按规定每年有休假)，担任编辑主任期间，在奖金分配上，还要以高补低(自己的工作量多，效益奖也多一些，每次分奖金，总要分出一部分照顾多病体弱的同志)，那时没有“工作狂”一说，但差不多人人都是

“工作狂”！

工作的成效如何呢？

简单地说，我多次参与完成党和国家的重点出版项目：比如1984年参与由中宣部主持，人民出版社、中国青年出版社、上海人民出版社共同完成的《祖国丛书》的出版工程。1995年参与中宣部出版局、国家教委基础教育司主编的《爱国主义教育丛书》(10卷)的编辑组织工作。此丛书获团中央“五个一工程奖”，发行5.3万套。

1992年参与策划列入国家八五重点图书出版规划的《中华文化集粹丛书》(15卷19册)，此丛书发行了4万套，还把版权卖给了台湾五南出版公司，收到一万美元版税，这是中青社首次得到的一笔版权贸易收入。此丛书一年获得四个奖项：中国图书奖、中国青年优秀图书奖、全国社科优秀畅销书奖、“'92平面设计在中国”优秀作品奖。

1999年参与列入国家九五重点图书出版规划的《20世纪中国学术文化随笔大系》(60卷)的编辑组织工作。

2003年策划主编(两主编之一)《人类精神文明发展史》(4卷)列入国家十五重点图书出版规划。

参与策划、复、终审的重点图书《毛泽东之路》书系(4卷)1994年获中国图书奖，发行7万套。

策划、组稿、终审的《南明史》1999年获国家图书奖。

其他获国家及省部级奖项的图书还有：责编的《中华民族杰出人物传》(2)1984年获全国爱国主义通俗历史读物奖，责编的《中国古代学者百人传》1988年获全国通俗政治理论读物奖，《中华民族杰出人物传》(1～11卷)(策划、责编之一)1993年获光明杯优秀哲学社会科学著作奖，《中华英杰》(4卷，主编之一)1996年获全国少儿读物一等奖、冰心写作奖；策划并参与编辑的高占祥人生修养系列《人生宝鉴》、《人生感言》获1994年中国青年优秀图书奖、上海中小学课外读物一等奖，这个书系共发行14万册。

参与编辑的图书不少是畅销书、长销书。如1980年的《中国古代史常识》(明清部分)发行60万册，1982年的《中国现代史常识》(上、下)发行72万册，《中华民族杰出人物传》(1～11卷)发行180万册，1983年的《中国史学入门——顾颉刚讲史录》多次重印发行8.6万册，1994年的

《禅理散文》(8卷)发行8.4万套。

其他参与编辑、复、终审的重要图书约600多种，如《外国历史常识》(4卷)、《简明中国近现代史词典》(2卷)、《新编中国文史词典》、《中国小通史》(10卷)、《精粹世界史》(20卷)、《剑桥艺术史》(3卷)、《中华智慧集粹》(8卷)、《范曾诗稿》、《大视野文库·语言奥秘丛书》等。

二、编辑工作是充满魅力的职业

我从大学毕业，在部队工作了八年。十年动乱中下放到工厂劳动，也在中学任课。当过兵，当过工人，当过老师，看起来最能发挥我作用，开发我的潜能的职业，还是做编辑。记得，刚到出版社不久，每天面对一页页书稿，安安静静地工作。与部队成天动枪动炮，在军工厂每天造枪造炮相比，这是地地道道的文化建设。经过多年的编辑工作，我体会到这是充满魅力的职业。这个工作虽然是为作者服务，是为了推出别人的研究成果，推出别人的著作而工作，但这项工作，可以让你一生进入学习无止境的快乐领域。每读一部书稿，每编一本新书，你就进入了一个新的知识领域。而这种学习完全是免费的。通过编辑工作，你还可以结交方方面面的文友，有著名学者、专家，各级官员，也有各式各样的文化人，还有初出茅庐的新人。通过编辑工作，发现了优秀作品，帮助朋友出书，也得到了友谊。编辑与作者以文会友，友谊可能地久天长。通过编书学习，也促使自己深入思考：思考学问，思考人生，使自己心胸开阔，不为俗事烦心。许多从事编辑工作的人，不仅性情开朗，善交朋友，学识渊博，而且健康长寿，这是多么吸引人的一项职业。但是并不是每个人都适合从事这项职业，也不是每个从事这项职业的人，都能悟出其中的妙境，这就要看自己的悟性与修养了。

古今中外都有不少的人喜爱“编辑”这个职业。

美国著名编辑家格罗斯主编了一部“权威的编辑业务教科书”《编辑人的世界》，他在序中说：“编辑其实是一份能让你获益良多的事业，和当作家一样，能发挥创造力、想象力和带来满足感。有些编辑甚至会说：‘比当作家更棒’”。“在我担任编辑的漫长生涯中，我一直都陶醉其中，有时候特别受到激励，情绪高涨，偶尔则沮丧失望，但是从来不觉得这份工作沉闷，就像一个不断受到激励的学生在备有多样课程的全球最大的大学内，永无休止地学习。我从编辑每本书中学到前所未有的丰富知识；出版业让我认识了许多超凡出众、令人难忘的人物……编辑许多不同书籍的经验，和从一位好作者手中拿到一本有价值的好书的快乐，大大满足了我对于创造性自我表达的需求。从多年前到现在，每当我努力编了一年的书终于出炉时，仍然有说不出的喜悦。”“我为自己的贡献而自豪。”

我曾写过两篇文章，纪念我国著名编辑家叶至善先生。一篇是《书比人长寿》，另一篇是《编辑的境界》，两篇文章都谈到叶先生“一生中，一直以从事编辑工作为乐。”“他常说有‘编辑瘾’”“从第一线上退下来还不肯罢休，老觉得没做够”。1998 年叶先生 80 岁时，中国少年儿童出版社要为他祝寿，并建议他编一本自己的文集出版。叶先生说：“祝寿不敢当，出本集子，我很愿意。”于是他花了一个半月，编出一本自己的文集，书名定为《我是编辑》。书中有篇短文，题目是《我喜欢编辑工作》，他说：“我喜欢做编辑工作，这倒是真的。自己想想，大概有两个原因：一是可以满足我的创造欲，跟当工程师当艺术家没有什么两样；二是可以满足我的求知欲，随时能学到杂七杂八的诸多知识。因此我乐此不疲，从未见异思迁……”

我是老编辑中的小字辈，今年才 67 岁，但对编辑工作也是欲罢不能，2001 年退休后，至今还在做编辑工作，乐此不疲。

三、第一次讨论：什么是编辑的悟性

退休以后，我无职无权，但学识、经验还在。干编辑这一行，“经验、学识”还是很有用的。退下来后，我在中青社返聘一年，2002 年初河北教育出版社北京颂雅风文化艺术中心的张子康总监说，他们那儿有几个年轻编辑要找个老同志带一带，我又到那儿接受返聘了。退休后发挥余热，还是围绕编辑工作来进行：一是著书立说。我在职期间，利用业余时间已写过近 30 本著作，有的是独著，有的是合著，内容涉及编辑出版理论与实践研究，史学与传统文化研究，发表过 200 多万字的著述。退休后还可以继续研究、著述。2004 年 12 月，我在河北教育出版社出版了我的编辑工作研究文集《编辑心语》，2007 年 9 月，我在中国青年出版社出版了史学文集《史海流连》。二是培养编辑新人。从 2002 年至今在河北教育出版社北京颂雅风文化艺术中心，听我讲过课、在实际工作中由我具体指导过的年轻编辑已近十人，其中不少人已成了业务骨干。此外我在外讲课，听过我课的年轻编辑、大学生总有几百人之多了。工作对我来说，不是负担，而是一种快乐与享受。

《编辑心语》、《史海流连》书影

《编辑心语》出版后，2004 年 12 月 30 日中国出版工作者协会学术工作委员会与河北教育出版社联合在北京颂雅风文化艺术中心召开了这本书的出版座谈会。参加座谈会的有中国出版工作者协会学术工作委员会主任吴道弘、中国编辑学会常务副会长邵益文、新闻出版总署教育培训中心专家尤广巽、河北教育出版社副总编王鸿雁、中国青年出版社副总编韩亚君、中国青年报副总编潘平、北京颂雅风文化艺术中心总监张子康、刘峥等以及《光明日报》、《中国出版》、《中国图书商报》的记者。会上我介绍了《编辑心语》的编写经过。同时，我提出两个问题，请大家研讨：一、老一代编辑的工作经验，有哪些是可以传承下去的？二、什么是编辑的悟性？它的表现是什么？要成长为一个成功的编辑，编辑的悟性养成为什么十分重要。由此会议开始了对“编辑悟性”这一课题的研讨。

吴道弘先生在会上指出：《编辑心语》一书涉及到编辑悟性的地方很多，如编辑的知识修养，编辑的基本功与经验，编辑的善于思考、联想，编辑的职业敏感等。编辑工作有时是靠悟性——直觉与顿悟作出判断的。不勤于思考，不善于积累，是培养不出悟性的。悟性＝知识＋经验＋思考。

河北教育出版社的副编审刘辉在会上说：我在河北教育编了一套出版人丛书，讲的是外国编辑的经验、方法。《编辑心语》是中国编辑的经验、方法。如果对比、参照来读，非常有趣。东方与西方的出版人的经验有相通的、相似的地方，也有各自不同的特点。西方对每一环节研究得透，讲的非常细致，强调分析的精准。东方讲出版人的智慧、悟性，各有特色。作为新时代的编辑要注意研究进入市场如何避免浅层次的市场化，避免跟风，只能是在某一个出版领域中深入开拓，走个性化出版、品牌化经营之路。

会后，一些同行在报刊上就编辑悟性问题又展开了讨论。这些同行朋友在写文章前，有的与我作过交流，他们的文章也反映了我的一些看法。

2005年2月4日中国青年出版社编辑刘霜在《中国图书商报》上发表了《什么是编辑的悟性》一文。这篇文章认为：

从事编辑工作的人，都有点文人气，不少人还很有灵气，于是人们就会说这些编辑颇有悟性。当然，也有的编辑自命为出版商，身上有的就是财气。还有的把做编辑当成了当官，自然是有点官气。读完中国青年出版社原副总编、老编审郑一奇著的《编辑心语》，我感受到更多的是文人气与灵气。我脑际中突然出现一个话题：究竟什么是编辑的悟性？

还是先来看看《编辑心语》中的实际事例：1994年，郑总看一本台湾出版介绍歌星郑智化的书，很仔细地阅读了这本书的附录——台湾跃升文化事业有限公司的新书目，他注意到台湾新出版的一套“禅理散文”，有《坐看云起》、《满溪流水香》、《一味禅·风》、《一味禅·花》、《一味禅·雪》、《一味禅·月》六种，他敏感地意识到大陆很少出过这类书，如果拿来重印，可能好销。他让社里与台湾这家公司联系，寄来样书。他认真读后，认为中青社应尽快推出这套“禅理散文”，理由是：这套呼唤人心回归单纯、回归本心、回归向善、回归自然的书，确实是现代人的一副清凉剂。他说现在人人都想发大财、当巨富，欲望没个尽头。能发财固然不错，但发不了大财的人就没有幸福了吗？“禅理散文”提出：“无私的爱＋助人＝快乐。有施＋慷慨＝生活无缺与富裕。诚实的语言＝所说的话受人敬重、相信。善良心＝受人爱戴、万事如意。”他认为这套书对人生、幸福的理解颇为深刻，故事生动，说理透彻，文情并茂，出版后会受读者欢迎，会畅销。中青社取得授权后，他认真审读，也请一些老编审审看，作了必要的删节，推出后果然畅销（详见《编辑心语》P291

《台湾作家林新居说“禅语人生”》一文)。这是在大陆较早推出禅理散文的事例。

再看另一件事例。1998年5月郑总到三联书店买书，买了何兆武先生翻译的法国哲学家孔多塞(1743～1794)写的《人类精神进步史表纲要》。他被何先生在序中的一段追问吸引住。何先生说：“两个世纪以后的我们在某些方面，虽然确实取得了他们无法比拟的进步；但是在20世纪却也见证了空前的愚昧、野蛮和残暴。能够说人类精神是在不断进步的吗?”这个“两个世纪的追问”触动他“要搞一个研究课题，出一部《人类精神文明发展史》”。他写报告，申请立项，组织专家研讨方案，团结一批学者经过四年多的努力，终于推出中国第一部《人类精神文明发展史》(四卷本)。他鲜明地提出：人类精神文明发展的终极追求是人类自由而全面地发展，人与人之间关系的协调，人类对自然的认识、改造与和谐。以人对自身的认识，对人与人关系、人与自然关系的认识发展贯穿这部史书(见《〈人类精神文明发展史〉总序》与此书“编辑缘起”两文)。

《编辑心语》涉及编辑悟性的文章、论点不少。比如著者认为“图书的生产，所要遵循的不只是客观经济规律，还要遵循文化积累、文化发展的客观规律，遵循意识形态、上层建筑对经济基础起反作用的客观规律”(P41)。他提出在选题策划时，要学点军事辩证法，学点谋略与用兵原则(P127)。要善用逆向思维、求异思维(P124)。要有敢为天下先、领先一步的创新意识(P133)。要善于集中兵力，推出重中之重(P134)。创新需要勇气、胆识、功力，要有点灵气、眼光，要慧眼识珠，要有经验、直觉，要有经济头脑(P137)。他认为可以用系统工程的方法规划组织大型丛书的出版(P273)，可以移用工业企业实施的全面质量管理方法来改进图书生产的质量管理，把事后检验把关转变为预防控制(P42)。悟性看似灵机一动、善于联想，实际都是学识、经验、信息的积累，到了一定时期形成的思想闪光，源头活水。

书刊是传递知识、信息、技能、智慧的，这要求编辑有较高的悟性：对所要传播的知识、信息、技能、思想有较好的理解分析能力。善于分析大多数读者的思想脉搏，重新组织、结构、选择、创新要传播的内容。读了《编辑心语》，我体悟到“编辑的悟性”主要是指从事这个职业的人能对制约这项工作的客观规律有比较准确、全面的认识，从而在工作中有较多的主动和自由，在编辑实际活动中，能摸准读者的思想脉搏、实际需求，多角度、多方位，正向、逆向，巧妙地满足读者的正常需求，把握商机。也是指编辑对涉及人文关怀的重要理论课题，能进行认真的思索，在出版活动中，推进人类的文明进步。

2005年5月，中国青年出版社编审邓中和又在《中国图书评论》上发表了《悟性·学识·经验》一文，结合对《编辑心语》的评述，探讨了编辑悟性问题。文章指出：

当下，编辑们都说出版业越来越难做，竞争太激烈了。除了专业图书情况尚好，教育类图书已现危机，大众图书最是难做。面临种种压力，一些大众读物的编辑不免心生急躁，于是，跟潮流、抓畅销、缩周期、占市场，这种急功近利的"良方"，往往成了催发思路雷同、选题跟风的滞销书的"错药"，造成了新一轮库存的增添。

《编辑心语》的作者中国青年出版社资深编审郑一奇对我说："在出现出版滞涨的情况下，需要的不是急躁，而是深入调研、冷静分析、灵活应对。这就非常需要有悟性的编辑。所谓悟性，是一种对出版行为的理解分析能力，既是对出版形势的审时度势，又是应对对策的高人一头，往往表现为一种创造性的直觉。"他举例说：2000年中青社编辑部对是否安排出版高占祥同志的《人生宝典》一书曾有争议，一些同志认为这部书的内容，曾以3个分册出版过，已销了近6万册，现在合订成一本，内容虽有修订，对是否还有销路心存怀疑。但是郑一奇却从当时社会上存在道德滑坡、诚信缺失的情况出发，认为这是一部从传统美德方面谈人生的书，是适合社会上加强道德教育需要的，是特别适合青少年阅读的好书。他力排众议，坚持安排出版，表示如果有亏损他来承担责任，如果盈利了全归大家。出书后他抓了一系列的宣传评论活动，使这部书两年内重印6次，销出3.5万册。事实证明郑一奇先生的"悟性"说、"直觉"论，并非是神秘的语言，而是许多资深编辑共有的职业敏感。根据我多年策划艺术图书的体会。许多成功的选题当初确实是在调查研究、审时度势后凭"直觉"下决心确定的，后来也证明了"直觉"判断的正确。

当然，"直觉"的背后是编辑的悟性，而悟性来自学识、经验、信息的积累；悟性是一种诸多因素的综合判断、理解、分析能力；悟性是一种学识、经验、信息积累的思想闪光。郑一奇先生说："我最近出版的新书《编辑心语》就是以如何培养编辑的悟性为一条红线，贯穿全书的。其实，对编辑能力培养的过程，可以说是养成悟性的过程。”他告诉我：“这本书，有一个比较自觉的定位，我是写给青年编辑的，这本书是我30多年从事编辑工作经验的总结，也是近年来编辑业务教学成果的汇集。尽管当时我的工作条件与环境与现在青年编辑有所不同，但是有一些基本规律，不会改变，什么时候都要遵循。”《编辑心语》对我们有诸多启示：

1. 编辑必须有扎实的基本功。

对刚刚开始从事编辑工作的青年人来说，必须了解编辑基本功的重要。不能认为自己是硕士、博士就一定能做个好编辑。因为编辑工作是一门独立的专业、学问。与自己所学的专业不同，需要扎扎实实从头学起。这部书的价值，在于以大量的实际案例，从多方面阐述了掌握编辑基本功的重要。比如：①编辑具备的知识要更广博，眼界要更开阔，学养要更丰厚，既专又博。编辑不仅仅是专业学者，更应是杂家；②编辑具有课堂上难以学到的“实践”能力，对选题要有特殊的敏感，善于了解读者需求，善于调研，分析图书市场，才不至于总跟在“风”的后面，而是具有策划能力，敢为天下先，赢得市场；③编辑的另一个基本功，是要学会组织作者队伍，善于做作者的工作，建立良好的人脉关系，才能得到最好的书稿；④编辑要懂得出版工作坚持图书的生产程序和质量标准的重要性，严格遵守图书的生产程序，养成严格坚持三审、三校的习惯，明白如果为了追求短期效益，减少应有的程序，仓促出书，就不能生产出合格产品，更不会产生出优秀产品。总之，编辑扎实的基本功，才是编辑在市场竞争中悟发灵感和悟性的基础。书中涉及编辑基本功的文章主要有《加强图书出版全面质量管理的对策思考》、《试论选题策划的必要性与限制性》、《选题策划的策略》、《组稿工作与著译者队伍建设》、《三审制与初审的职责》、《编辑的语文修养与实际应用》、《诊治“硬伤”，编辑不可放弃的职责》、《编辑要深入研究市场》等文，值得青年编辑仔细研读。

2. 编辑工作要讲“谋略”。

郑一奇先生认为编辑工作要动用人力、物力、财力，“凡涉及用力，都可讲智谋，策划出书、经商管理也有相通之处。”“需要战略眼光，需要谋略研究。”在编辑“谋略”方面，书中讲了几点：①要学会“侦察”，所谓

"侦察"也就是要善于调查研究，捕捉信息，了解读者需求与图书市场的变化。知道什么书适销对路，什么书滞销不对路。要了解"敌、我、友"，要知道竞争对手在搞什么，自己的长处是什么，如何扬长避短，"知己知彼，百战不殆"；②要学会"集中兵力打好歼灭战"，不要十个指头按住十个跳蚤，伤其十指不如断其一指。要根据自己的长处，明确自己的出版定位，集中人力、物力、财力，制作自己的"拳头产品"，并制定相应的营销"拳头产品"的策略；③编辑要懂得"造势"，学会宣传工作的本领，吸引读者。书中《从〈中华文化集粹丛书〉的出版看如何抓好拳头产品》一文列举了如何编辑、营销被列入国家八五重点出版项目的《中华文化集粹丛书》的成功案例。文中指出"拳头产品的图书必须是有重大社会效益与经济效益的，能产生广泛社会影响，能为读者所重视、珍藏或有长远阅读价值的。"他认为抓好"拳头产品"必须："一、研究重大主题，抓住组稿线索，明确丛书特色；二、用系统论的方法指导丛书的生产与推出，集中力量打好歼灭仗；三、要有严格的质量把关措施；四、宣传促销充分占有市场；五、拳头产品的多次开发。"

与中国出版工作者协会主席宋木文(中)在东京书展上(1997年)

当时启动弘扬中华传统文化的丛书不是一两套，他们及时明确这套书的特色与定位，是要"通过中华文化最基本、最重要的知识普及，阐扬中华文化之精粹，阐扬中华文化精神对中国人的深远影响，对青少年进行民族伦理、道德、品格、气质的教育。”这套丛书由于设计时主题鲜明、重大，又与其他同类书有不同的特色，宣传营销充分有力，丛书(15卷19册)出版后两年内销出4万套，获得“中国图书奖”等四个奖项，由台湾五南出版公司出版了繁体字本，在台湾销售，取得了预期的双效益。

3. 编辑是开发作者潜力、提升图书魅力的艺术家。

郑一奇先生认为，坐等书稿、拿来“现成的书稿”照样发稿的编辑，不是好编辑。编辑要善于发现作者，正确判断作者提供书稿的价值，并善于发掘作者的潜能，具有书稿修改、提升的能力。书中列举了策划组稿《人生宝典》的案例。1989年在策划《中华文化集粹丛书》时，一些作者推荐高占祥先生来写弘扬传统美德的《恪守篇》，这本书收入了高占祥写的60篇关于人生修养的文章。在组稿过程中郑一奇敏锐地感到高占祥大有潜力可挖，有可能写出一系列弘扬传统美德的好书，于是与他约定继续写下去。1994年出版了他的《人生宝鉴》，1999年出版他的《人生镜语》，2000年出版了他的《人生感言》，2001年出版了上述三书的合集《人生宝典》，这些书总计发行了15万册，多次获奖，还专门出版了一本评论集《〈人生宝典〉论》，收入季羡林、罗国杰、冯骥才、徐惟诚、魏英敏、金可溪、李希凡、阎纲、缪俊杰、管桦等43位专家、读者对这些书的评论。事实说明，在一部成功书籍的背后，确实渗透着许多不为人知的编辑心智的付出，没有优秀的作者，不可能有好书，但没有优秀的编辑，作者的潜能也不会得到最充分的开发。

4. 编辑要全心全意关心读者，而不是一心一意关注金钱。

郑一奇说，他在东京国际书展后期，曾一本又一本地向日本读者推销中青社的书。虽然书很好，很精美，但“有钱”的日本读者，买书时还是考虑再三，甚至希望多打折出售，成套书有时只挑喜欢的一两本购买，价格昂贵的“礼品”书，再三推荐，也销出不多。书籍是商品，需要经济效益，但效益的根本来源，是编辑为大众阅读提供确实有用的服务。因此编辑心中一定要有读者，编书绝不能辜负读者。郑一奇在《编辑心语》的首篇文章《“我们决不肯辜负读者”——学习叶圣陶编辑出版思想的一点体会》中尖锐地批评了出版界种种辜负读者的表现。明确指出“要摆脱当前出版业的困境，走出低谷，关键在于启动读者消费。要启动读者消费，就要摸准读者的切实需求，并切切实实地、千方百计地及时满足，这才是唯一的出路。出版者不辜负读者，读者才会回报你。”“为读者是一切成功的出版家的出发点与归宿，也是社会主义出版事业的出发点与归宿。”这本书中列举的编辑案例，都是讲从如何研究读者的需要出发，告诉青年编辑怎样根据社会需要策划选题，而绝非是教人“如何追风、怎样骗钱”小智术。全书50多万字，讲得最多的除了“读者”还是“读者”……在书里涉及许多“读者”的文字中，我们看到了一位成功的编辑家对书业、对读者的挚爱。

这些是关于编辑悟性的初步讨论，归纳起来，有以下几点认识：

①编辑悟性，是指编辑对出版行为、客观规律有比较全面、准确的认识，从而在编辑工作中有较多的主动与自由。

②编辑悟性体现为对编辑、出版行为的理解、分析能力，体现为对出版形势的审时度势及应时对策。有时表现为一种创造性的直觉，是编辑职业敏感的集中体现。

③编辑悟性来自编辑的学识、经验、信息的积累，是学识、经验、信息积累的思想闪光。悟性＝知识＋经验＋思考。表现为对编辑活动判断时的直觉、顿悟。

④编辑悟性的基础是编辑的知识修养，编辑基本功的训练与经验教训的总结、积累，与编辑的善于思考、联想分不开，不勤于思考，不善于积累，是培养不出悟性的。

⑤编辑悟性是编辑智慧的体现，是东方人思维方式在编辑活动中的体现。

下面，我将结合编辑活动的全过程，结合实际案例，深入探讨编辑悟性的具体作用和形成过程。

第二章

编辑悟性与破解难题

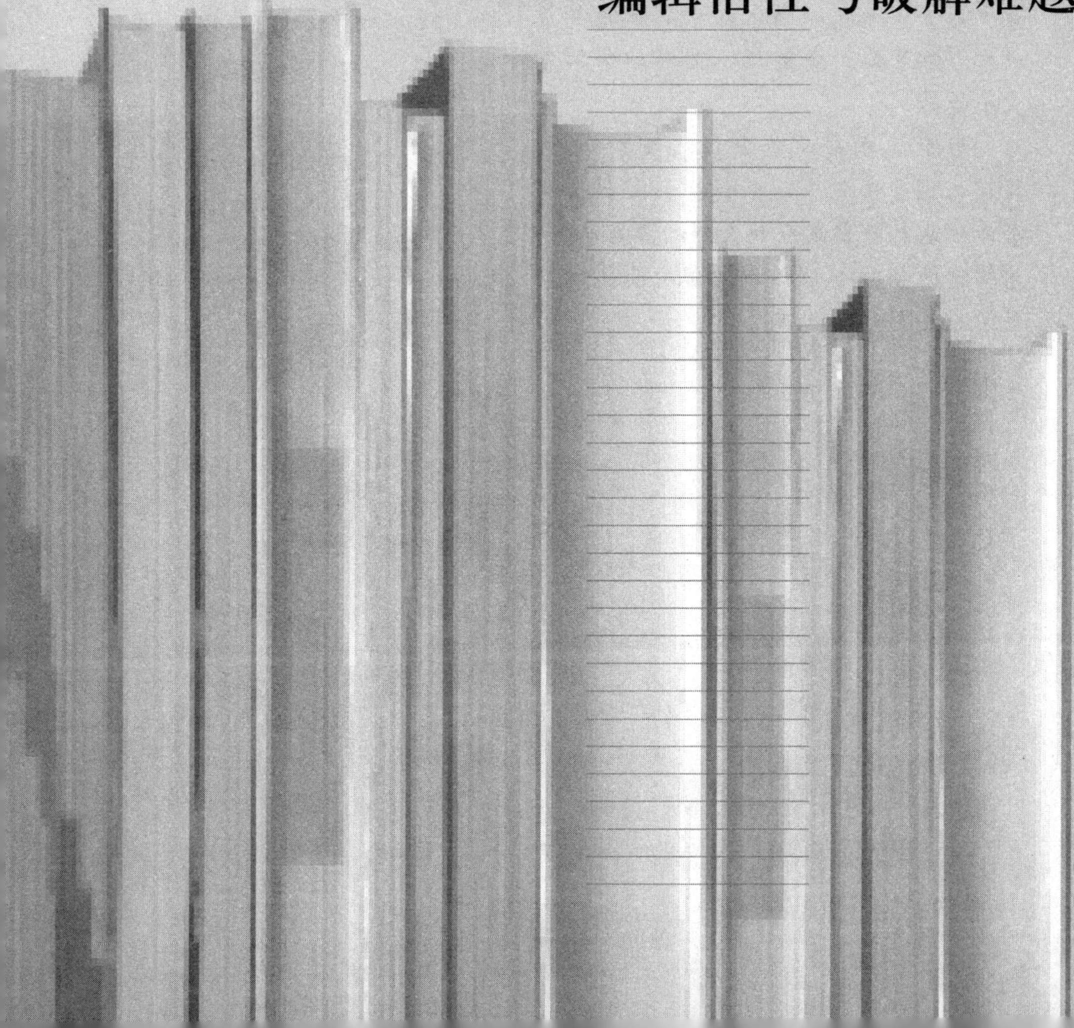

编辑工作之难，并非始自今日。在1987年，我第一次接受培训时，刘元彦先生就指出：真正要做好编辑工作“是困难的，很困难的，可以说是永远不能做得完美无缺的。”他认为这是编辑工作的性质决定的。看起来，只要有文化的人，似乎都可以来做编辑，这个职业包容性颇大，但是真正合格的、优秀的编辑却是不多的。

但昨日之难，非今日之难。今天，在市场经济条件下，编辑会面临什么样的新难题？需要掌握什么样的看家本领？老编辑的经验与悟性，对解决今天编辑的困惑还会有什么启发呢？

第一节　编辑工作需要经验与智慧

有的年轻编辑认为老编辑的经验已经过时，因为老编辑的经验，都是计划经济条件下的产物。那时老编辑编书，都是“皇帝女儿不愁嫁”，一销都是十万、几十万、上百万册。现在的编辑，面临的是市场经济严峻、复杂的形势。书做得再好，销不出去又奈何？

一、编辑工作是越来越难做了

这个问题要具体分析。“文革”前的编辑工作，我没体验。但改革开放这 30 年的编辑工作，我都经历了。我认为不管是在计划经济，还是在市场经济条件下，图书都是要走向市场销给读者的。不过前者是垄断的、指令的、计划的市场；后者是开放的、无序的、竞争的市场。生产图书都要研究市场，研究读者需要。不同的是，随着市场经济的建立，图书的卖方市场变为买方市场，读者的需求日益多元化、细分化、务实化。图书的销售逐步由顺畅到滞涨，甚至经营困难。根据我的经验：1990 年以前，我做的书，抓得好的畅销可达百万册、六七十万册，差一点的十来万册，至少也可销个万把册。若只能销几千册，一般说是选题有问题。1991 年开始，感到了竞争的压力，因同类书增多，选题雷同的多，不下功夫策划营销，没有拳头产品，很难在市场上打开局面、产生效益与影响。但是，正是这种压力倍增的情况，逼迫着编辑去精心策划，用智慧去解决编辑工作中的难题。

不仅如此，随着时代的发展，传统的图书，几乎陷入了困境。2000

年，我应《出版参考》之约，写了一篇短文：《传统图书出版要突出重围》。文章说：近年来从事传统纸张图书出版的多感到竞争压力在增大，经营难度在增加。如图书订数在下降，库存增加，退货增多，利润减少……使从业者感到很无奈。业内人士对传统图书出版面临的种种挑战作出分析：如媒体多元化的现代出版迅速崛起，实力强大的外国资本即将进入，图书出版领域内尚存的无序与混乱，出版行业人员素质亟待提高……要思考解决的问题成堆！于是有人惊呼：传统图书出版要突出重围！突出重围这个课题提得好，它点明了传统图书出版经过多年量的发展，正面临一个质的突破的前夜；它点明了这种突破的急迫与难度，使我们这些从事图书出版多年的人，认识到重新创业的紧迫与必要。传统图书出版如何突出重围是一项复杂的系统工程，涉及外部环境的变化，国家政策的影响，业内人士的冷静分析与正确决策，从业者的深入调研，精心选择突破口与合力突围等。这里我只想探讨两方面的问题：一、调整心态：目前有两种心态值得关注：一是消极的、无所作为的心态。认为传统图书出版没有太大的发展空间，突破太难，认为别人的领域还可能有发展，自己的领域已是山穷水尽，认为人们与纸介质的图书告别只是时间问题，鼓不起开创新局面的劲头。二是急于转舵的心态。认为传统图书已进入低利润阶段，发展艰难，不如另辟生计，向别的传媒转轨。面临现代出版，特别是网络发展的有力挑战，应有的心态是冷静观察，沉着应付。不少业内人士通过调研分析得出的结论是：在网络时代，传统图书仍有很大的生存空间，还有旺盛的生命力。有资料显示，在电视、网络十分发达的不少西方国家，图书市场在近五年内仍呈现增长态势。如美国，从1998～1999年，11类图书中，有8类继续增长，增长2.6%到23.5%，平均增长4.3%。Euromonitor对2000～2005年世界十大图书市场作了预测：美国可能增长10%，德国8%，日本2%，英国6%，西班牙10%，法国4%，韩国4%，意大利3%，中国10%，预期平均增长7.8%，仍是看好(引自《出版广角》2000年第5期)。我国是发展中国家，图书消费水平较低是众所周知的。1999年图书销售73.3亿册，人均购书不到6册，除去课本，人均占有图书仅2.5册。年人均消费图书不到30元，占全国人均消费总额1%。城乡图书消费水平悬殊，农村图书市场基本上没有新的开拓。随着我国经济文化的发展，书业确实还有很大的发展空间。虽然其他传媒的发展分割了人们的文化消费份额，挤占了人们学习阅读的时间，但是不可能完全替代图书。在传媒多元化、现代化、科技化的今天，图书对思想文化的系统传播仍是无法替代的。图书知识覆盖面最广，较便宜，易携带学习的优点仍然存在。科教兴国战略的提出，知识经济时代的到来使图书成为变知识为生产力的重要手段之一。书业的持续发展是完全可能的。传统图书出版与其他现代传媒发展是可以互动的。所以任何无可奈何、无所作为的心态都是要不得的，相反应振作精神，创新开拓。二、调整传统图书的出版理念与发展战略。目前有些老的出版基地，如上海为我们作出了调整的实例。上海世纪出版集团社长陈昕经过调查研究，认为“沪版书最重要的问题是创意不够”，从而找到了新的发展方向和突破口。突出重围就是要找到进一步发展的突破口，找到发展上的各种空档，哪怕是较小的空档，调整规划与战略、战术。找到突破口，是建立在深入调研、冷静分析、精心策划之上的。有的同志提出在网络时代，更要重视图书的原创性、创新性、实用性。注意抓好两头：学术著作与通俗实用类图书的出版，这可能是比较正确的选择。也有同志提出要探索传统图书出版与网络的结合，营造新的复合的出版理念、出版环境。我们有实力，又有信心，只要选择了恰当的突破口，突围是可以成功的！

从2000年至今，快过去七年了。七年的事实证明：一方面，图书编辑面临的困难越来越多，压力日增；另一方面成功突围，做出成效，令同行刮目相看的人，仍是大有人在。

近七年来，我国出版业经过改革开放这些年的快速发展后，已进入一个平稳发展的时期。出版业在发展中出现了一些新的问题，许多出版社库存增加，出书品种增多，周期缩短，但单本书的印量下降，大发行量的图书减少。图书品种增多，但切实能满足读者需求的并不多，又缺又滥。销售回款状况不好，诚信缺失，市场链条运转不灵。有的学者认为书业生产出现了“滞涨”。

我国经济持续增长，人们的文化需求也在增长，但是由于多种媒体的竞争，人们文本阅读的时间有增有减，读报、读刊有增长，读书有所减少，有调研表明，这几年国民阅读量逐年下降。

大多数出版社面临改制，由事业单位转为企业，编辑工作直面市场，图书发行量与编辑的利益直接挂钩。面对经济效益的压力，在追求经济效益与坚守文化责任的关系上，更多的人是在追逐经济效益。在编辑中出现了普遍浮躁的情况。许多编辑为了赚钱，急急忙忙找稿子，但好稿子又不易抓到手，个别编辑就会行为出轨。有的编辑跟风炒作，选题低俗，甚至出现伪书。图书质量堪忧。

有的出版社为了分解企业的压力，把经济指标分解到个人，或者编辑单本书结账，单个人结账，这固然加强了编辑的责任心、压力。但单兵作战，团队的战斗力却有所削弱，编辑互相保密，难以从同事、领导处得到帮助。

由于压力增大，编辑心理上出现了焦虑症、忧郁症、强迫症。

把编辑推向市场是惊险的一跃。市场经济是把双刃剑：自然有磨砺编辑本领的一面，会培养锻炼出一批懂市场，会策划，善营销，制造畅销书、长销书的高手。但是也会有其负面的作用，导致编辑偏离文化责任，唯利是图，甚至走偏。编辑工作是越来越需要经验与智慧了。

二、图书生产有规律可循吗

编辑工作越来越难做，要破解这个难题，既要从了解图书生产的规律来把握，也要从编辑工作的具体规律来把握。既要了解图书生产之道，也要了解编辑工作之道。

关于图书生产的规律，现在似乎并没有一个统一的说法。

叶圣陶先生曾指出："书刊要排版，要印刷，要装订，这是工业。出了书刊要发行，要卖出去，这是商业。可是排版先得有稿子，稿子要作者写出来，编辑者编出来，这又是什么业呢？我要回答得严重些，这是教育事业。你出的书刊无论深的，浅的，通俗的，专门的，总之都会影响人们的见识和思想。你不是在当人们的老师吗？所以出版事业的性质是工业、商业、教育事业三者兼之；三者之中，教育事业应居首要地位。"(《叶圣陶出版文集》，29 页，中国书籍出版社 1996 年 3 月)这对我们理解图书生产的规律很有启发。图书生产的性质兼具工业、商业、教育事业的性质。叶老认为"三者之中，教育事业应居首要地位。"即出版业的根本性质应为文化教育事业。

1993年，我在思考加强图书出版全面质量管理问题时，曾认为“图书的生产，所要遵循的不只是客观的经济规律，还要遵循文化积累、文化发展的客观规律，遵循意识形态、上层建筑对经济基础起反作用的客观规律。图书除了有商品属性，还有文化产品、意识形态的属性”。这就是我悟出的图书生产三规律说。

2003年，于友先在《现代出版产业发展论》一书(苏州大学出版社2003年12月出版)中在谈到现代出版产业的市场运动规律时认为：“现代出版产业最根本的特征就是人类的出版活动日益纳入了现代市场经济的轨道。”“人类的出版活动一旦融入市场制度，便萌发出自身的产业发展规律。”“现代出版产业的发展过程是复杂的，因为它并不单一地靠市场规律来驱动。从根本上说，它依凭的是人类自我提升的机能——无论从物质上还是从精神上都要求更高层次发展，从而追求一种和物质基础相适应的精神文化品格。因此，现代出版产业市场运动规律具有自身的特殊性：它一方面要遵循出版文化的发展规律，并且常常受到政治、经济、文化、教育、宗教、军事等诸多外在因素的影响；另一方面又要遵循市场规律，用市场机制来调节出版活动诸环节，努力实现利润最大化。”“文化性与商业性这二重属性共存于出版产业中，看似矛盾，其实正是出版产业的一个鲜明特点。”“出版走向市场的根本目标就是为文化找市场，以市场来推动文化的发展。”于友先讲的“现代出版产业”当然包括图书业。图书生产既有文化属性，又有商业属性。

在中国出版业迈向产业化的进程中，如何把握图书的生产规律，又成了一个新的课题。

在计划经济条件下，支配图书生产的三个规律中，文化发展与意识形态作用的规律占主导地位。在市场经济条件下，支配图书生产的三个规律中，商品经济与文化发展的规律占主导地位。大多数国家出版人把图书出版看作是一项文化活动，又是一种经济活动。美国出版家约翰·德索尔就说过：“书籍是思想的载体、教育的工具、文学的容器，但是书籍的生产和销售又是一种需要投入各种物资、需要富有经验的管理者及企业家参与的经济工作。”

在现实生活中，在出版社转制——从事业单位转向企业的过程中，不同的出版人，在掌握图书生产的规律上，重心是不一样的。

在纯商业观念、纯企业管理思想的指导下，一些人把价值规律与市场法则作为控制图书生产的压倒性法则，把出版业看作是企业门类中的一个分支，完全像对待其他企业一样进行管理。美国有的书商就认为“凡是生活里有的东西，书上都可以有”、“有人买我可以卖”。如此一来，势必出版一些严重污染、损害人类心灵的出版物。在中国、当下，面对出版逐渐进入市场化运作，不少出版人都是在混沌与清醒，痛苦与经验中交替前行的，在文化与商业这对出版物矛盾中博弈。有的出版人失去了平衡，书业出现了跟风、伪书、坏书、盗版等等问题。有的出版管理者声称：社会效益与文化责任有政府管、上级管，我们要管的就是经济效益。提出出版人应以赚钱为荣，赔钱为耻。有的出版执行者声称：做书就是要挣钱，书就要卖他一百万册，赔钱的书打死我也不会做！

面对这种迷失，有的论者指出在市场经济条件下，中国的书业还是既要遵循物质生产规律，又要遵循精神生产规律。中国特色的社会主义出版体制必须将两种生产规律有机地统一起来。在坚持正确方向的前提下，最大限度地运用市场经济的有效机制，实现两个效益的有机统一。

面对这种迷失，有的论者指出：书业“社会效益与文化责任是第一位的，是行业的核心价值所在”。“市场价值和人文价值，孰轻孰重……是一个社会改革中普遍性的根本问题……但出版本质上是文化的”。“当前出版产业发展很快，取得了很好的业绩，却又有过分强调产业属性的倾向”。他们认为：增强经济实力和单纯追求商业利益，是两个概念两个问题。不应把出版业的“事业性”与“商业性”之间的边墙模糊了，忽视了出版业良性运转这一关键问题。有的人单纯追求商业利益，买卖书号，为了一点眼前的蝇头小利，把出版社的大利益丢掉了。编辑逐渐丧失了开发选题的能力。有的出版社什么赚钱就做什么，围着市场变化转圈圈，结果出书丧失特色，经销商也弄不清出版社究竟出什么门类的书，再也不订货。有的出版单位恶性竞争，拿着高印数高版税抢夺作者、抢夺书稿，出书后大量库存，并不能真正盈利。

有的论者指出：书业决策时，必须要考虑市场预期和经济效益，但仅仅考虑商业牟利，不考虑出版单位自身品牌、出版定位、文化特色，结果常常适得其反。面对有重大文化创新和文化积累价值的出版项目，即使经济效益较差或需要持续的投入，在单位财力允许的条件下，也要勇于承担。

有的论者指出：我们的书业进入市场经济时，还面临不完善的市场，不规范的市场环境。追求商业利益，追求经济效益，不需要政府督促，只需要政府规范游戏规则。但是追求文化品位，我们还缺少政府和社会财力的支持。至于服务于意识形态的产品，应以政府买单为主。

看来，书业生产的三个规律，还会长期作用下去。不同时期，三个规律作用并不是不分轻重的，不同历史条件下，起主导作用的规律是不同的。但三个规律是同时并存，互相制约，并发挥作用的。只强调一个规律，而忽视其他两个规律的出版活动会走入歧路，受到历史的惩罚。对三个规律如何作用于书业，不同的人允许有不同的认识与探索。但不能不顾客观规律、盲目行动。还是老一代出版人说的好：一不亏心，二不亏本，这是书业活动的底线。

三、编辑：需要经验和智慧的一门学问

同样是面对当前编辑工作的困惑、难题，不同的编辑答案往往是不一样的。年轻的编辑在第一线工作，需要解决实际问题：如何尽快抓到好的书稿，如何做出好销的书，如何宣传好、销售好，实现好的经济与社会效益，更着急一点的，则是最好抓到有资金支持的出版物，不用考虑销售即可完成任务。还有更急的，就会走邪路：比如买卖书号，比如打擦边球，做迎合市场、内容低俗，甚至出格违禁的坏书。而资深的出版人，则更多地是从整体上、规律上把握出版行为，研究编辑工作之道。多年的编辑工作经验，使这些老编辑的论述充满了经验与智慧，你阅读他们的著作，往往会产生强烈的共鸣，发出会心的微笑。

2000 年 10 月，我阅读了工人出版社出版的《编辑人的世界》(〔美〕格罗斯主编)很受启发，写下了《编辑要深入研究市场——中美编辑思想比较研究初探》一文，文中指出：

《编辑人的世界》(〔美〕格罗斯主编，齐若兰译，中国工人出版社 2000 年 9 月)的出版，为我们进行中美编辑思想比较研究，提供了一个很好的机会。由于中美两国文化传统、社会制度、意识形态不同，中美两国的编辑思想当然会有许多不同之处。读了《编辑人的世界》，我们对

"美国编辑群体的主流思想"有了大致的了解，我觉得中美两国编辑思想在技术层面都有许多相通之处：如对编辑与作者的不同角色与相互关系，编辑的作用与功能，编辑的技巧，编辑的社会责任，编辑如何处理图书品位与经济效益的关系等方面，中美两国编辑思想大体是相同或相近的，这反映了编辑工作的共性与普遍规律。不同的是美国的编辑思想更强调对市场的关注，对读者需求和阅读心理作深入细致的研究。美国对编辑的分工：选书编辑、文字加工编辑、策划编辑、编辑顾问、自由编辑也很有特色。对策划编辑的责任，界定的具体、简单、求实。经纪人在编辑活动中的作用很普遍。这些都与中国有所不同。在激烈的市场竞争(包括国际竞争)面前，美国的同行有不少吸引读者、赢得市场的经验，有值得我们借鉴之处。

《编辑人的世界》反映的美国编辑思想十分丰富，在此，仅根据舒斯特的《给有志于编辑工作者的一封公开信》、马雷克的《如何选书》、麦卡锡的《一种创造性的合作关系——策划编辑》三篇文章，对上述问题作些介绍、分析。

美国的编辑思想，在满足市场与读者需求方面强调以下方面：

(一)编辑人在"文学品位"之外，还必须具备数学概念。

编辑人不能是色盲，必须分得清楚"赤字(亏损)"和"黑字"(盈余)的差别。舒斯特说：一个合格的编辑，在对待书稿时，除了"品位"的要求外，还必须有"盈余"的要求。这和中国编辑的想法，大体相同，即应当抓住既"叫好"又"叫座"的双效书。但是舒斯特又强调"一个优秀的编辑人员必须能像发行人一样思考、规划、作决策"，更强调市场观念、经济效益的判断力。他说的很尖锐："编辑和出版原本就是有风险的行业，有时候就和疯狂的赌局一样。"舒斯特坚持的还是两项原则的统一，他说："所有衡量标准，都要回归到两个基本原则：你自己会不会舍得掏钱出来买这本书；还有更重要的是，你会不会想把这本书列为自己的藏书，多年后，你还会很高兴在书架上找到这本书，并且很期待阅读这本书，甚至享受到一读再读的乐趣。"当然舒斯特也实事求是地指出，不能要求编辑的每一本书都赚钱、都叫响。要根据"整体打击率"来评价一个编辑的工作。因此，"在合理的限制条件下，你可以正直而奢侈地发挥勇气、运用想象力。更重要的是，运用你的创造力来作决定。"

对编辑人员是否应当有经济指标的要求，在中国是一个讨论中、试验中的问题。一度不少出版社纷纷对编辑下达盈利的指标，最近又有人主张取消对编辑人员盈利的指标，要求编辑专心编好书，这都是允许试验的。关键是对编辑人员要有一个“合理的限制条件”，中国合理的限制条件，即对编辑人员有一定的双效益压力，又要让编辑人员有发挥想象力、创造力的勇气。这个条件的提出与合理化，是需要进一步研究的。

与新闻出版署刘波司长(左)一同赴美考察(2000年)

(二)要善于发现读者许多未被满足的需求，“并且找到最好的作者来满足读者的需求。”

这方面舒斯特和马雷克都有不少精辟的见解。舒斯特指出：“不要盲从当前的时尚和流行，千万不要只想模仿目前的畅销书，而出一本和它差不多的书。你应当创造趋势，而不是盲从趋势。”“要重视作者成长的潜力——同时重视旧书目录上某些长销书的‘存活价值’，这个条件要比眼前的销售力更重要。”当编辑决定出一本书时，“要很实际地知道自己到底把这本书看做是一本历久弥新的长销书抑或是迎合潮流的热门书；清楚地说明你这么热衷这本书的原因，计算一下财务数字”。这些想法与中国编辑的想法大体是相同的。

在如何才能抓到有利可图的书稿方面，美国的编辑思想带有更多的发达的市场经济的特点。马雷克说：“出版社聘请‘选书编辑’的主要原因是，他们必须买到能为出版社赚钱的书。”“选书编辑作决定的首要考虑是市场问题。”如何才能抓到有利可图的书稿，马雷克介绍了美国编辑的经验：①关注大牌作家；②把书分成三种：销售部门看好的书，着重于延伸版权的书，编辑选的书；③不要追逐报章报道的热门题材，但要注意电视对读者的影响，适合上电视的作者或作品，销售量会扶摇直上；④要注意作品是否具备了“新声音、新视野”，作家是否“与众不同”，对具备上述特点的作品，要“争相网罗”；⑤对小说，最重要的是表达能力，故事进行的速度、人物、情节、写作风格是否吸引读者；⑥非小说类，首要的也是作者的表达能力，题材，组织能力，写作风格能否吸引读者。他指出：“一般而言，读者喜欢阅读和自己生活息息相关的题材。煽动性的话题，例如关于性、金钱、谋杀、荒唐的男女关系、权贵名流的奇闻轶事，永远都很吸引人，因为凡夫俗子往往能从别人的成功与失败中找到快乐与安慰。我们总是对其他人充满刺激的生活很有兴趣。”要注重题材与读者的生活息息相关，才能吸引读者，这是完全正确的，反映了编辑工作的共性，至于他强调的“煽动性的话题”则表现了美国编辑的个性与独特的生意眼。这方面派克比马雷克说得更露骨，他对能打入女性读者市场的小说与打入男性读者市场的小说作了分析。他认为男性爱看惊险小说，女性爱看“旧时代纯纯的爱”等小说，对男女读者的心理作了细致的分析。

(三)策划编辑，是指编辑要及早参与作者的写作，包括构思大纲、方案研究，与作者实行成功的合作。

策划编辑要深入参与，支持作者，给予专业引导，目的还是为了这本书更吸引读者。

(四)“成功的编辑必须同时得到上帝和财神的眷顾”。

市场经济对编辑工作的负面影响，美国的编辑也是有所认识的。有的编辑申明：“书籍从一开始就兼具思想论述与市场商品两种功能”，在这两种功能的拉锯中，他们并未忘掉“文化使命感”、“教诲读者”、“提升美国阅读大众的文化标准”。他们最后的道德防线是要对得起“上帝”和自己的“良心”。在这方面，中国编辑的警惕性、严肃性要强得多，道德标准也要高得多。

总的看来，图书可以从三个方面满足读者的需求：一是学习知识、接受教育的需求；二是了解各种人物、事件内情的知情权的需求；三是愉悦、消遣的需求。中国的编辑更多地关注了前两个方面的需求，而美国的编辑，对第三个方面的需求研究得很细致，很深入，这在《编辑人的世界》第三部分中有更多的展示。

在坚持社会主义方向与坚持社会效益第一的原则下，中国的编辑应当更深入地研究市场，研究读者。市场经济与编辑工作、中美编辑思想比较研究、中外出版工作比较研究，都是应当关注、并加以深入的研究课题。对外来的思想，经过恰当的剥离，我们可以取到合理的内核。大科学家牛顿曾就思想文化交流的意义作过一个比喻。他说，假如你有一个苹果，我也有一个苹果，交换之后，每个人手里仍然只有一个苹果。如果你有一个思想，我也有一个思想，交流之后，每个人都有了两个思想。出版文化的交流是否也应作如是观?

2007 年，我读到了中国人民大学出版社出版的《编辑力——从创意、策划到人际关系》(〔日〕鹫尾贤也著)一书，这本书也谈到了类似编辑的悟性，他把编辑力的高下，归纳为三个问题：创意、策划与人际关系。

书中第一章"编辑是什么"，是作者在编辑这一行干了 35 年的体验。他认为"编辑必须是策划者，是从无到有的创意人。没有策划不能行动。""编辑人具备这种识人的直觉，发掘写书的人才。""编辑必须学会'哄人'……能让作者高兴地接受约稿，如期交稿"。"从容应对所有局面，也是编辑的重要能力。""编辑要会'哄人'或许稍嫌没品，但是编辑的确是不可或缺的协调者。他要联系、结合人与人之间，从中发现新的可能性，因此不会哄人不行。只要有人提出建议，总要想办法去接触，往往因此发展出各种关系，从对话中产生创意。""我们的工作源泉就是人，除此之外，没有别的资源和素材。""编辑光亲切还不够，还需要商业意识，要知道让作者写出好书才能成事。""在和作者交往中，还要有意识地充分发挥作者的才能，全心全意为作者着想"。"编辑必须有乐在工作、为社会工作的志向。""优秀的编辑应该用完成的作品来诉说他的志向与理想。"

当我们有了一些编辑工作经验，再去读一读一些著名编辑的传记、著述，我们就会提升自己的能力与眼光。这件事越早开始越好。新编辑，要为自己拟定一个学习、进修的书单。

第二节 编辑要提高核心竞争力

什么是编辑的核心竞争力？这个问题似乎还没有人专门研究过，我看到过一篇文章《编辑之看家本领》(开雅著，发表在《中国编辑》2004 年第 4 期)涉及这方面的问题。文章提出了以下问题：“什么是编辑的素质？编辑必备哪些看家本领？怎样成为杰出的编辑?”作者列出了 11 个方面：

你拥有多少作者资源？

你有慧眼识稿件的本事吗？

编稿之前你做没做市场调研？

你与作者有没有深入沟通？

你是否真的做了编辑本职工作？

你是否认为排版与己无关？

你是否愿读自己编辑的文章？

你倾听了多少读者的声音？

你考虑过选题的深度挖掘吗？

如何加重自己的编辑砝码？

你编的书有人买吗？

这些问题固然是从编辑实践中提出来的，如果回答更简要一些呢？

一、编辑的核心资源：创意策划＋作者人脉＋优质书稿

根据我的体会，编辑的核心竞争力＝作者人脉＋优质书稿。如果说得更完备一些，编辑的核心竞争力＝创意策划＋作者人脉＋优秀书稿。

出版社实际是个加工厂。加工的产品是书刊，原料是稿件，稿件大部分是作者提供的。

没有一流的作者提供一流的书稿，出版社不可能推出一流的产品。没有一流的产品，在激烈的市场竞争中，出版社就难以为继，更谈不上快速发展。

巧妇难为无米之炊。巧妇好比是编辑，米好比是书稿，抓好作者，是出版社生存之本。

一个优秀的出版社，实际上是由优秀的作者，提供优质的书稿构建起来的。

那么谁是优秀的作者？什么样的作品是优质的书稿，这是要由编辑来选择的。

历史上的开明书店，以立达学会和文学研究会为基础，汇集了当时的文化名人，如鲁迅、夏丏尊、郭沫若、叶圣陶、沈雁冰、朱光潜、朱自清、丰子恺、周建人、胡愈之、林语堂、赵景深、巴金、冰心、陈望道、耿济之、孙伏园、周予同、顾颉刚、高士其等。巴金在《随想录》中回忆说："我的文学生活是从开明书店开始的。在狼狈不堪的日子里我常常得到开明的支持。可以说，没有开明，就不会有我这个六十年的文学生活。我同开明接触多年，我始终留着好的印象，有两点我非常欣赏：一是它没有官气，老老实实，以平等的态度对待作者；二是不向钱看，办书店是为了繁荣祖国文化事业，只想勤勤恳恳认真出几本书，老老实实给读者送一点温暖。作为读者，作为作者我都把开明看作忠实朋友。"巴金的《家》、《春》、《秋》都是在开明出版的。

茅盾的《子夜》、叶圣陶的《稻草人》、夏衍翻译的《母亲》、夏丏尊翻译的《爱的教育》、徐调孚翻译的《木偶奇遇记》、林语堂编的《开明英文读本》以及《辞通》、《二十五史》、《二十五史补编》、《六十种曲》，著名的杂志《中学生》都是开明书店出版的。

开明书店的创始人章锡琛先生是一位非常有胆识和魄力的出版家。在稿件的选用上，他以对读者有益为唯一标准，严格把好质量关。凡符合标准的稿件，无不竭诚欢迎。林语堂编《开明英文读本》时，要求每月预支 300 元的版税，有的书店不敢贸然答应，当时开明的全部资本也只有五万元，但锡琛先生却一口应了下来。此后 20 年中，《开明英文读本》

成为开明的第一畅销书，林语堂得到30万元的版税，开明也大大获利。

开明书店在1932年出版了《辞通》。此书原名《读书通》，是海宁朱起凤先生花了30年精力，从古书中搜集可以相通的双音词，编成300万字的巨著，这部书资料极丰富，在音韵、通假、训诂学上，是非常有价值的巨著。但这部书开始联系出版并不顺利。1922年胡适把这部书稿介绍给商务的王云五，王云五认为这书销路不大，会亏本，不愿出。胡适感叹道："不幸这一部300万字的大著，在那个时代竟寻不着一个敢冒险的出版者去承印。"(见《辞通》序)后来章先生敢冒风险来承印这部书。章先生眼光独到，出版学术著作不怕一时亏本，同时又大力做好这部书的推广工作，他请章太炎、胡适、钱玄同、刘大白、林语堂等写序来推介这部书，指明这部书在学术上的地位和实用价值。在编辑工作上，把原书名《读书通》改为《辞通》，照辞书的一般排法。原稿是按韵排的，不便查阅，又加了一个四角号码索引，便于查阅。这部书是阅读古籍的工具书，它的出版，对传承传统文化作出了很大贡献。开明出版的《辞通》、《二十五史》、《六十种曲》被郑振铎称赞为"三大扛鼎之作"。章先生在接受《辞通》出版时，马上付给作者6 000元，认为作者"竭毕生精力，写成这样一部大著作，不但应给他出版，也应该多送点稿费，让先生晚年过得舒适些。"《辞通》出版后印数万册仍供不应求，非但未亏本，还赚了钱。50年后，1982年上海古籍出版社又影印6万册，不久又告售罄，1987年又一次重印。

在编辑的核心资源中，作者人脉与优秀书稿，在许多优秀的出版社的发展中都起到了至为紧要的作用。过去有句老话：作者是出版社的衣食父母，现在亦如此。

但是编辑工作不是被动的。你如何才能建立作者人脉；对优秀的书稿你如何才能获知，并慧眼识珠，不误判、错判，拒之门外；如何才能获得作者的信任，把书稿交给你；你如何发挥创意，对书稿运作进行整体策划、营销，使书出版后产生双效益，这都考验你的编辑悟性与实际本领。

在编辑的竞争力构成三要素中，第一是创意：要求编辑能策划选题，慧眼识珠。在书稿的选择判断中思路独到，与众不同。对书稿内容把握上求新、求知，能满足读者现实的需求与潜在的需求。在策划中能同中求异，形式新颖，抓住特定的读者群；二是书稿：要求编辑能品书，及时抓到能销、能读、能保存的好书；三是作者人脉：编辑要学会以文会友，以题交友，竭诚为作者服务，帮助作者排忧解难，形成自己的作者队伍。要学会如何获得作者的信任，为作者当好参谋，激发他的创作热情。人脉是可以以一带众的，雪球会越滚越大，人脉越建越多。要建立核心作者群，有基本的作者队伍。

当然，这一切离不开出版社提供的出版平台，出版社的品牌、信誉也是最重要的资源。出版社的品牌、信誉是由出版社的领导和每个编辑努力构建起来的。

叶圣陶先生在谈到开明书店的办社宗旨时曾说："办书店原有各种做法。兼收并蓄，无所不包，是一种做法；规定范围，不出限度，是一种做法；漫无标的，唯利是图，又是一种做法；前一种做法需要大力量，不但财力要大，知力也要大，我们担当不了。后一种呢，与我们意趣不相容，当然不取。与我们相宜的只有中间一种，就是规定范围的做法。我们把我们的读者群规定为中等教育程度的青年，出版一些书刊，绝大部分是存心奉献给他们的。这与我们的学识修养和教育见解都有关系。"(《叶圣陶编辑思想研究》，128 页，开明出版社 1999 年 5 月)

可见编辑的核心竞争力在不同的出版社、编辑身上有相同的体现，又有不同的具体内容。制约一个出版社核心竞争力的还有几种因素：一是出版社的出书方针、出书范围、财力所限；二是出版社编辑自身的学识修养所限。如何提高编辑自身的核心竞争力，是后面要探讨的内容。

二、认识选题，选题策划的方法与两重性

我在选题问题上的开悟是把选题与策划联系在一起进行思考，又对选题策划的策略思想进行了研究。

1995 年，中青社建社 45 周年，社领导班子提出要用练好内功，开展业务研究的实际行动来庆祝社庆，决定每月举行一次业务讲座。吕敬人在社里做了关于书籍形态学的报告，我认为他的这个报告使我们看到书籍的内容与形态(形式)是统一的，是可以互相渗透、互相转化的。书籍形态的创新，可以使书籍内容进一步丰富、扩大、升华，更形象、生

动、直观，可以增加书籍的吸引力、附加值，也是纸质书籍向光盘读物升级转化的必要阶梯。当时，面临书籍形态革新的挑战。了解这方面的理论、方法，可以使我们在书籍的设计、生产中领先一步，在激烈的市场竞争中先机形成有利态势，创造更多更好的双效益。我认为好的点子、好的编辑思想、好的设计，可以变成更多的利润，可以创造新一代的名牌产品，可以帮助我们摆脱书籍平庸、重复、雷同的怪圈，实现新的跳跃。

当时，我就敏感地意识到，只强调书籍形态的变革，如果忽视了书籍内容的策划，也可能达不到预期的效果，甚至会走偏。我认为："书籍的构成包括内容和形态两个方面。书籍的生命力，根本上还在于它们传递的信息内容。"为此，我在一次难得的病休中(休了一个多月)搜集资料对书籍选题策划的策略思考作了研究，并在社内业务研讨会上作了发言。

后来根据这个发言稿，我写成了两篇论文：《试论选题策划的必要性与限制性》、《选题策划的策略》。前一篇论文在报刊上发表后，多次被转载，并在第三届全国出版科学研究优秀论文评选中获奖，收入《获奖论文集》(华中师范大学出版社 2002 年 7 月)，后一篇文章被收入《出版策划：理论与实践》一书(张芬之主编，广西教育出版社 2000 年 4 月)，这篇文章也在第四届全国出版科学研究优秀论文评选中获奖，收入《获奖论文集》(人民教育出版社 2003 年 11 月)。

我是从策划与选题的关联上来看选题策划的。

(一)什么是策划

我认为策划本质上是一种运用脑力的理性行为，为达到预定目标，运用科学知识，进行发明创造，仔细盘算，精心安排的设计过程。策划是一门诊断性的学问，需要知识、经验、悟性。要求对工作目标整体优化；工作重心，要超前创新，主动出击，与众不同，捷足先登；工作要点要管理到位；工作方法要技艺结合。

策划是指在设计、生产、经营等业务活动中要设定目标，预先谋划，超前创新，管理到位，整体操作。运用到出版工作就是：选题策划、制作设计策划、出版策划、宣传营销策划。

那么，什么是选题策划呢？简单地说，图书选题的提出，不再是闭门造车，按学科知识门类罗列选题，而是按照市场的调研，抓住热点，为满足两个文明建设的需要，进行创造性的设计，以使推出的产品，能在市场上先人一步，高人一头，脱颖而出，争取实现最大限度的市场占有率，取得可观的、明显的双效益。

(二)谈谈选题策划

近年来，在编辑工作改革中，出现了强化选题策划的新趋势，一些出版社加大了选题策划的力度，有的设立了专职的策划编辑、设置了策划室。但也有的编辑同行提出了不同的意见。我认为：

1. 选题策划是编辑创造性功能的强化

策划编辑、策划室的中心任务是策划选题。虽然在前些年出版的编辑学论著中是找不到选题策划这一理论命题的，但是在实践中确实存在选题策划的行为。

所谓选题，《出版词典》(上海辞书出版社 1992 年 12 月)是这样下定义的："一本或一套书的主题思想、主要内容和书名的总体设计。亦指出版社为准备编辑出版的图书或杂志文章所预先拟定的题目及内容要点。"

众所周知，出版社从来不是靠作者自发投稿过日子的。国外认为，编辑的主要功能之一是选择与判断书稿。每个出版社都要根据自己的专业分工或经营特色，预先设计制定具体的出书方针、选题计划。预先设计制订计划，确定选题，甚至进一步设计具体书的编辑方针、方案，实际上就是一种主动的策划行为。

《出版词典》还指出："选题来源大体有三种：①自定选题。即本出版社根据形势、任务和读者需要等情况提出的选题。②推荐选题。即著译者自荐或业务单位、专家推荐的他人著译的选题。③交办选题。即上级领导部门交办的任务。"这里，"自定选题"策划的成分最大，主动性最强，也最能体现一个出版社的眼光与实力。推荐选题、交办选题有的是自发形成的选题，有的也可能含有主动策划的成分。

所以选题策划并不是无源之水、无本之木，而是长期编辑工作实践中已经做过的事，是编辑功能、职责题中应有之义。过去所说的"制订选题计划"，"编辑要善于出点子"，"要多谋善断"都包含策划的成分，而高级编辑、社长、总编辑，实际上也要承担选题策划的主要责任。

只不过随着出版改革的深入，出版形势的发展，编辑的策划功能被凸现出来，提出了要设置策划编辑、设置策划室的新命题。

从编辑功能上考察，在新的形势下，由于强化选题策划这一功能，选题策划本身也被赋予了一些新的含义。

其一，更好地体现了编辑工作的主动性。提出选题策划，甚至设置策划编辑、策划室，改变了编辑等米下锅、来料加工的被动状况，而成为主动出击型的编辑。编辑不再像“蜘蛛”一样等书稿“自投罗网”，而是像“老虎”一样，四处活动，见了肥肉，猛扑上去，咬住不放。编辑要主动寻找市场需求、读者热点，根据需求，设计选题。要按照对市场的调查，抓住重点，要满足建设两个文明的需要，进行创造性的设计。组稿也由作者报题改为编辑命题。

其二，体现了编辑工作的整体性。策划改变了编辑各自为战，零敲碎打，力量分散的状况，特别着重于重点书、套书、丛书的策划，有利于集中优势兵力，搞好重头项目，实施整体操作。策划不仅是提出有创意的好选题，还要参与成本预算、促销计划制订、宣传的组织实施，甚至包括售后服务与信息追踪。策划编辑不仅是选题的开发者，还是选题落实的组织者。策划不仅是重点图书工程策划，也是重大投资项目的效益策划。

其三，体现了编辑工作的创造性。由于编辑比较熟悉读者、了解市场需求，又善于组织到最佳作者，就可能设计出高、新、重、好的选题(“高”指水准高，起点高，不动则已，一动就是一流水平。“新”指创意新、视角新，能敏锐地预测新热点，努力发现空白点。“重”指分量重，集中力量搞重点选题。“好”指效益好。)这样就可能打破选题重复、雷同、平庸的怪圈，实现选题的创新和优化。

2. 选题策划的方法

选题策划的核心是创意、创新。

2005 年 8 月 26 日《中国图书商报》用整整两版报道了从 1995 年至 2004 年以来版权引进的成功个案。先看一下数字：

1995 年，人民文学出版社出版了美国发行 400 万册的唯美爱情小说《廊桥遗梦》，至 2005 年，重印多次，发行 74 万册。

1996 年，北京大学出版社出版了比尔·盖茨的著作《未来之路》这是一本讲述网络文明，预测微软及整个科技产业走势的书。中文本当年销售 40 万册。同年上海译文出版社出版村上春树的小说《挪威的森林》，此书 1989 年漓江出版社出版过，总计销出 100 多万册。

1997 年，外研社出版了修订本《新概念英语》，累计销出 1 000 万册。同年上海三联出版的《学习的革命》累计销出 500 万册。

1999 年，知识出版社出版的网络文学作品《第一次亲密接触》发行了 60 万册。

2000 年，人民文学出版社推出少儿读物《哈利 · 波特》到 2005 年已销出 700 多万册。

2001 年，中信出版社出版的《谁动了我的奶酪》，到 2005 年已销出 280 万册。

2002 年，浙少社从德国引进的《冒险小虎队》是一套少年侦探小说，至 2005 年已发行 1 000 万册。同年中信出版社出版的《杰克 · 韦尔奇自传》，到 2005 年已销出 100 万册。

2004 年，上海人民出版社的小说《达 · 芬奇密码》至 2005 年已销出 100 万册。

…………

在图书市场低迷，编辑无可奈何，有些人无所作为的情况下，一些出版社，精心谋划，以引进版开路，取得了让人跌破眼镜的实绩。

这些都是引进版图书，能否在中国热销，也是有风险的，每一本书的引进成功，背后都有宣传、销售的策划方案。

以《哈利 · 波特》为例：1999 年人民文学出版社调整经营思路，在坚持文学主业基础之上，向与文学相关相近的领域扩展，建立了少儿、教辅的选题体系。新成立的少儿读物编辑室，第一项工作就是负责引进、出版《哈利 · 波特》。开始引进时，有七家出版社也在争取引进，经过多番努力，版权落到人文社。但人文社面临巨大风险：以魔法、巫师、悬疑、幻想为特色的西方文学作品，会不会在中国“水土不服”，中国的孩子、家长会喜欢吗？此书在国外发行已取得巨大成功，这也形成巨大的压力。

人文社为了说动图书经销商、少儿家长，设计了三条广告词：一是“哈利 · 波特——跑出书包的小魔法师”；二是“哈利 · 波特——我们身边的小骑士”；三是“哈利 · 波特——世界儿童的好朋友”，告诉家长和儿童这是一本魔法童话，是关于勇敢、惊险的故事，不仅好看，也有趣有益。

全世界的小朋友都在看这本书，你们是否也应找来看一看。

为了让经销商知道这本书可能火，人文社又策划了以下几招：一是在有影响的报纸上发消息，二是由发行业务员通过电话提示经销商阅读相关报道，三是为这本书召开一次发行会议，邀请百忙中的经销商自费来京商量此书发行事宜，共商营销策略、方案。在这次订货会上，人文社全面报告了这本书的营销计划、宣传计划，首次印数、装帧设计方案，并听取经销商的意见。另外，要求每一个经销商、每一家订货店必须拿出一个完整的书面促销策划方案。经销商为此进行了热烈的讨论：有的策划电视专题；有的主张小说连载；有的联系广播电台；有的推荐评论文章；有的设计一个悬念，以吸引家长、孩子。约请全国书店参与策划促销取得了成功。许多城市开展了这本书的促销活动，多由批发商具体操办，使这本引进童书的内涵得到中国式的阐发，这部书终于进入中国文教书的重要读物行列，销售也就持续上升了。

引进版的图书，虽然内容是原出版者策划的，但要在中国行销，装帧、设计、印制、宣传、销售方案，仍要由购进版权的出版者、编辑仔细思量，精心策划。

从选题策划的角度，我们可以向外国同行学习的地方亦很多。选题策划有没有具体方法呢？

策划的步骤大体如下：项目立意策划(研究选题提出的依据，通过三方面判断选题，即出版价值，包括意义、影响力；选题实现的可能性；销路预测，核算盈亏。看看能不能与众不同又满足需求)→编辑过程策划(内容的策划、作者的选择、书名、结构安排等，能出人意料，又合乎情理)→设计、制作策划(如何整体设计、精心制作，力求创新、实用、个性化、艺术化)→宣传、销售策划。

这里讲一个我经历的“中华文化集粹丛书”的策划案例。

《中华文化集粹丛书》自 1992 年出版以来，一年内已四次在全国获奖：在首届中国青年读书节上被评选为优秀图书，在第六届中国图书奖评选中获二等奖，被全国发行工作者协会评选为社科类优秀畅销书，丛书的装帧设计在“1992 年平面设计在中国展”中被评为优秀作品。丛书出版后销出 4 万套，取得了明显的双效益，全套丛书版权也卖给了台湾五南出版公司，1993 年以《华风现影系列》命名，在台湾出版了繁体字本。

这套丛书，一开始策划就是自觉地按抓拳头产品的要求设计、生产、推出的，其中有不少值得总结的经验：

(1) 研究重大主题，抓住组稿线索，明确丛书特色。

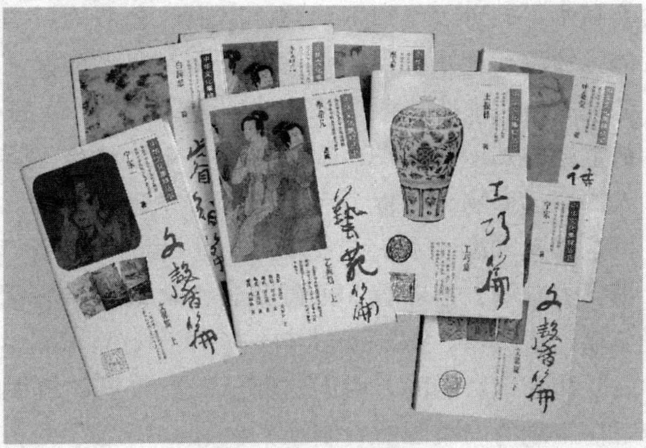

《中华文化集粹丛书》书影

拳头产品的图书必须是有重大社会效益与经济效益的，能产生广泛社会影响，能为读者所重视、珍藏或有长远阅读价值的。因此这类图书一般说应当是反映重大主题或有较高文化价值的。《中华文化集粹丛书》所反映的主题是弘扬中华民族的优秀传统文化，这是海内外炎黄子孙都认同的主题，也是中国共产党所提倡的。但是明确了主题，并不一定马上就能抓出拳头产品，这还需要深化对主题的认识，设计出比较有特色的编辑方案，请到有实力的、合适的作者，组织落实。

1990年以来，在社领导要求下，我曾多次设计过各种选题方案，有偏重学术性的，也有突出趣味性、实用性的，但都不太满意。曾约请了著名学者龚书铎、刘家和、刘志琴、何兆武、张琢等来社座谈，开过研讨会，推出了一套《传统文化与现代生活丛书》，因这套书是学术性的，出版后发行量不大。1991年3月，我社胡守文副总编看到《中国青年报》上刊出全国政协委员范曾的谈话，他呼吁要重视中华传统文化的教育，要重视对海峡两岸的青少年进行这方面的普及教育，建议约请著名专家编写这方面的优秀普及读物。胡守文找到我们，建议我们抓住这个组稿线索，及时开展工作。我们立刻进行了联系，在政协会议期间，抓住空隙与范曾作过多次面商，在他的建议启发下，我们逐步明确要设计这样一套新丛书：要向青少年介绍中华文化最重要、最基本、必须记住的知识，帮助青少年了解中华文化对中国人的深远影响。并考虑要约请海内外著名学者来撰写，丛书要面向海峡两岸的青少年。4月，我社即在北京召开了“中华文化与青少年教育研讨会”，约请了部分著名的教授、专家进行论证，编辑提出修正补充意见，确定了这套丛书的宗旨：这是一套高水平的青少年知识读物，出版这套书的目的是使海峡两岸的青少年能比较深切地了解中华文化的壮美、博大和渊深，从而学习和继承优秀的民族传统文化，振奋民族精神。丛书的特色是：通过中华文化最基本、最重要的知识的普及，阐扬中华文化之精粹，阐扬中华文化精神对中国人的深远影响，对青少年进行民族伦理、道德、品格、气质的教育。根据这些要求设计了15个选题：山川篇、风云篇、哲人篇、先贤篇、英烈篇、明耻篇、恪守篇、砥砺篇、文馨篇、诗馨篇、工巧篇、睿智篇、艺苑篇、薪传篇、神异篇。其中有12个选题都是谈到中华精神文化的卓越成就和深远影响的。由于这套丛书有自己的鲜明特色和个性，就与当时正在策划的同类图书有明显的区别，不至于面目雷同。这套丛书的重大主题和选题的鲜明特色、个性，得到了海内外众多专家学者的肯定，组稿、撰稿也很快就落实了。

(2) 用系统论的方法指导丛书的生产与推出，集中力量打好歼灭仗。

在这套丛书组稿的同时，编辑部得知有四个出版社也在组织编写普及中华文化知识的读物。形势很清楚：时间就是效益，谁能先推出高质量、高水平的图书，谁就能先占领市场，赢得读者。

主管我室的胡守文提出，丛书应在1992年底推出，他提议这套书可拿到山东烟台蓬莱印刷厂去印刷，并要求该厂当作一项创新、创优工程来对待；在书稿还未到齐的情况下，确定出书时间，然后倒计时安排工作日程。作为编辑室负责人，要限时完成这一任务，困难也是不小的。如何抓进度、抓质量，保证编辑室、美编室、校对科、出版处、工厂工作协调一致，是要仔细斟酌的。我们采取系统工程的方法，分析了图书生产的大系统和子系统。把这套丛书的生产作为一个大系统，生产的每一个环节则是一个子系统，包括：约稿、交稿、审稿、发稿、插图、校对、装帧设计、封面打样、装订、包装、运输、宣传、发行……我还按照这一系统流程设计了一个生产流程表，记录每一个环节应当实现的时间、要求，记录实际完成的情况，哪一个环节出现问题，就及时解决。让子系统(局部)正常运转，才能保证大系统(全局)正常运转。我又把这个表抄了一份送给印刷厂，实行同步记录，监督实施。

为了保证这一重点项目的完成，社里还给编辑室调配了力量，并动员全社有关部门通力协作，实现了集中优势兵力，打好歼灭仗。

(3) 质量意识与拳头产品。

拳头产品是高质量的产品，高质量是全面的质量要求：书稿内容、审读加工、校对、版式设计、封面装帧、插图、纸张用料、印刷、装订、包装运输、售后服务等都应当是高质量的。由于这套书是列入国家八五规划的重点出版项目，全社上下、工厂都非常重视抓质量，并采取了许多特殊措施来保证质量。编辑多次下厂，与工厂的同志商量如何保证印出精品。在共同努力下，从发稿到出书(成套 15 卷 19 册)一共只用了 10 个月时间，实现了成品精品化。

(4) 宣传促销充分占有市场。

这套书从一开始策划，就有一个完整的宣传促销计划，充分运用一切大众传播手段，广为宣传。1992 年 2 月春节后全国要在北京开一次大型图书订货会，我们要求工厂在大年二十九把 300 套书送到北京，策划在年初十在人民大会堂召开这套书的出版座谈会。会后两天就是订货会。在出版座谈会后，中央电视台、北京电视台和全国 28 家报纸对丛书出版作了充分报道，两天后的订货会上一次订出 6 800 套。宣传与促销紧密结合，尽可能占有市场，取得了明显的效益。

(5) 拳头产品的多次开发利用。

拳头产品质量高、内容好、生命力强，可以多次开发利用。如组织读书竞赛活动，向教委推荐，列入中小学图书馆必备书目，开展丛书的版权贸易。对丛书中的优秀作者可再约新书，这些设想多已实现。

3. 选题策划是一种科学的思维方法

一是上下两头结合法：研究上头精神，摸准读者需求，把上头精神与下面需求结合起来，找到有自身特点的切入点，把大主题切开、细化、深化，设计策划选题。比如中共中央颁发《爱国主义教育实施纲要》后，中青社就一直在研究如何出书配合，对青少年深入进行爱国主义教育。不久，中宣部常务副部长徐惟诚同志找中青社商谈这方面的工作。中青社责成我设计了一个“爱我中华文库编辑方案”，分山河卷、民族卷、史鉴卷、英才卷、文华卷、国魂卷、振兴卷、腾飞卷，列出选题 100 种，每本 10 万字，配图，故事性与知识性有机结合。徐惟诚同志看了方案后认为丛书方案规模过大，在中小学生中不好推行。他认为爱国主义教育要从读者实际出发，分层次、抓重点进行。要把知识灌输、情感培育，与勇于解决难题的责任教育结合起来，他从我拟的100个选题中选了九方面的选题并补充一个，提出了10个选题：《一千句爱国名言》、《一百项中华发明》、《一百位体育世界冠军》、《一百位杰出爱国者》、《一百位杰出思想家》、《中国的一百种资源》、《一百处中国重点风景名胜区》、《一百首爱国诗词》、《一百个国耻纪念日》、《中华腾飞的一百道难题》。其中，《中华腾飞的一百道难题》他作了非常细致的具体指导，包括选题的立意，问题的选择，谈问题的角度，书稿内容的表述都作了详细指导，详谈了三次。选题确定后，出版社又慎重选择作者：《一百首爱国诗词》请周振甫先生选编、注释、讲解，《一百项中华发明》请中国科学院自然科学史所金秋鹏研究员主编，《一百位体育世界冠军》请体育博物馆馆长谷丙夫等主编，《一百位杰出思想家》请清华大学思想文化研究所胡伟希教授主编，《一百处中国重点风景名胜区》请《旅行家》杂志原主编周沙尘先生主编。这套丛书由中宣部出版局和国家教委基础教育司审定，并列入五部委推荐的全国百部爱国主义教育图书，向全国中小学推荐，三年内发行了5.2万套，总码洋约500万，创利当在50万元以上。

二是专业学科建设法：研究学科建设、发展、普及的方向与需求，设计策划选题。比如1991年，我们根据北师大历史系杨恭禄教授的建议，引进了《剑桥艺术史》3卷，我们严格按原书内容印制，包括索引、参考书目都予以保留，全书彩印，以利教学之用。发行4万套，总码洋约120万元，创利当在12万元以上。

三是阅读热点追踪法：研究一定时期，读者可能出现的阅读热点、趋势，设计策划选题。1993年是毛泽东诞生100周年，我们及早约中央党史研究室、中央党校、军事科学院的胡长水、张树军、庞松、林蕴晖、郑谦、韩钢等策划了一套四卷的《毛泽东之路书系》。由于作者选择恰当，这套书既有研究深度，又立论客观公允，图片丰富，出版后受到好评，获中国图书奖，5年内发行了7万套，总码洋350万元，盈利在35万以上。

四是畅销流行选题延伸法：根据已出现的畅销选题，合理地延伸出新的选题。1988年前后，吉林一家出版社推出了《蒋介石传》，中青社请这位责编来社介绍经验，对蒋介石这个历史人物如何评介，书稿如何送审等责编作了详细介绍。1989 年中青社文教室潘平组织翻译了一本美国学者易劳逸著的《腐败的种子》，是讲国民党为什么 1949 年在大陆丢失政权的。是一本学术著作。潘平怕不好销，建议书名改成《蒋介石与蒋经国》，封面上印了蒋氏父子照片。书出版后 4 年内销出 10 万余册。不久文教室又推出一本《蒋介石家世春秋》也很快销出 5 万多册。

五是空白地带寻找法：根据社会文明发展需要，研究应当关注而暂时处于空白的选题，进行策划。1998 年，我在三联书店买了一本法国哲学家孔多塞(1743～1794)写的一部《人类精神进步史表纲要》，在译者(何兆武、何冰)的序中我读到了一段令我深思的话：“我们生活在两个世纪之后的人，今天读到两个世纪以前这些启蒙思想家的著作，似乎对于他们真诚和乐观的精神，只能够是艳羡。我们艳羡他们的幸福：他们的一生满怀着那么美好的热望。相形之下，两个世纪以后的我们在某些方面，虽然确实取得了他们无法比拟的进步；但是在 20 世纪却也见证了空前的愚昧、野蛮和残暴。能够说人类精神是在不断进步的吗？……看来，20 世纪历史学家的义务，乃是要对 18 世纪的课题做出更深刻的探讨和更高明的回答。”我读到这段话敏感地意识到这是一个填补空白的研究选题，于是建议中青社立项“对人类精神文明发展的全部历程做历史回顾”写一部《人类精神文明发展史》，并组织专家进行论证。2003 年四卷本的《人类精神文明发展史》出版了，此书已列入国家十五重点书规划。书中提出，“人类精神文明的终极追求是：人的自由而全面的发展，人与人之间关系的协调，人对自然的认识、改造与和谐”，在当代产生了较广泛的影响。

六是删选剔除法：在众多选题中进行比较，删去重复、雷同、互相撞车的选题，选出有创意、有分量的重点选题，抓紧实施，淘汰一般化的选题。中青社曾出版过许多关于毛泽东的书，从 1979 年到 2003 年就有 30 多种，其中发行量在 4 万册以上的只有 7 种，比较受欢迎的有《毛泽东诗词讲解》(臧克家讲解、周振甫注释)，《毛泽东之路书系》(4 卷)，《毛泽东传》(〔英〕肖特著)，《毛泽东的文化性格》(陈晋著)，《毛泽东同志的青少年时代和初期革命活动》(肖三著)，《毛泽东在陕北》(贺清华著)等。30 多种书大部分书稿都是达到出版水平的，也有出版价值，但真正

《毛泽东之路书系》

产生影响，发行量较大，有较多经济效益的也就 7 种。从选题删选上给我们的启示是要尽量避免内容重复雷同的，比如涉及毛泽东军事生涯就有 6 种之多，内容多有重复。而《毛泽东和他的友人》、《毛泽东的语言技巧》、《毛泽东的文化性格》等选题，因角度新颖而颇受关注。

七是整旧如新法：旧的有价值的选题，重新组装、组合、分类，重新装帧设计，配图，形成新的、有阵势的选题。这方面事例甚多，如中青社推出的《三希堂画宝》、《三十六计演义》、《孙子兵法演义》、《吴友如画宝》有的是旧书重新装帧设计，有的是旧的内容，联系现代生活，用新的写法阐释，都取得了较好的销售效果。

八是逆向求异设计法：用逆向思维、求异思维的方法设计出不同一般的选题。1994 年我所在的编辑室引进了一本台湾歌星郑智化的传，台湾寄来这本书的繁体字本，我仔细读了这本书，并在这本书附录的书目中发现了台湾跃升文化事业有限公司出版的一套“禅理散文”，这套书针对现代人的追求享乐、奢华，呼唤人心回归单纯、本心、向善、自然，确实是头脑发热的当代人的一副清凉剂。当代人人都想发大财、当巨富，欲望没个尽头。能发财固然不错。发不了大财的人就没有幸福了吗？这套书作出了比较独特的回答。在社会上普遍关注致富发财图书时，我却逆向思维，推出一套呼唤人心单纯、向善的书，出版后大受欢迎，3 年内重印 7 次，此套书发行 8.4 万套，67 万册，码洋 453 万，利润当在 45 万以上。

九是外版引进法：根据国外出版的优秀选题或直接引进，或借鉴参考，设计新选题。前面列举的成功引进的事例，说明这是策划的一个重要方向。引进版图书也有本土水土不服的问题。1998 年，我主管的自然科学编辑室引进了一套德国的《地球文明之谜丛书》，10 种三年内重印了 5 次，每种发行了 3.5 万册，获得了一定的经济效益。

十是整体操作法：对优秀选题集中人力、财力重点开发，策划、投资、宣传、推销、读书活动同时整体策划，文本、录音、录像、光盘读物同步开发，对其中的优秀作者作深度开发。前面提到的《中华文化集粹丛书》就是整体操作的实例。此套丛书发行 4 万套，520 万码洋，加 1 万美元的版权贸易收入，创利当在 60 万以上。这套书出版后，我又与丛书的作者之一高占祥合作，推出他的人生修养系列，也获得了成功。

选题策划还要讲究谋略、策略。如何以一当十，如何以十当一，如何集中兵力，打好歼灭战，推出重中之重。如何谋算在先测风观雨避险成功。如何控制数量，集中财力、人力、物力，确保重点，占领市场高峰。如何对市场行情、同类书情况进行调查研究，提高读者品位，都是需要动一番脑子，讲点谋略、策略的。

我赞同这样的观点：策划是编辑工作中的高层次建构，它拓展了编辑的角色意识，发挥了编辑的主动性、创造性，并在操作上变零散、个别的策划为整个出版社选题的整体策划，是一种科学的思维活动。选题策划是可以当作一门学问来研究的。

有的学者提出了科学思维与选题策划的研究命题，如追溯推移法，分段凝固法，剥离叠加法，分解合成法，聚焦扩散法，筛选嫁接法，升华寓意法，点线系统法……都是可以进一步探讨的。（参见《光明日报》1996 年 6 月 17 日时代周刊，王宗峰《科学思维与选题策划》一文）

日本讲谈社的老编辑鹫尾贤也著的《编辑力——从创意、策划到人际关系》一书第四章“策划的创意”也专门讲了策划的具体方法。比如策划的评估三角形：以有没有意义；有没有实现的可能；有没有销售作为评估策划的标准。策划的分类，他重点关注：解读时代的策划；满足潜在欲望的策划；基础知识；新知识；翻译引进；艺人书；工具书；对社会的警钟；学术；摄影、绘画等图文书，是很务实的。策划的方法，他提出以下几种：变形、变通、加工；极大化、极小化、系列化、限定；汇整；发掘人才；翻译等。与我们的想法有相通之处。（《编辑力——从创意、策划到人际关系》〔日〕鹫尾贤也著，陈宝莲译，中国人民大学出版社 2007 年 1 月）

4．选题策划的限制性

选题策划既是一种文化选择，也是一种风险投资，它受到操作者财力、权力、经验的限制。

前面论述了选题策划的必要性，这并不是说，一切选题都能由编辑来策划，策划是有它的限制性的。

(1) 学科的限制：由于学科和专业的分工，编辑策划往往是本学科、本专业的策划。要超出自己熟悉的专业和学科，策划比较困难。要策划综合性的选题，跨学科的选题，往往需要多方面专家的共同策划，并非个人智力所能解决的。

(2) 特殊书稿的限制：有些书稿确实是由作者自定，或经专家推荐的，不是由编辑策划出来的。专业性很强的学术研究论著，个人创作的文学作品，也不是哪个编辑能策划出来的。编辑策划有时需要作者的参与和配合。

(3) 套书、丛书与单本书的不同限制：策划多用于套书、丛书的组合策划。单本书的策划是用于好选题的确立与立体开发。策划是根据不同情况，出好不同的点子。并不只是简单的选题“方子”。

(4) 策划与落实的限制：有了好的选题思路，能否落实，还要受作者、出版社财力、销售状况多方面的限制。策划成功是多方面配合、落实的结果。片面夸大策划者的作用，光有好的点子，没有多方面的配合、落实，策划也只是纸上谈兵，是一句空话。策划既有成功的可能，也有失败的可能，不能认为一讲策划就肯定能出精品，策划是否成功，是要经过实践检验的。了解选题策划的限制性、局限性，可以使我们比较冷静、客观地对待这个问题。

好书是靠作者写出来的。好的策划有助于推出成功之作。但策划不能代替一切，更不能代替作者的创造性劳动。我们要重视选题策划的研究，但不能过分夸大其作用和功能。

三、选题策划与兵法谋略有关吗

我认为选题策划如同工程计划、商战计划，也如同军队的作战计划，都需要战略眼光，需要谋略研究。

军队作战，用兵打仗即是实力的较量，但如何用力要讲谋略。对阵双方人力、物力、财力、火力不可能相等，一方强，一方弱。但是高明的战略家、谋略家可以变整体上的劣势为局部上的优势。以少胜多，以弱胜强，取得成功。凡事涉及用力，都可讲智谋，策划出书，管理经商也有相通之处。

比如出书上如何抓住重点，以一当十，做到少投入、多产出？出书如何集中人力、物力、财力，以十当一，打好歼灭仗，确保低投入、高产出，一箭双雕，名利双收？出书如何谋算在先，测风观雨，避险成功等，都是要讲谋略、谋划的。

如果不讲谋划、谋略，在出书策划上就可能是个鲁莽的指挥员。出书上调研不够，情况不明，就下决心，就如同军事指挥上盲人骑瞎马，夜半临深池，打没有准备的、情况不明的仗；出书上不同专家商量，不做市场调查，主观随意安排选题，就如同军事指挥上纸上谈兵、主观武断，坐失街亭，打瞎指挥的仗；出书上数量不加控制，财力、人力、物力不适当集中，不确保重点，就如同军事指挥上不会集中兵力，兵力分散，东征西讨，打劳师无功的仗。

可见我们在策划出书时，是可以学点军事辩证法，学点谋略与用兵原则的。

如果策划出书时经过“战场调查，敌情侦察”，对市场行情、同类书情况了如指掌，就可能做到多谋善断，知己知彼，百战不殆。就能出书对路，填补空白，高人一头。

下面就出书选题策划的十点策略思想提点看法，供研讨、参考。

(一)呼应时代要求

什么是时代要求？我认为时代要求就是社会发展的大趋势，人类文明进步的大潮流，就是大势所趋、人心所向。这种时代要求往往通过进步的思想家、政治家、科学家、政党、社会团体加以概括，提出符合客观发展规律的正确的或比较正确的政治主张。

比如在现阶段，在中国，我们党提出了一个中心，两个基本点的基本路线，提出了要建设有中国特色的社会主义，要以经济建设为中心，要加强两个文明的建设，要科教兴国，要弘扬中华民族优良传统，要关心青少年的健康成长，要培养有理想，有道德，有文化，有纪律的“四有"新人。提出了出版工作要为振兴中华提供智力支持与精神动力。要进行爱国主义、社会主义、集体主义的教育等。

这些就是时代的要求，时代的主旋律。

但是光知道这些主旋律、大目标，并不能策划出好的选题。

有的论者提出要"在主旋律中找到自己的位置"、"在大题目中选准自己的角度"对我们很有启发。

我的体会是：

1. 主旋律、大题目要与特定的读者对象、要求相结合，找到有自身特点的切入点。

2. 要把大主题切开、分细、深化，这样才能设计出有特色、不雷同的题目。

如弘扬中华民族文化→精华与糟粕→精华中恒定的民族精神→民族精神中古今贯通的民族智慧。每一步切开、分细、具体化都会提出新的选题。如《中华文化集粹丛书》重点弘扬中华民族自强不息的民族精神，《中华智慧集粹丛书》重点介绍中华民族在军事、经商、富国、处世、成才、思辨、从政等方面的智慧，两套书就很有个性，有特色，不雷同。

爱国主义教育也是如此，要把大主题切开。爱国主义教育可以细化为国情教育→国耻教育→亲情、乡情教育→乡土教育→品德教育→优良习惯的养成教育。

3. 构思要巧妙，要不落俗套，出人意料又在情理之中。要寓教于学，寓教于乐，切忌空洞说教。《爱国主义教育丛书》中的《中华腾飞的一百道难题》题目的创意就很好。

4. 要会整旧为新。可以用旧的形式，灌注新的内容。"在旧矿床中发现新矿点"、"在老选题中做出新文章"，有"化腐朽为神奇"的本事。

5. 形式上全面创新。书籍的内容与形式是统一的，可以互相渗透、转化。形式的创新，可以使内容进一步丰富、扩大、延伸、升华，更形象、生动、直观。可以增加书的吸引力、附加值，可以使我们在书籍的策划设计中领先一步，在竞争中形成有利态势。形式的创新不可小视。

在呼应时代要求，弘扬主旋律上有几点认识要澄清。

实际上政治需要有时候会是读者的最大需要，也会是最大的市场需要。特别是在政治上集中反映的是正确的意见，确实代表了大多数人的利益，上下达成共识的时候。

但是面临这种需要，有人不屑一顾，不去调查、研究这类需要。

有的人面临种种困难、问题、不正之风，对进行正面的思想教育感到困惑。比如有的人认为“成天讲爱国，国家搞好了，不用教育就爱了”。“成天讲爱国，我爱国，国家不爱我怎么办？”

对时代要求、主旋律，要想深想透。孙中山说过：做人的最大事情，是什么呢？就是要知道怎样爱国。说到底，只要世界上还存在国家，我们生下来就会依存一定的国家——山川大地、文化传统。国家的利益与个人的利益又是不可分割的。无论你走到哪里，拿到绿卡，也改变不了你中国人的面孔，你总是活在一定的民族文化传统之中。所以爱国是对养育自己祖国的回报，是一种责任，是人自身健康成长的精神支柱。

想通了，想透了，搞爱国主义教育就会动脑子、出点子、有感情、有热情、出精品。否则就可能应付了事，消极被动。

(二)占领出版高峰

有眼光的策划者都希望自己推出的项目在文化积累上真正作出贡献，成为传世之作。都要求自己在市场上推出高水准的一流产品，希望在同类图书中形成自己的垄断地位，在市场竞争中占有压倒优势。

山东出版总社在出版爱国主义教育读物时提出了四个一流的口号：一流作者、一流选题、一流书籍、一流装帧。气魄不小，咄咄逼人。要达到四个一流，占领出版高峰困难是很多的。一流作者，要价太高，不好伺候，不好合作。一流选题，不好构思，不易策划。一流书稿不易组到。一流装帧，投入高，资金不足。

怎么办？这里可以去拼财力，贪大，求全，但这不一定是最高明的办法。最好是小中做大，选准突破口。不要走别人走过的路子，要走自己的路。以较少的资金投入，集中少数项目，达到一流水平。

中国青年出版社的现代文学作品已在文学史上留下了一座座高峰，比如《红岩》，《红岩》之后呢？教委的同志在呼吁！中学生在呼吁！广大读者在呼吁！能不能下决心实现新的超越？一个出版社不可能全面达到一流水准，所有方面的书都谋求至尊地位。要依据自己的任务、方针定位，形成某一方面的垄断地位。

我访问过上海文艺出版社，他们追求在文化生活类图书中的至尊地位。要求一流作者、一流选题、一流策划，推出了文化生活的四书、五经：中国茶经、中国酒经、中国食经、中国花经、中国棋经，出版了《围棋一月通》都是真正一流的。

(三)提高读者的品位

胡耀邦同志说过：严肃的出版工作者千万不要去制造废纸，而要生产文化精品。真正的文化精品一定是高品位的，是被读者珍视的，与读者心灵相通的。读者真正喜欢的书，自己掏钱买的书，才是实实在在的图书市场。这样的书是不会被送进废纸收购站、送进造纸厂的。

当然读者是分层次的，读者的品位也是多种多样的：有文野之分、高下之分、雅俗之分。

高明的策划者应用高品位的图书吸引读者、造就读者，形成自己特定的读者群，特定的市场。这里，一是不要曲意媚俗，为迎合一部分读者肆意增加调料，降低品位。二是要分析读者多种阅读需求，研究读者阅读心理变化，出版真正受读者欢迎，又有一定品位的书。三是作者、编辑应当对真、善、美有真挚的追求，有独立的人格。中青出版社有不少成功的经验，我们推出了《剑桥艺术史》、《禅理散文》就是不媚俗的作品。《青年文摘》也是以自己的特色、品位，对真、善、美的追求，吸引了一大批健康向上的青年读者，造就了自己的读者群。

余秋雨的《文化苦旅》、《秋雨散文》没有人发起过什么宣传攻势，但他的书却悄悄地在读者手中流传，受到读者的珍爱。他以深刻的见解，丰富的知识，独特的视角，独立的人格，优美的文风吸引了读者。他的主题是对文明进步的珍惜，也是很深刻的。

高品位的书会成为出版社文化品位的标志、符号。成为读者之间心灵交流的文化标志与符号。

要善于发现有潜力的作者，发现有思想的青年作者。

(四)分析空白领域

空白领域既是指学术研究探索的新领域，也是指新学科、新知识的新领域，也是指图书市场的空白领域。

为什么要注意填补空白的领域，开发空白领域？因为这些领域可能是潜在的市场、隐形的市场。但是人们往往习惯于从自己熟悉的领域中去设计选题，忽略了大量的空白点。这里可注意以下几点：

1. 新学科、新知识、新成果。优秀的学术著作都是填补空白的，但出书难度大，因为偏专。但要适当注意读者面较宽，确实有创见的学术专著，如过去我社出版的《中国思想发展史》。对介绍新学科、新知识的普及读物，要抓紧研究，适当布置。这是功德无量，也是可能有经济效益的。

日本最近有一本书《超一整理法》是一本介绍科学方法、上班族如何利用信息的书，很畅销。所以新学科、新知识的书，并不都是不好销的。科普读物不能永远只是数理化老三篇，要有新路子，开拓新领域！在各类知识读物中也要反映新的研究成果，反映新见解。

2. 要研究新增长出来的读者需求。有人做过预测，未来图书消费有以下需求：法律类(经济法、民法、涉外法)，经济类(对外经贸、市场营销、广告策划、经营管理、金融投资等务实型书)，外语类，少儿类(基础辅导、智力型、优秀课外读物、青少年思想教育规范化读物)，文艺类(快餐式文艺读物)，旅游消闲类(地图、名胜风光、地方风物)，装潢装修类，家庭收藏类，养生保健类，电脑普及类，汽车驾驶、维修、保养类。

上海文化生活出版社过去的刊物主要是瞄准工薪阶层，现在又推出瞄准白领阶层的刊物，10 元一本，销售情况不错。

3. 开发潜在的市场，在已成熟的市场热点中找冷点。如菜谱书出得很多，但其中还会有冷点。上海推出了一本《菜肴围边集锦》介绍菜的围边艺术，把冷点做热了。日本一本《蔬菜做汤的效用》发行突破 100 万册。

4. 用逆向思维，求异思维寻找新题材。如历史人物→正面人物→反面人物→复杂人物→一流人物→二流人物→人物分类→人物排行榜，可以从很多角度出题。

(五) 敢为天下先，努力冲破平庸

我国出版界近些年来似乎有一种通病：出书重复雷同现象严重。一出现新热点，一窝蜂上。吃别人嚼过的馍，喝别人剩下的汤。选题冲不出陈旧、重复、雷同的怪圈。甚至不惜侵权、盗版，挖别人的看家书，很没出息。

如纪念抗战、世界反法西斯战争胜利 50 周年，100 多家出版社安排了 250 多种选题。不少选题重复、平庸。中宣部仅选出 15 种为重点书。

当前文艺类书创意性选题少，现在选本多，整理旧作多，炒冷饭多。尤其古典文学名著、外国文学名著多。美术类、科技类中重复、平庸现象也不少。

还有选题设计简单化、平面化、罗列化，不问读者对象、特点，“上下一般粗”。如在介绍中国传统文化上，按知识分类列题的太多，无个性、特点。如有一套介绍中国文化史的丛书(1995 年 5 月)，选题有：《中国古代地理学》、《中国古代历史学》、《中国古代教育》、《中国古代科技》、《中国古代建筑》、《中国古代天文学》、《中国古代文学》……平面化列题，许多过去都出过专书，这种选题设计是不成功的。

再比如，科普读物，要看对象，要能引发读者对科学的兴趣。一套给少年看的科普书列题是：航天、生物、地学、保健、电子、材料、电脑、军事、通讯、传播、天文、光学、交通、化学、医学、海洋、环保、能源、建筑等。从选题上看太成人化，也是“上下一般粗”的设计，是不成功的。

选题设计最怕无个性、无特色。无个性、无特色就等于没有设计。后果是造成同类书重复、撞车，互相冲击、滞销。

解决的办法：首先要有敢为天下先、领先一步的创新意识。同样是介绍中国传统文化，人民日报出版社《中国古文明大图集》的策划就出手不凡。首先看列题，分“始祖、神农、铸鼎、通市、社稷、大渊、世风、颐寿”8 卷，立意新，作者又是高手如云，文章结构披露资料都高人一头。

中青社历来有敢为天下先的传统。《北京日报》“能人王久安”一文，讲了王久安在发行上敢为天下先的事迹。在出书上，我社开展知识竞赛是全国最早的，开展读书活动也是全国最早的，包装作者也是全国最早的，在海内外造成广泛影响。不能做到天下先，也可做到“敢为本社先”，实际上不少编辑室都做过领先一步的事，出过领先一步的书，要好好回顾总结。

同中求异，也是打破平庸、克服雷同的办法。同样的、接近的选题，可以改变思想深度、知识厚度、观察角度、组装结构、表现手法。

不追热点，另辟蹊径。你打你的，我打我的。你出正史，我出《野史大观》；日本人出过一本《想象力博物馆》，创意新。法国出了一本畅销书

《数学的故事》，我们也可以编，还可编《符号的故事》、《文字的故事》，可以别出心裁，专门讲各类知识的联系、关系。

敢说不字。对重复、雷同、平庸的选题，社、室两级，要敢于行使否决权，特别是室一级要能自己下决心！

(六)集中兵力作战，推出重中之重

毛泽东军事思想的精髓是集中优势兵力，各个歼灭敌人。在选题策划中也有一个集中优势兵力的问题。任何一个出版社，财力再大，人力再多，也不可能包打天下，出尽所有方面的书。只能在一定领域，一定方面，形成局部的优势。小型的出版社，虽然财力不足，但可以集中有限的财力、人力、物力，在有限的范围内变劣势为优势。以一本书、一类书占尽风光，异军突起，造成广泛的社会影响。相反，有的出版社虽然具有相当财力、人力、物力，但不善集中使用，到处铺摊子、上项目，也会造成力量分散、资金分散，好钢没用到刀刃上。虽然出书有整体效应，但也可能重点不够突出，缺少重中之重，出版社的书也不易给人留下深刻印象。

聪明的策划者应当统揽全局，在谋求整体优势的同时，准确定位，优中选优，每年或两年推出一些重头项目，重中之重。而且有长远的战略设想，坚持下去，不断积累，形成本社的优长项目，变全局的劣势为局部的优势。

要推出重中之重，首先要对自己的出书准确定位，明确主攻方向。如我社过去以当代文学、青年修养、知识读物为特长，近年来又在艺术类读物中加重了分量。今后如何定位？定位后如何评估重中之重的项目，把文章做够？还要下决心压缩一般的选题，因为这类选题占了资金、人力。有所不为，才能有所为。

(七)追求整体设计与立体开发

整体设计是指设计要贯穿出书的始终和涉及的方方面面。我社提出过套书战略，这也是一种整体设计。就单本书来说选题策划的构思过程应当是：①明确选题方向(来自政治、文化需求、市场需求、读者需求)；②提出选题题目(找到切入点、空白点、新热点)；③进行选题构思(研究读者对象定位、书名、内容、主旨、结构、特色。期间要做市场调查、同类书调查，专家咨询、读者调查，对初步方案反复修改论证)；④选题方案定版、组稿；⑤帮助作者锦上添花(看样稿、大纲、书名、图表、插图、索引、参考书目、辅文、装帧)；⑥确定营销、宣传方案，广告用语；⑦研究立体开发的可能(文字书→图像书→音像读物→光盘读物)，进行产品深加工，增加吸引力，增加附加值。日本出版的《日本民间歌曲》把曲、词、音乐故事、有关知识、图像、音带合一，是立体开发的典型。

(八)形式要有突破

形式不只是指书的封面，而包括书的整体形态，书的形式是内容的延伸、丰富、升华。有的书是艺术品，要追求特殊的艺术感觉。从我国读者的实际情况考虑，形式上有突破的书只能重点考虑。另外可以搞一些中间形态的作品。搞一点廉价书中的精品。

(九)引进要有鉴别

引进国外先进的出版物是一种比较快捷的提高出版物水平的办法，但是引进要有选择、鉴别。要引进一流名著。台湾天下出版社与台视文化争购奈斯比的书，台视以 25 000 美元购得《女性大趋势》的版权，天下购得《大趋势》、《2000 年大趋势》、《全球吊诡》，这些都是引进名著的事例。要注意引进一流的普及读物。我社引进《剑桥艺术史》、《动物世界的奥秘》都是一流产品。《红帆船书系》引进的也是可供中学生阅读的世界文学名著。要把有限的资金用在引进名著上。

(十)借脑增加信息

好的策划来自好的信息调查，好的点子来自高水平的创造性思维。自己的脑子，少数人的脑子是不够用的。要借脑。要充分利用现有的信息资源，如：有关出版的书、刊、报，定期分析态势，找到同类书的参照系；组织有关的专家形成智囊团、参谋团；依靠作者开发信息选题资源；要形成自己的作者群、作者基地，与有希望的作者长期签约；利用国外信息资源等。

结束语：创新——选题策划的灵魂。

江泽民同志指出：“创新是一个民族进步的灵魂，是国家兴旺发达的不竭动力”，“如果自主创新能力上不去，一味地靠技术引进，就永远难以摆脱技术落后的局面”。

创新也是选题策划工作的灵魂。

创新也是编辑艺术的根本要求。编辑艺术是指用创造性的方式从事编辑工作，并力求达到完美的境地。编辑艺术的最高境界是形成自己独到的编辑风格。这种风格反映了编辑个性的日趋成熟、稳定。有自己特定的读者群，有特定的选题思路、选题角度，独到的书稿选择标准、处理方式，对书的形态有自己的艺术追求，有自己的风格，力求达到完美的境地，成为完美的艺术品。创新不是盲目的创新。要以求真、求实、求美为基础，讲科学性、合理性、逻辑性，合乎阅读审美的要求。创新需要勇气、胆识、功力，要有点灵气、眼光，要慧眼识珠，要有经验、直觉，要有经济头脑，要遵循出版工作的客观规律。

关于选题策划的策略思考，我在中央美院城市设计学院出版设计专业讲课时，为了便于学生记忆，又做了十点归纳：审时度势，用势造势；精心调研，满足需求；呼应时代，引起共鸣；吸引眼球，关注热点；形式创新，个性独特；读者为本，诚实守信；防范风险，谨慎决策；攀登高峰，冲破平庸；集中兵力，重中之重；立体开发，整体操作。此十点可作为新的思考的起点，策划的策略是一个没有结尾的话题。

四、如何建立作者人脉，抓到优质书稿

出版社如何才能抓到好稿子，联系到好作者。我们先了解一下出版流程。

出版流程可简述如下：策划选题→组稿→来稿→审读→采用(签出版合同)→加工→定稿→总体设计(封面、版式、插图)→整理→付排→校样→三校一读→出片→读彩样、蓝样→付印→装订→样书检查→发行→宣传评论。从出版流程看，策划选题之后重要的环节就是组稿，这是图书生产的基础环节，出发台阶。

(一)组稿工作

1. 什么是组稿工作

组稿是指选题确定后物色恰当的著译者撰写、翻译书稿，是编辑部主动向作者约请撰稿。不同于自然来稿(投稿)。出版社要承担责任。组稿实际上是撰写书稿的组织工作，恰当地解决由什么人写书的问题，是实施选题计划的首要步骤。组稿成功的关键是知题善聘、知人善聘。组

稿是为了解决稿源。上述是狭义的组稿。

现在稿源增多，具体说来，主要有以下几个方面：出版社命题策划，组织人写；作者自发投稿，出版社看中，列入计划；上级交办的书稿；成型书稿，由文化团体、工作室、经纪人控制，让出版社选用；外版书买版权、翻译；直接向海外作者组稿。

广义的组稿是指编辑代表出版社，多渠道谈判，取得书稿。

2. 不同的组稿方式

(1)传统组稿：出版社确定选题，编辑部选择恰当作者，经过商谈，征得作者同意，签订约稿合同，按时取得书稿。可以是一对一组稿，多为单本书。也可以是一对多人组稿，套书、丛书、大型工具书的组稿，可采用主编制，多位作者委托主编与出版社联系。

(2)征稿：根据出版社选题计划，公开或采用其他方式组稿。把一些作家、专家、学者合乎选题计划要求的著作、写作计划纳入选题计划。有的在报上登征稿启事，如《商务文库》，有的是在书前写编辑要旨，征集书稿，如上海古籍的《蓬莱阁丛书》。

(3)招标组稿：将出版社某一方面的选题计划拿出来公开招标，在自愿投标者中选择3～4个，签招标合同，告知写作要求，规定时限，届时收取大纲、试写稿(一、二章)，请专家、编委会评审、比较，请其中最优秀者正式签约承担撰稿任务，预付启动经费。余者酌发试写稿酬。此法牵动面大、工作量大。如上海人民出版社的《中国文化通志》、山东出版总社的《中华魂》丛书都是在报上招标组稿。

(4)买断式组稿：出版社对某一作家某一时期书稿、或全部书稿买断(垄断式经营)，如中青社买断周红。或某作家以其全部书稿作股投入出版社经营，出版社同意买入买断。这个办法多有宣传效果，但难进行到底。

(5)其他方式组稿：投稿、自发书稿选中后组稿；自费出书、公费出书谈定后组稿；成型书稿、设想、大纲、方案由经纪人或出版社谈判，谈成组稿；外版书尚未出版，通过版权洽谈，谈成后中外同步出版；或网上编辑，直接组外国原创书稿。

3. 组稿程序

(1)组稿准备

编辑部确定选题后，物色作者，指定某编辑承担组稿。该编辑吃透选题意图，初步了解约稿对象情况，拟出具体选题方案，以便与被约者商谈。

组稿编辑不一定是提出选题的编辑，但大多是书稿未来的责编。组稿编辑代表出版社向作者组稿，作者也把编辑视为出版社的代表。编辑的谈吐，对学术知识了解的程度，往往被作者视为代表出版社的水平(编辑谈吐意见不要露怯，如某编辑要改作者“有清一代”的提法。和珅是封建社会晚期的人，编辑要改为清代晚期，其实和珅受宠是清乾隆时事，是清代中期。又如有的编辑对世界中世纪史上“蛮族入侵”要改为“少数族入侵”，对中国抗战时期“陪都”的提法打问号，均遭到作者质疑)。因此组稿编辑部要确定恰当的编辑人选，编辑在组稿前对选题意图要有充分的了解，对作者的著述情况、个人特点，包括学术修养、知名度、师友、经历、现时境况、政治态度、创作倾向、健康状况、周围反映、事业逆顺、心理状况……都要有所了解，以便洽谈时有把握，有分寸，不吃闭门羹、不组错稿，不要组了不合适的作者，写出不合适的书稿。

成功的组稿，应是组到写这部书的恰当人。我组《中国古代学者百人传》的时候，事先找华中师大熊铁基教授，他推荐了张舜徽教授，我向熊铁基了解张先生的情况，看了张先生的一些著作，还参看了蔡尚思的《中国学术传统》。与张先生谈时，提出两点要求：一要有创见，二要通俗可读。张很理解、支持，就自订方案、定名单，要求体现学术见解的同时，要通俗生动，讲点历史故事、传说，自己也写了《孔子》一篇。

编辑在组稿前对选题意图应有充分了解。与作者磋商时，对写作主旨、大纲，要按编辑部的要求予以引导，争取取得共识，对可能出现的分歧，要有预见、思想准备，要与编辑室负责人商定预案，确定一个大致的变幅，以便协调。往往“师法其上，得乎其中”。

(2) 作者选择

作者选择范围与路径。一般是科研院所、大专院校、党校团校、党政军机关的研究部门、学术文化艺术团体(各种学会)、其他专业研究人员。北京有优势，人才集中。外地编辑跑北京跑得勤，甚至常驻北京，往往是看中了北京的人才优势。

也可以由熟悉的作者推荐，或请熟悉的作者主编，由其挑选作者。

如《外国历史常识》，中世纪部分由刘明翰主编，他推荐古代部分请刘家和、刘文鹏、毛昭晰，近代部分请齐文颖、丁建弘、周南京，现代部分由林被甸、徐天新、何芳川等承担。《精粹世界史》由齐世荣主编，作者由他点将，都是各方面研究的骨干，如拜占庭文明请陈志强，文艺复兴请王挺之，古典伊斯兰请哈全安……

刘明翰(左)、刘文鹏教授为中青社主编过《外国历史常识》等书，我们同游庐山

通过学术会议、看出版物(书、报、刊)发现合适的作品、作者。如国家奖要求出版填补学术方面的空白的著作，我通过参加农民战争史研究会，了解顾诚在研究《南明史》，多次拜访，约定交中青社出版，出版后得了国家奖。

从团结在出版社周围的一批基本作者中考虑。如1995年我策划出《中华智慧集粹丛书》，先与刘志琴商量方案，然后约请吴慧、钱世明、吴如嵩、蔡景峰、黄新亚、阙道隆完成，他们都是一流的作者。

通过投稿来发掘作者。如韦君宜看投稿发现莫应丰的《将军吟》，出版后获“茅盾文学奖”，中青社看投稿，推出了陈扬炯的《哲学漫话》。

选择作者的标准：恰当、最佳、权威；论稿、论文、不论人；从稿看人，以人约稿。

(3)接洽、商谈、签约

编辑部提出适当人选，与编辑室负责人、分管社领导商定、选定；与作者初步联系，征得对方同意；面商时出示编辑方案，交换意见；对方同意接受任务后，要求列出提纲(选目)，写出部分样稿(对初次合作者很必要)；写作提纲、样稿看后，基本合格，提出参考意见，发正式约稿信或签约稿合同。不要只是口头约稿，要签约稿合同。签约稿合同后，如发生变故，责任在社，应付约稿费、退稿费。

(4)做好作者写作的组织、协调、指导、参谋工作签约完不是万事大吉，还有一系列工作要做。

制订编写方案，明确编写要求。

方案内容：本书编写主旨意图，书稿性质(教材、专著、丛书、系列书、工具书、通俗读物、图册……)，卷数，读者定位，结构篇章要求，内容要点或统一的编写提纲，分工与工作进度。

编写体例：不同性质的书，有不同的编写体例。文学类与非文学类不同。非文学类中又各有不同，每一类书、每一套书、每一本书，要明确编写体例：章节次序排列，事件或内容要素的叙述和文体，层次符号的划一，图表的排列顺序，缩写字词的用法规定，数目字的标准用法，序数、计量、计件、纪年的统一用法，标点符号的规范用法，人名、地名、朝代年号、科学名词、技术用语及正名别称的统一用法，引文注释的安排法(夹注、脚注、页后注、篇后注、注释要求)，汉语拼音用法，字体用法、中文繁简，外文正体、斜体、大小写，参考文献、索引要求等。

对书稿的文字规格，约稿前要提出统一要求。目前相当一部分作者用电脑写作，交软盘或打印稿，文字规格混乱的情况稍好一些。但电脑打印，也带来一些新的错乱，事先要提出统一要求。有的社印有《著译者须知》一书，发给作者。

(5)配图图书，如画册、图文并茂的书，要做好图片、插图的组稿工作，提出配图要求。搜集图片资料，编写插图目录。编写图注，说明文字。确定图片尺寸，图文关系、位置。图片使用，尽可能取得授权，不要随便翻印，以免出现版权纠纷。约请人创作插图，要落实作者，提供文字书稿。图片也要审看。地图使用按有关规定执行，有的要送审。

(6)掌握写作进度、写作情况，为作者当好参谋，帮助解决写作中遇到的问题。

掌握进度：多人合作的书，进度很重要，一人拖，拖全书。大型丛书、套书，要分批进行。每一批书要倒计时安排工作，设计生产流程表，以保证按时交稿、出书。

当好参谋：小说类、非小说类如何当好参谋，可参看《编辑人的世界》一书。

帮助作者解决的问题是多种多样的。比如帮助了解读者对象，以使书更具针对性(如《通俗哲学》写作前，召开读者座谈会，请主编看有关当时青年的研究资料)，提供资料方便，为作者请创作假，帮助作者安排体验生活、实地考察，配助手，提供启动经费。

4. 组稿成功的个案分析与难题对策

组稿成功的关键是：眼光准，抓得紧，不怕难。

出版史上成功组稿的个案很多，可写很多书稿背后的故事。

如作者有生活，但缺乏创作经验，中青社先后派 7 人协助，《红岩》组稿成功的故事。

如作者身处逆境，深陷监狱，中青社派人调查，协助平反冤案，救出作者、书稿，组稿《第二次握手》成功的故事。

作者身处逆境，出书、写作有困难，中青社慧眼识人，抓紧组稿，鼓励完稿，创造各种条件，方便作者(解决住处、配助手、组织调研……)，巨著《李自成》五卷终在中青社出版的故事。

组稿中几个难题与对策：

(1)新编辑不了解作者状况，对作者不熟悉，组稿无从下手怎么办？

征求老编辑意见，从出版社熟悉的作者中选。通过参加学术会议发现作者。从已出版的书刊中调研。利用自己的师友关系，选择重点人、重点单位逐步深入。通过出书逐步积累作者名单，逐步形成自己的作者基地、智囊团。通过完成出版项目找到一批作者，通过权威作者抓到一批作者，通过自由来稿，删选、发现作者，请好主编，由主编推荐、选择作者。

(2)名家请不动、架子大、要价高怎么办？

不要怕和名家打交道。名家喜欢有人找。自己态度积极诚恳是第一位的。要学会通过各种关系接近名家，如师生关系、朋友关系、上下级关系。名家太忙，有的要价高，这是事实。名家初起之时交朋友时机较好。名家身处逆境时，仍要保持朋友关系，也是好时机。名家提出的条件要适当满足，但也不要一味迁就，编辑部有困难，要坦诚相告，求得理解。名家确实是有真才实学者，但也不必迷信。人怕出名猪怕壮，盛名之下，其实难副。也要注意培养发现新作者。

(3)新人推出后，出了名，因出版社之间竞争，不愿与原合作的出版社合作了，怎么办？

这种情况难免。能在一起出书是缘分、情分，也有利害关系在主导。不在此出书，仍是朋友，仍要保持联系。对个别忘恩负义者、乱找后账者要保持警惕。按相关法律规范双方的行为。

5. 对组稿编辑的了解

国外编辑分工较细：策划编辑、组稿编辑、文字加工编辑、助理编辑、顾问编辑……国外组稿编辑多是选稿、买稿编辑，是决定出版社投资的重要人员之一。组稿编辑要十分了解读者与作者。因为读者＝市场，作者＝产品。组稿编辑要通过各种渠道了解市场与读者需求，善于判断每本书稿的销售对象、市场前景，参与营销计划的设计。组稿编辑不是不看稿，不看不知道好不好，自己要看，或委托人看。组稿编辑与文字加工编辑可以分开。国内组稿、审稿、文字加工多合一。也有分开的。策划编辑一定是组稿编辑。

(二)著译者队伍建设

1. 作者在出版活动中的地位

作者是出版社的衣食父母，不是出版社的写稿机器。现在有的书商对作者态度不好，眼光短浅。弄个选题，找一帮在校生抄抄编编，质量上把不住关，稿酬很低(千字 15～20 元)，把作者当作撰稿机器。这样工作，没有后劲，出不了巨著、佳作。

正确地看待作者。要了解作者与编者是什么关系，书稿是作者写的，再成功，首功归作者，要全心全意依靠作者，尊重作者。但作者与编辑又是相互依存、互相制约的关系。作者是主导，编辑是参谋。作者的劳动是第一位的。没有作者的劳动，不会有书稿。但是没有编辑对作者的书稿进行选择、参谋、整理、加工，作者的书稿可能会湮没无闻，无法向社会传播，不可能成为社会的文化财富。书作为向社会传播的精神产品，包含作者的劳动成果，也包含着编辑的劳动成果。一部书稿可以救活一个出版社，一部书稿可以盖起一座办公大楼，此非虚言。

书稿是作者的创作成果，作者的思想学识水平决定书稿的质量、价值。书稿的风格特色，是作者创作个性的表现。出版社要提高书籍质量，选好作者是一个重要环节。有高水平的作者，才有高质量的书稿。任何高明的编辑都无法替代作者去创作，作者是个主体。

编辑提意见，提修改方案，要从作者的实际出发，激发作者的创作才能，帮助作者实现写作计划、完善书稿。不是抛开作者，由编辑去写，或把编辑的观点强加到书稿中去，用编辑的风格代替作者的风格。

编辑的任务和作用在于发现作者，正确判断作者提供的书稿的价值，并善于发掘作者的潜能和书稿修改的能力。美国著名的编辑马克斯韦尔·埃瓦茨·珀金斯说："有两种气质使编辑名满天下。一是对一本好书能越过缺点看到优点，不管这些缺点如何使人沮丧；二是任凭困难再大，也能不屈不挠地挖掘该书的潜力。"

编辑要求在书稿中增加的东西，只能是书稿中潜在的和作者生活、知识、经验中已有的东西。编辑提出的建议、方案应是作者可以理解和接受的。归根结底，作品要由作者去写作与修改，编辑无法去替代。

有三种编辑：找好作者，一字不改；倚老卖老，强加于人；师法其上，得乎其中。较好的选择是：找好作者，当好参谋，挖掘潜力，激活才华，登上高峰。

作者也没法替代编辑。只有编辑才可能客观地评价书稿的价值，发掘作者和书稿的修改潜力，帮助作者完善书稿，这就是编辑独特的参谋作用。作者往往用个人尺度评价书稿。编辑一般是用社会尺度评价书稿（读者的需要，社会的需要，市场的需要，社会已达到的科学文化水平），比较客观公正。智者千虑，必有一失，需要用编辑的眼光去发现、纠正书稿中的疏漏与缺失。编辑还要对出书进行规划、设计、组织、引导，鞭策作者进行创作，他不仅是参谋，也是规划者、组织者。编辑可以发挥自己的主动性、创造性，形成个人的风格。

2. 要善于找到最好的作者来满足读者的需要

西蒙舒斯特出版社的创始人之一舒斯特在《给有志于编辑工作者的一封公开信》第 8 则说："一位有创意的编辑人至高的喜悦和最大的特权，来自于有机会接触到人生的各个层面，发现还有许多未被满足的需求，并且找到最好的作者来满足读者的需求。"编辑的成功体现在找到最恰当的作者，写出最好的书。

作者工作是编辑部重要的、经常性的工作。一个出版社只有广泛团结作者，才能有充足的稿源；只有建立一支高水平的作者队伍，才能出版高质量的书籍。作者队伍如何，作者工作如何，是衡量一个出版社编辑工作优劣的重要标志之一。要广泛团结作者，建立高水平作者队伍，就要认真地做好作者工作。

(1)了解作者信息

作者分布的情况。每一地区、每一系统有哪些比较活跃、知名的作者。各门学科知名作者主要分布在哪些部门、地区。作者队伍变化情况。更新换代，哪些作者逐步退出舞台，在写关门之作、封笔之作。新一代学术带头人涌现的情况，都要了解。文学作者可以通过办刊、办笔会了解有什么新人涌现。要了解某个作者已出版的代表作，他的成就、风格、特色。了解作者的研究计划、写作计划。问问作者最近忙什么，在写什么？要经常了解、搜集。收集信息的渠道：阅读已出版的书、文章、书评、书目，从中发现作者线索，具体了解作者的水平、专长、风格。参加学术会议，了解某一方面的学术权威、资深专家、新的学科带头人。审读自发来稿，发现新人佳作。依靠有联系的作者或科学文化团体推荐。和老作者保持联系，了解新的计划。信息整理，可建立作者档案卡片。组稿时了解作者基本情况，输入电脑储存。利用作者名片，分类整理。建立作者通讯录，及时更新。

(2)建立作者队伍

一个出版社需要有一支比较稳定的、与出书范围和出书任务相适应的作者队伍。出版社联系的作者越多，作者的水平越高，提高出书质量，完成出书任务就越有保证。

一些著名的出版社都有一支相对稳定的、高水平的作者队伍。出书保持一定的质量水准和风格。中青社继承了开明书店的传统，重视团结作者，培养作者。

选择联系哪些作者，需要从两方面考虑：一方面要考虑出版社的性质、任务；二要考虑出版社选择作者的条件，联系符合条件的作者。作者要有个格——有相应的档次。

建立作者队伍是指要重点团结一批基本作者。基本作者是指作者队伍中水平较高、和出版社关系密切的作者。他们在某一学科领域中有相当的影响和声望，撰写书稿质量有保证。对出版社的要求比较熟悉，愿意按出版社计划写作，愿意把重要作品交给出版社出版。基本作者是出版社的依靠。

建立的方法，多种多样：建立出版社的学术顾问团、社外编委会，评选本社的金作家，不定期召开作者座谈会。对进入基本作者队伍名单的作者，定期联系、交换看法。节假日要问候、看望。

每个编辑也要有自己的作者基地。一个优秀的中年编辑介绍自己的经验时说，他编中共党史、民国史方面的书。中共党史以中央文献研究室、中共党史研究室、中共中央党校、军事科学院、国防大学等单位的作者为主。民国史方面以社科院近代史所、南京大学民国史研究室为主。社里纪念毛泽东诞生100周年，要抓一套书，他很快约好作者，写了《毛泽东之路书系》，出书后获中国图书奖。

作者队伍建立后如何发挥应有的作用，可以看看邹韬奋先生的经验："一是讨论一个时期或一期刊的宣传思想和宣传计划。""二是写稿，或通过他们向别人拉稿。""三是当顾问。"(参见《韬奋论编辑工作》，山西人民出版社1986年)

作者队伍是在不断更新变化的，一般作者可以转化为基本作者。

(3)支持培养新作者

巴金说过：编辑的成就不在于发表名人的作品，而在于发现新的作家，推荐新的作品。一部新人作品的出版，可能意味着一位名作家的诞生，一种新学说、新流派的诞生。

作为编辑，当然希望物色到合适的作者，但这只是一个方面，还有另一个方面，即在"无名小卒"中发现人才。这方面，老一代编辑有很多成功的做法。

著名文学家巴金，也是一位著名的编辑，1949年以前，他担任文化生活出版社总编辑达十几年之久。在这段时间内，他主持编写了160多本《文学丛刊》。戏剧家曹禺的第一部成名作《雷雨》，就是由巴金发现并决定作为这个丛刊之一发表的。那是在1934年，他在同另一位编辑谈到怎样组织新的稿件的问题时，知道曹禺写了一个剧本，已经在这位编辑那里放了两三年了，便把这部稿子拿来一口气读完，并立即决定发表它。如果不是巴金独具慧眼，曹禺在戏剧创作的道路上，起步的时间肯定会晚一些。而巴金自己，却一生也忘不了他的责任编辑叶圣陶。他的第一部中篇小说《灭亡》，是在1928年留法期间完成的。写完后他邮寄给上海的一位朋友，准备由自己筹措经费将其印出。当时在《小说月报》代理主编的叶圣陶看到后，立即决定从1929年第1期起连续发表。巴金在半个世纪后回忆这件事时十分感慨地说："倘使叶圣老不曾发现我的作品，我可能不会走上文学道路，做不了作家；也很有可能我早已在贫困中死亡。"他还说："我感激叶圣老，因为他给我指出了一条宽广的路，他始终是一位不声不响的向导"，"五十年来他的眼睛一直在注视我"，"我收到他从北京寄来的照片，我总是兴奋地望着他的笑脸对人说：'这是我的责任编辑啊！'我充满了自豪的感觉。我甚至觉得他不单是我的第一本小说的责任编辑，他是我一生的责任编辑。"叶圣陶和巴金都不愧为慧眼识人的好编辑。我们应学习这种不拘一格识人才的精神，从来稿中不断发现新作者，扩大自己的作者队伍。编辑要慧眼识珠，不要有眼无珠。

3. 要与作者成为真正的朋友，取得作者对你的信心，激发作者与你合作的热情

舒斯特在《给有志于编辑工作者的一封公开信》的第 22 则中指出："无论在书出版以前，制作过程中和书籍上市后，都要赢得作者对你的信心。除非你能激发及取得作者的信任与合作，否则你就会发现，自己仿佛回到了书店老板身兼出版商的旧时代，而作者和出版商的关系就好像利刃与喉咙之间的关系一样。"编辑和作者之间要相互理解、相互尊重。作为编辑，应该理解作者创作的甘苦，尊重作者的劳动。对稿件不妄加评判，不妄动刀斧。但作为作者，也应理解编辑的苦心，积极主动给予配合。在处理稿件的问题上，编辑和作者目标是一致的。为了提高书稿的质量，编辑有时要给作者出些难题，施加一定的压力，聪明的作者是能理解的。我写过一篇文章《精彩的序说来自编辑的压力》讲的就是这个道理。

作家蒋子龙说过这样一个故事：

1976 年，我写过一篇小说，叫《机电局长的一天》。光是开头，编辑就逼我返工五次。有一天晚上我到旅馆看他，他老兄蹲在厕所里还举着我的稿纸在琢磨。看了我费了九牛二虎之力新写出的开头，仍不满意地说："你还有潜力，你的劲还没有全使出来。"他总是莫测高深，不把你挤得水干油尽，决不罢休。回来的路上，我又想起了一个全新的开头，激动得不得了，回到家里重新写了前面的几百字。第二天我刚起床，编辑就来敲门。他看完新的开头，一拍大腿："好了，我可以去买火车票了！"

有的编辑很多情，对人、对文都充满了热情，把作者变为知己。作

家贾平凹在《现代作家》中，就曾给我们介绍了这样一件事：

上海某出版社编辑陈君，某一日在下班时收到南京李某寄来的一份书稿，他便顺手放在稿堆上去。正起身要走，偶然瞥见书稿上附了一封仅三行字的信，信上说："寄上拙作《赶海集》，因患癌症，盼能尽快审阅。"陈觉得好奇，便顺手翻开一页。才读一行，目光便被吸引住，竟然忘记了回家吃饭。接着去敲总编辑的门，要求连夜复审。复审后，认为需要作局部小改，陈便于次日搭车去南京。南京正值雨夜，陈冒雨寻到作者家门，见锁门闭户。问及邻人，答曰："病危，已于昨天送进医院，怕已不在人世了。"陈大惊，又脚高步低寻到医院。见李癌症已到晚期，不能起坐了。两人相识，互道"相见恨晚"。说明来意后，李即伏床改稿，但力不能支。陈便说："我替你改，改一句，念给你听，同意的点头，不同意的你用嘴说。"当晚两人改到五更始完，医生、护士无不感动。陈许以稿件按急稿发排，很快将看到校样。陈走后，李病情恶化滴水不进，预料存世之日不过一两天，但十天过了，终未瞑目。又过十天，已失人形。到了第二十一天，忽有上海邮包至，《赶海集》校样来也。李让人扶着，倚床而坐，将校样一一看过，然后满把握笔，签上姓名，仰天大笑曰："我无愧矣！"随声而绝。出版社派陈为代表，去南京参加追悼会。又二十天，样书印出，陈便携书到李君坟头作纸钱焚之。《赶海集》出版大受欢迎，再次刊印，仍供不应求云云。

与作者交朋友，总的说是"以文会友"，具体要注意三点：①尽力为作者服务，建立真挚的友谊。创作上支持帮助，出版上满足合理要求，生活上在可能条件下予以关心。如中青社作者洪焕椿先生"文革"前写《宋辽夏金史话》，书还未出版，洪先生得了肺病，出版社主动预支稿费。"文革"后洪先生主动为中青社策划了一套《中华民族杰出人物传》，获得成功。②维护作者的权益。包括精神方面：署名权、作品完整权、使用权；物质方面：稿酬。③树立良好的编风：热情、谦虚、诚恳、中肯。几种不好的倾向要防止：害怕名家，唯命是从；店大欺客、唯我是从；互相吹捧，拉拉扯扯，搞交易，搞小圈子。

4. 现在与作者相处的几个难题

(1)作者更新问题。老一代作者逐步退出舞台，对新一代作者不熟悉、不摸底。应尊重老作者，发现、了解新作者。

(2)《著作权法》实施后，强调维护作者的权益，编辑部处理不慎，会造成纠纷。如编辑部丢失作者稿件，作者索赔。作者交来书稿，内有大量抄袭，编辑不知，审稿也未发现，出书后出版社被告上法庭。

南京大学洪焕椿教授为中青社策划了《中华民族杰出人物传》

(3)出版物面向市场，出版社对作者争夺加强。作者与出版社打交道，经济利益是其重要选择之一。有的作者功利心增强，要价高。有的还有经纪人，动不动就要求版税10%以上，发行至少5～10万册，一次付清。也有的出版者对作者利益尊重不够。

(4)部分作者浮躁，书稿不下功夫，产品质量低下。

(5)出版社培养的新人，出名后，甩掉原来合作的出版社，与有利可图者合作。

(6)有些新编辑，手中没有作者队伍。靠现成书稿，靠自费出书、合作出书、公费出书过日子，目光不远。

(7)买版权增多，与外国作者合作增多，要直接面向外国作者、出版商。但缺少与国外出版商、作者打交道的经验。有时买的书稿，国内并不适用。有的内情外泄，谈判时国外出版商哄抬要价。有的对外国作者的观点、背景缺乏了解，出书后被查禁。

(8)不是靠品牌、出版质量吸引作者，而是靠哄抬稿酬拉稿子。总的看，编辑与作者交朋友，主要还是以自己出色的工作，赢得作者的信任。

5．翻译队伍建设问题

(1)版权贸易激增，迫切需要译者。买进版权，一个社从十项上升到上百项。从没有固定目标到合作伙伴相对稳定。合作所涉及的国家、语种也增多了。

(2)翻译队伍现状。翻译人才出现断层，还未形成新一代中青年翻译家队伍。译者不好找，优秀的译者少。不是说学过外语就可以搞翻译。

好的译者要有外语水平、文化功底、严谨译风。翻译要做到信(可信，不可胡编乱译)，雅(传达原作风格贴切顺畅)，达(传达原意准确)。要有双语能力，双文化的沟通能力。现在找译者，现抓现找的多。现在翻译作品问题多。翻译作品空前繁荣，数量激增。《红与黑》有 20～30 种译本，《茶花女》有 20 种译本。有的翻译实际是抄译。找几个中文版来对照摘译，甚至就找一个译本翻印。原版如何译错、排错，他照抄不误。普遍问题是翻译不严肃、不严谨。对原文一知半解，不求甚解，率尔操刀，急功近利，译文品质低劣。经济、法律、哲学译作谬误百出，概念、术语混乱。译者不规范，不统一。

(3)解决对策。出版社应有翻译室或外编室。要引进外语人才。中青社 20 世纪 50 年代有俄、英、法文编辑，现有英、俄、法、日文编辑。过去是权威译者在出版社当编辑。要通过试译发现优秀的翻译人才，逐步建立稳定的合作关系。要建立社内外的译审、译校队伍。要给翻译工作者创造一点方便条件，适当提高翻译稿酬。注重翻译问题的研究。所有编辑都要学一点、用一点外语。

五、如何打造畅销书

什么是畅销书，一般指销量大、销售快的图书。这类书读者面广，内容能吸引人，有的质量较高。畅销书与长销书不同。长销书指经常有读者购买的书，为书店常备书中销路比较平稳，出版社能不断重版者。

我们理解的畅销书是个市场概念，多与发行量、发行时间有关。在美国，销售量在 10 万册以上的精装书或销售量在 20 万册以上的简装书方可称为畅销书。中国书刊发行协会每年要举行一次全国优秀畅销书评比活动，入选畅销书的最低标准是销售量在 2 万册以上。

我做畅销书的经历有一些：

1988 年 7 月，推出一本《康生外传》(我复审)，发行 15 万册。《蒋介石与蒋经国》(我复审)，当年发行 40 500 册，5 年内发行 106 500 册，《孙子兵法演义》(我策划、复审)当年发行 10 万册。这些书畅销，主要是靠内容新鲜。

1992 年，推出《中华文化集粹丛书》(15 卷 19 册)当年发行 1 万套 19

万册，5 年内发行 4 万套 76 万册，1992 年被全国发行工作者协会评为社科类优秀畅销书。这套书畅销，因其内容好，作者权威、名气大，宣传促销到位。

1993 年参与策划、复终审的《毛泽东之路书系》(4 卷)1993 年发行 1.2万套4.8 万册，5 年内发行 7 万套，28 万册。1993 年被评为社科类优秀畅销书。这套书内容有深度，又打了个空档，是纪念毛泽东诞生 100 周年时全国唯一推出的一套毛泽东大型传记。

1994 年，策划推出《禅理散文》8 卷，当年发行 1 万套、8 万册，3 年内 8.4 万套、67.2 万册，成为著名畅销书，这套书的畅销，没有做什么宣传工作，主要是内容新，贴近读者内心需求，读者口口相传，靠“口碑”促销。我作为策划人、责编之一，曾不断收到读者来信求购这套书。

1995 年，策划推出《中国小通史》16 卷，当年发行 8 000 套 12 万册，几年内发行 2 万套。这是一套多年陆续写成的书，逐年出版，1995 年成套推出，发挥了套书的集合效应。同年还策划推出了《中华智慧集粹丛书》8 卷，当年发行 8 000 套 6.4 万册。

1995 年参与策划的《爱国主义教育丛书》10 卷，当年发行 3.9 万套 39 万册，3 年内发行 5.3 万套 53 万册。这套书是内容适应形势需要，由政府倡导推广。

1996 年参与策划的《红帆船书系》收入适合青少年阅读的外国文学名著《鲁滨孙飘流记》、《柯利亚的日记 · 维加的故事》、《红色的英勇勋章》、《荒野的呼唤 · 白牙》、《暴风雨所诞生的》，也是中青社多年积累的书，集合出版，4 年内发行 4 万套。

1998 年参与策划推出《地球文明之谜丛书》这是一套引进版权的书，探讨外星文明与地球的关系，是兼备考古、科幻、假说，图文并茂的书。第一批 5 种，1998 年销出 18 000 套，9 万册，3 年内销出 3.6 万套，18 万册，后又推出第二批 5 种，销售势头不减。这套书畅销主要是满足人们的好奇心，探讨地外文明的愿望。书的内容只是一种假说，并未得到科学的实证。其中有的单本销出 5.6 万册。

2000 年推出《大视野丛书》，其中《语言奥秘丛书》6 种，一年推出 1 万套，是全彩印刷的图文书的首次试验。

2001 年我责编推出的《人生宝典》当年重印 3 次销出 1.7 万册，第二年又销出1.8万册，两年内销出3.5万册。这本书作者是名人高占祥，宣传、推广比较得力。这本书出版后，召开了一次专家、读者共同参加的研讨会，发言、讨论异常热烈，后将发言汇集出了一本《〈人生宝典〉论》，在读者中开始产生影响。随后北京人民广播电台"人生热线"栏目又请高占祥等人去座谈，三个晚上连续播出。读者开始在中国青年出版社门口的"雄狮书店"排队购买此书。有的政府机构如北京市东城区教育局团购此书，发给老师。我随中青社读者俱乐部到北京市一些社区、中学做报告，推动一些读者购买此书，我讲课1小时，曾售出1万多元的书。这一系列的措施逐步造成此书热销。此书因较厚，根据中宣部丁关根部长的意见，我社同意花城出版社分成10册推出，销了2万套，上海一家企业投资，又用线装书形式将此书印成礼品书，送出1万套，发行量当在7万(套)册左右。

现在国内打造畅销书成功的经验不少。比如作家出版社介绍名人的书，华艺出版社的当代文学作品、介绍名人的书，长江文艺出版社推的长篇小说等等。应当说畅销书风水轮流转，年年有变化：引进版的文学作品、经管类图书；推出人生新观念的图书；励志类图书；养生保健的原创用书；老照片系列的图文书；名人、焦点人物写的书；文史类大众读物……花样翻新，层出不穷。

比如金丽红，曾是中央人民广播电台的记者，做书具有"新闻敏感"。她的策划主旨就是要找到"读者有兴趣的书"，她开始以推出王朔的《过把瘾就死》(销出30万册)而进入制造畅销书的行列，1992年推出《王朔文集》销出40多万套。她认为"找读者有兴趣的书就是找到了市场"。此后她选了一系列有文化内涵的名人写书，如崔永元、鲁豫、吴小莉、白岩松、敬一丹等电视主持人，都畅销一时。她努力挖掘名人生活的文化内涵，找到感动读者的闪光点。她认为这些闪光点就是卖点。她以18～25岁的读者群为目标读者，注意书名、封面、内容要能打动这些读者。她先定价后做书，定价控制在18～19元。她有较强的捕捉选题的能力、社会活动能力、市场判断能力，在宣传与营销方面也有较强的能力。"做书已成为她生活的一种方式，是她生命中不可缺少的一部分。"

现在研究畅销书的书也出了一些，我见到的有：

《这书要卖100万——畅销书经验法则100招》(广西师范大学出版社

2005年1月），这本书的作者井狩春男，1945年3月13日生，日本埼玉县人。大学毕业后，进入书籍总经销铃木书店任职，35年间每天过目几百本上市的新书，是少数预言《哈利·波特》一书将成为百万畅销书的先觉者。其著作《书虫》，虽然自己言明卖不出去，但上市第五六天，旋即引起抢购、紧急再版。据称他从事培训出版社编辑如何编制畅销书。他的言论、观点，有的与我们的看法是一样的，比如他提出“只要‘贴近人心’就能成为畅销书”，这是我很赞同的。他认为要亲近读者，除了内容、书名、作者、信息、定价、装帧、出版社外，写法上简短、明亮、新颖、完整都是需要研究的问题。这些观点可供我们参考。关于销售方法与畅销的关系，具体的销售方法，因国情不同，有的在中国行得通，有的则未必。他点名举例的畅销书，有的在中国可能“落地生根”同样畅销，有的则可能“水土不服”在中国还是销不动。

井狩春男论畅销书有一些独到的看法：

一是认为，只要能卖出去的书，不管印数多少，都应该是畅销书。他提出，只要出版社能把书卖给“想要阅读”或“应该需要阅读”的读者，即使该书印量不多，只要能全部卖出，一本不剩的话，那这本书既是好书也是畅销书。

二是认为，凡是畅销书没有一本是坏书。

一提畅销书，许多人认为这类书多是时尚书，内容虽新，但无保留价值，看后就扔了。虽然艳羡畅销书创造的经济效益，但也对书的质量、内容打个问号，意思是畅销书不全部是好书。但是井狩春男又有不同的看法，他认为“凡畅销书”没有一本是坏书，不管该书的内容是否精彩，卖出去的书都是好书！“书的‘好坏’，是由拿钱出来把书一本本从书店买走的读者决定的。购书的总人数就是那本书的评价。”他认为“至于这本书的内容，是否因此改变读者的人生，或读后有否助益，则无关紧要。”“作为一名读者，我最喜欢那种毫无内容可言、帮助不大、荒谬透顶却趣味十足的书。面对从事出版工作的同业把这种书说得一文不值，我倒是有点错愕。”他认为即使是漂亮鲜花、可爱女子甚至是欣赏猫咪的写真集，只要能让人看后快乐，能满足读者“赞叹和欣赏的欲望”就行。“一本书造就那么多快乐的人，岂不是很美好的事吗？”“越多的人购买该书，就代表那是一本好书，仅此而已。”“书的内容再怎么扎实，若一本也卖不出去的话，岂不等同于废纸？”读者掏钱购书，就是对书的一种评介，这点我是赞同的。写书、出书，自然是为了传播。但是只以卖不卖得出去作为判断好书的唯一标准，可能还是有点问题的。

其他研究畅销书的书还有《打造畅销书》(〔美〕布赖恩·希尔，迪伊·鲍尔著，中国人民大学出版社 2006 年 12 月)，《畅销书的故事》(〔美〕迈克尔·科达著，中国人民大学出版社 2006 年 12 月)，《图书营销案例点评》(刘拥军主编，苏州大学出版社 2005 年 6 月)，都可以一读。

这些书中都认为制约畅销书的因素很多。首先是书的内容能否吸引人、打动人。或者符合读者某一方面的实际需要。即是否能贴近人心，这是关键因素。其次书的装帧设计是否符合畅销书的特殊需要，营销手段是否可行、有力。这本书的推广是否受到政府、社会团体的支持，也是需要考虑的因素。更细的包括书名取得如何；书的轻重厚薄；文章不要太长，要深入浅出，浅显易懂；作者应是名人；书要兼具内容与信息，能由强力媒体传播；“关键还是在于读者口碑的建立，只有借由口碑的推波助澜才能算是成功”；书价便宜；装帧设计“依据购买这本书的读者心情来设计”，要比较明亮；出版社的品牌效应；搭配各种图片；让读者感到新颖；内容完整等等都是畅销的因素。

井狩春男认为畅销书的基本主题：一是恋爱类的主题，二是有关饮食，三是减肥美容类，四是生活处世类，五是致富发财类。这是针对日本读者而言的。

畅销书的实际案例是很多的，2004 年《中国编辑》第四期《到底谁在畅销》介绍了当时各类畅销的书：

(一)反腐题材。如《天怒》、《河北第一秘李真盛衰记——李真案件与人生历程全写真》、《我告程维高——一个公民与一个省委书记的战争》等。

(二)高层内幕题材。如《毛泽东传》、《走下神坛的毛泽东》、《亲历历史：希拉里回忆录》、《外交十记》等。

(三)纪实题材。

(四)青春偶像题材。如上海人民出版社陆续出版的《我为歌狂》、《蛋白质女孩》等。

(五)外国畅销书题材。如《指环王》、《谁动了我的奶酪》、《哈利·波特》等。

(六)港台畅销题材。

(七)当红名人题材。如出版人金丽红策划的明星书，白岩松的《痛并快乐着》售出61万册，崔永元的《不过如此》销出104万册等。

(八)影视剧热播题材。小说改编电视剧，如电视剧热播，就会引发该小说畅销，如《大宅门》、《雍正皇帝》等。

(九)追求财富题材。如《富爸爸　穷爸爸》销出150万册。

(十)时尚健康题材。如《登上健康快车》、《洪昭光健康忠告》等。

(十一)历史借鉴题材。如唐浩明的《曾国藩》，二月河的《康熙大帝》、《雍正皇帝》、《乾隆皇帝》等。

(十二)科普实用题材。如金盾出版社的《快速养猪法》销出600多万册。

(十三)散文题材。如余秋雨的散文系列《文化苦旅》等。

(十四)情色题材。如池莉的《有了快感你就喊》销出近13万册。

(十五)新闻催生题材。2003年，举国上下抗击SARS，轻工出版社及时推出《非典型肺炎不可怕》一书，4月出版，印量过百万等。

畅销书文学类的应具备好读、启迪、娱乐、新鲜等因素。非文学类的应具备有用、简单、明白、好读、应时的特征。

在《打造畅销书》中，美国的出版商、作家、经纪人、编辑谈了他们“打造”的心得。

“回顾近一个世纪以来的畅销书榜会发现一个惊人事实：上榜畅销书的种类、主题似乎从没改变：冒险、浪漫小说、历史、政治、名人、心灵自助。”

“忠实读者群、作者以往的书是否大卖、书本身的质量因素，是一本新书能否成功的关键。”

“如果我读一本书的时候，感到自己脉搏加快，我就知道(或者说我就盼望)这本书会热卖。”

“出版工作者其实肩负一个沉重的任务，就是正确猜出那些分散在比劳克斯、得梅因、圣何塞等地的读者，是否同样想读哪一种书。”

“我把编辑理解为全方位的读者，也就是将我自己放在读者的角度自问：‘要不要掏钱买这本书？’”

"还有信息、声音强烈的作家，才能在众多作家中脱颖而出。"

"凡是成功的作品，大概都会按照相同的方式诞生：出版界某个有权有势者(编辑、经纪人)对某份书稿产生强烈感受……作者的作品必须碰运气递到'对的人'手中，这位适合的人再凭着自己的主观判断出这部作品可以上市。"

"我所知道的成功畅销书，全部要靠读者之间口耳相传，争相传颂，一个拉一个，最后才能建立口碑。怎么样才能让读者争相传颂、口耳相传？还是书本身要好……"

"出版界的人从来就无法事先得知哪一本书会大卖，哪一本书会赔得很惨。有些人感觉敏锐，闻也能闻出来哪种书符合大众口味，会有市场；有些人则拥有'文学神经'，可以判断出某本书具有长远的文学价值，但这种书可能会大卖，也可能根本卖不动。"

这些体会都是很真实的，对我们也有启示。

从编辑的角度看，如何看待畅销书，在中国还有不同的看法：

一是认为畅销书是可遇不可求的，很大程度上靠运气。

二是认为不是书不好，而是运行体制、发行机制还没理顺。

三是认为畅销书投资大，风险也大。少数畅销书也养活不了出版社，还是要靠长销书过日子。

我认为在出版社、编辑直面市场的情况下，从事大众读物出版的编辑是必须研究畅销书的。因为这类书，大多数是读者自动掏钱买的，是对作者、编辑是否真正贴近读者真实的检验。

做畅销书编辑，要善于把握时代脉搏，了解读者心理需求。要学会猜想，什么书会受到读者的欢迎。

编辑要对新鲜事物感兴趣，非常敏锐。发现好书苗头，立即行动，先人一步。做书的也要有"新闻鼻"。

编辑要大量阅读各式各样的书稿，练成编辑的眼力，不会误判、尽量少误判书稿，把好书拒之门外。

编辑要有出色的公关能力，会把好稿子磨到手。

高质量，题材新鲜，对准读者口味是畅销的内在原因。解决、理顺发行渠道是畅销的外在原因。

编辑部要能推出畅销书，一是有人才，二是机制新。目前项目责任制，是可以试行的办法。

做畅销书是有风险的，在发行链条诚信较差的情况下，风险更大。如何才能避免风险，有一系列的问题要解决，在发行方法上，大有文章可做。畅销书应是先付部分款，后发货，发货是一次铺满，铺到位，还是要留有余地，要灵活应对。还要考虑如何对付盗版。

畅销书的营销、宣传是大可深究的。

六、得奖书的策划技巧

自1993年至1999年四届国家图书奖评奖中，中国青年出版社得奖是不多的，仅有三种书获奖，1997年第三届中有长篇小说《刘先平大自然探险长篇系列》获国家图书奖提名奖。1999年第四届中有史学专著《南明史》获国家图书奖正式奖，长篇小说《白门柳》获国家图书奖提名奖。这些得奖书是如何策划推出的呢？

(一)重建设，抓好题材新颖的重点选题

中青社领导班子对抓好国家奖图书，一直是比较重视的。我们的做法是：在每年研究图书选题时，专门研究哪些选题、书稿是有分量的，是有可能进入国家奖候选书目的，下大力气抓紧、抓好。在逐步取得经验后，也会同专家、学者主动设计、征集一些优秀选题、书稿，按国家奖的高标准、严要求，抓紧工作，成熟后列入候选书目。对这项工作领导班子专门开会研究，并指定专人分工负责。

在国家图书奖头两届评奖中，中青社报送的图书未被评上，作为一个有50年历史的老社、大社，国家奖榜上无名，使我们深感肩头压力的沉重。社领导及时向中层干部传达了这种看法，并冷静地分析了各种情况：我们意识到国家奖图书要求高，特别要求在学术上有分量，在科学上有创见，在艺术上有创新，在社会上有广泛重大影响，代表国家水平。这是要下真功夫才能抓得出来的。中青社是以青年读者为对象的综合性出版社，过去重点是出青年读物、通俗读物，侧重在请大专家写小书，现在要请大专家写重头著作，工作要有个调整过程。国家奖里设有少儿类图书，但未设青年类、通俗类图书，这不能不说是一个缺憾。我们一方面呼吁：国家奖的评奖要适当注意高质量的青年读物、通俗读物，但更多的是从自身工作上找原因，努力扬长避短，发挥优势，迎头赶上。

中青社历史较长，过去出版过不少影响了几代青年人的优秀作品，特别在抓优秀长篇小说的创作出版上，曾取得过突出成绩，出版过《红岩》、《红日》、《红旗谱》、《创业史》、《李自成》等优秀长篇小说。抓优秀长篇也是中宣部、新闻出版署对我们的要求，这应当是我们取得成功的突破口。社长胡守文、总编辑陈浩增和当代文学编辑室的同志加大了工作力度，社领导多次带队到各地调研、联系作者、抓长篇小说书稿。

1996年安徽省作协常务副主席、我社的老作者刘先平来我社谈及他有已出版过的5本书，想修订后请一家力量雄厚，出书认真、精美的大出版社出版，成套推出。我社总编辑陈浩增与他交谈后，敏锐地感到这是一部题材很有创意的系列长篇小说，表示可以考虑出版。编辑刘佳抓紧审读书稿后认为这部小说是中国第一部描写在野生动物世界探险的长篇系列，确实是下了功夫的。更为可贵的是作者在20年前就致力于用艺术形象描写人与自然的关系，发出拯救自然也就是拯救人类的强烈呼唤，这是有远见的。经过研究，社里取得共识，要把这部长篇作为精品来抓，对作品，也提出了具体修改意见。出版后又组织专家评论，出了一本《人与自然的颂歌》的评论集。刘先平的这部作品确实以他新颖的题材、独特的文化价值打动了读者，首印8 000套，现已销售一空，并被有关部门向联合国教科文组织作了专门推荐。

中青社编辑对佳作的敏锐眼光和认真精到的编辑作风，高水平的装帧设计风格，吸引了很多的优秀作者。1996年广东省委宣传部副部长、作家刘斯奋写的长篇小说《白门柳》还差五六万字就要完稿之时，我社文学编辑骆军专门去看他，并商谈此书的出版事宜。《白门柳》创作始于1980年，其中第一部《夕阳芳草》出版于1984年，第二部《秋露危城》出版于1991年，都是在别的出版社出版的。骆军了解书稿的价值后，表示我社愿意三部一起出版，一定精编精印。经作者同意，我社决定将此书作为精品图书，精编精校，精心设计，特请著名设计师吕敬人担任此书的总体设计。使书的内容、形式趋于统一。正在我社付印此书时，传来了此书前两卷获得茅盾文学奖的喜讯，虽然得奖的前两卷是别的出版社出版的，但是评奖的组织者却坚持要求我社送200套新版三卷本《白门柳》给发奖大会。此三卷本在1999年荣获国家图书奖提名奖。三卷本出版至今已重印5次，发行31 000册。

(二)眼光准，盯准优秀的作者和书稿

作为出版者，关键是要有眼力，能发现好作品、抓到好作品。我们的体会是编辑要盯住学风扎实厚重的作者，盯住扎扎实实的书稿，真正把那些“十年磨一剑”的好作品发掘出来，精心出版。

我认为在历史上产生深远影响的作品，多数不是在短时间内赶制出来的。流行的往往不是久远的。我们应更多关注扎扎实实的作者、结结实实的作品。在人们更热心出版全集、文集、套书、丛书时，我们也可以拾遗补阙，更注重出好一本又一本好书。我更喜欢结结实实的选题、结结实实的书。《南明史》的出版，就是我的这种出版理念的体现。

《南明史》书影

70年代末，北师大的中年教授顾诚出版了《明末农民战争史》，他在治史上的扎实、厚重，开始为史学界、出版界所知。作为他的老校友，史学的同好，我多次参加农战史的研讨会，与顾诚为友。1985年，我了解到他计划写一部《南明史》，诚恳表示，我们将承担出版。10多年后，1997年，为了抓好学术方面的重头书籍，我们又再次拜访了顾诚。这时他已是年过花甲的博导。他说《南明史》他早已完稿，但一直还在修改中，还不打算出版。他说，他给自己订的标准是，此书一出，一段时间，别人在这个领域内，可能就超不过他了。我们翻看了他77万字的原稿，得知他写此书已历时10多年，而研究这一课题的时间更长。书稿后所附的征引书目达24页，列书500多种，不少是原始档案，是别人很少或从未研究过的。他不仅广征博引，而且对史料的考订务求细致准确。在史识、史论上他也有自己的独到见解。他写南明史以明为本位而肯定抗清斗争；以人民抗清运动为本位，而不把南明史仅视为南明小朝廷史；以宏观历史进程为本位而没有流于琐碎的史事考证。这是南明史研究里程碑式的著作。我们以老朋友的身份，要求他把这部力作交中青社出版，并明确表示出版后目标是申报国家奖，并一定精编、精印。我们的诚心打动了这位老朋友。他表示书稿不久即可交付我们。我们确定由文教室主任担任此书文编、美编室主任担任此书美编。在编校过程中，大小问题都与顾诚及时商讨。做到编、校精细、装帧精美。出版后我们召集在京的著名明清史专家召开了严肃的学术评论会，虽然有的专家史学见解与顾诚不尽相同，却一致认为顾诚教授的研究成果已把南明史的研究全面地推进到一个新的水平，对明末清初历史的研究深入，是很大的贡献。此书在1999年荣获国家图书奖正式奖。顾诚教授得知后，称赞我们说：你们的眼光很准。

(三)抓得实，严把质量关

我社对图书的质量管理一直比较重视，在1980年左右已专门制定了内部的书刊质量全面管理规定，后来，又根据署里的要求，强化全面质量管理。社领导中有专人分管书刊质量，社里有质检小组，每年两次对书刊进行自检抽查。对本社社内参评的好书和参加国家三大奖的参评书，都要进行全面的质量管理。在上送前组织社外的编校专家进行自查，凡不合格者就撤下来。所有书的质检报告社领导都要认真阅看，批给责编处理。1999年我社初选入围可申报国家奖的书有5种，质检后，发现有一种文字差错较多，虽已重版4次，仍有差错。这本书已在别的评选中获一等奖，也是一本好书，我们仍然决定撤下来。虽然我们也可以抓紧修订后再上报，但为了强化质量意识，还是撤报了。我们的体会是，只有坚持朴实严谨的作风，编出高质量的好书，才可能吸引更多的优秀作品到我社出版，这才是进入国家奖大门最好的一把钥匙。

第三节　编辑要全面提高素养

编辑的悟性，还体现在编辑的基本功是否扎实上，只有具有扎实的基本功，编辑才能完成正确选择、判断书稿的任务，提升书稿的质量，使书稿的内容、形式趋于完美。悟性与能力是统一的。

一、审读要善于发现

书稿的审读工作是书刊生产的中心环节，是编辑室的日常工作，也是每个编辑必须掌握的基本功。书稿审读，实际上是要由编辑通过阅读书稿对稿件作出评价，然后提出处置意见和方案。审读活动实际上也是一种评论、捕捉、发现和选择。通过审读发现好的书稿与著作人才。审读要善于慧眼识珠，避免误判。审读具有双重功能：发现与把关。

审读还是一个动态发展的过程，虽有基本规律可循，但新问题层出不穷，要关注新变化、新趋势、新对策。审读工作有共性，也有个性。书与刊，学术与通俗，自然科学与社会科学，文学与非文学……审读时有相同更有许多不同的要求。

(一)什么是审读工作？审读工作重要性何在

1. 什么是审稿

审稿是编辑工作一项重要内容。是实施选题计划的具体步骤和进行稿件加工的前提条件。也是书刊生产流程中承上启下的重要工序。通过审读，确定稿件是否具有出版价值，或对稿件提出修改意见。世界各国凡严肃的书刊编辑部，一般都建立一定的审稿制度，规定审稿要求和取稿标准。我国把审稿工作作为正确贯彻国家出版方针，提高出版物质量，防止有害和低劣作品出版，求得良好的社会效益和经济效益的一个重要措施。审稿大体有三个步骤：①审读前的准备。了解作者与书稿有关情况、相关知识，是否有同类书出版。②认真通读，并做审读笔记。③通盘判断，写出审读报告。经初审、复审后，由终审裁决。对采用的稿件进行编辑加工。有的稿件作退修或退稿处理。

2. 为什么说审稿工作是编辑工作的中心环节

图书生产从选题开始到进入销售要经过十多道工序，审稿是承上启下，带有关键性的一道工序。上承制订选题、组稿，下启编辑加工整理。通过审稿，决定稿件的取舍，帮助提高书稿质量，发现精品，发现人才。审读的第一个功能是发现。

审稿与选题的关系。有了好选题才可能组到好书稿。但有了好选题，组来的书稿不一定就写好了。要通过审读才知道好不好，审过、提出修改意见，才能改好。自投稿、推荐稿与选题策划无关，都要靠审读才能判定，可否列入选题计划。选题要靠审读来落实、来选择、来完善。

审稿与编辑加工的关系。审稿是加工的基础，未经审读的书稿不应着手加工，以免浪费人工。审后不能用就退稿。可用的有的还要退修。只有基本可用的才进入编辑加工。编辑加工是审稿的延伸，是在审稿基础上的继续反复审读。把两道工序合在一起，边审边改，边改边审是不可取的。一般书稿应先审读，决定采用，才进入加工。交办的书稿，必须出，可以边审边加工。

赫·贝利在《图书出版的艺术与科学》一书中指出："决定稿件的取舍是编辑部的首要责任。"有的人把选题策划看得很重，其实书稿并不都是策划来的，交办稿、自投稿就不是策划来的。而选题策划与审稿又是互相联系的。《编辑人的世界》一书指出，策划是编辑组稿后提前进入编写工作，为作者当好参谋，要和作者一起讨论书稿的构思，看提纲、样稿。

审稿是贯彻党和国家的出版方针，体现出版社出版理念、出书宗旨的实际步骤。审读的第二项功能是把关。

出版社是从事精神产品生产的。《出版管理条例》第三条指出："出版事业必须坚持为人民服务，为社会主义服务的方向，坚持以马克思列宁主义、毛泽东思想和建设有中国特色社会主义理论为指导，传播和积累

中国出版工作者协会主席于友先(左二)出席中青社新书研讨会(2004年)

一切有益于提高民族素质、有益于经济发展和社会全面进步的科学技术和文化知识，弘扬民族优秀文化，促进国际交流，丰富和提高人民的精神生活。”第四条指出：“从事出版活动，应当把社会效益放在首位，实现社会效益和经济效益的最佳结合。”

每个出版社都有自己的出版宗旨、理念。中青社的出书宗旨是：服务青年，引导青年。如何体现？通过产品——出版的书刊来体现。

改革开放之初，邓小平同志提出要加强理想、信念、爱国主义、集体主义、社会主义的教育，培养“四有”新人，出版一批有新思想、新观点、新语言的通俗政治理论读物。中青社1979年以后出版了《通俗哲学》(发行252万册)、《中国共产党历史讲话》(发行340万册)、《中国近代史常识》(发行140万册)等，两个效益显著，这些书又都获了奖。这些书都是经过认真审读、修改才出版的。

精心审读，是出版精品图书的必经途径，是发现好书、发现人才的重要途径。好书是组稿组来的，也是精心审读、反复修改出来的，中外皆如此。以《红岩》为例，开始是写回忆录《在烈火中永生》，后创作小说。小说稿作者反复修改，编辑部先后7人参加审读，提出修改意见，终成精品，发行累计超过1 000万册。又如高占祥写《恪守篇》，编辑看到他写稿、听取意见、修改非常认真，每篇稿子打印一式三份，征求意见，送编辑部时他把三份稿及资料袋一起送上，供责编修改时参考。编辑认为他搜集的资料还可再写好几部书。11 年间他写成《人生宝鉴》、《人生镜语》、《人生感言》，又合成《人生宝典》。当时编辑室对出版合订本信心不足。责编因认真审稿，心中有数，坚持出合订本，出版后一年内重印 6 次，发行 35 000 册。高占祥写的人生修养系列已三次获奖。

3. 轻审读，重策划为什么不正确

近年来编辑工作出现了重策划、轻审读的偏向，一度有强化策划、弱化审读的倾向。具体表现在不少社上上下下热衷于搞策划、抓选题、抓稿子。主要负责人把精力多用在这方面，对抓审读不太热心。有的社把全社编辑一分二，一部分搞策划，一部分搞审读加工。分去搞策划的自认为是编辑高手，认为审读是辅助性的工作，互不服气、不配合。有的社还出现了不看稿的主编、室主任、责编。审读加工外包。对外审校又督促、检查、指导不够，出书后经不起检查，差错率高达 3/10 000～15/10 000，出了不合格产品。还有的社任意改变图书生产程序，减少审校次数，出书也易出质量问题。

弱化审校的后果是图书质量滑坡，无错不成书，成了中国出版界的一道“风景线”。1994～1997 年新闻出版署连续四年对图书质量进行抽检，不合格率居高不下。1994 年抽检 20 家中央级出版社 23 种书(1991～1992 年版)，不合格品 20 种，占 87%。1995 年抽检 35 家中央、地方社新书(1994 年版)，不合格品 28 种，达 80%。甚至一本《怎样纠正错别字》的书(四川少儿版)也是不合格品。1996 年抽检 15 家中央、地方社教学、少儿类图书 30 种(1995 年版)，不合格 16 种，占 53%。1997 年抽检 23 家中央、地方社新版工具书 26 种(1993～1996 年版)，13 种不合格，占 50%，其中 5 种严重不合格。2001 年又对全国 139 家良好出版社进行图书编校质量检查，抽检图书 33 种，竟有 11 种不合格，占 33.3%。在权威、严肃、供查正纠错用的工具书中，居然不断出现胡编乱编的，这些书受到各方面的指责和批评。出此类书的责编、室主任、总编估计大多未认真看过稿。主编交来就发排了，而主编可能也未认真看。搭个班子，编编凑凑就齐活了。“把字码一堆就成了”。如此等等，才会出现如此笑话百出的工具书。我 1985 年参加过上海辞书出版社《出版词典》的编写工作，这是很严肃的事，调动全国出版界的专家参加。1985 年先拟方案、框架、定体例、确定词目、写样条。分片开会学习怎样写词条，然后开始工作。7 年后才出书，这样的工具书站得住脚，经得住检验。

由于不认真审读，或审读水平下降，一些出版社还放走了好书，出版了平庸书、坏书，不断受到查处。北京某出版社曾连续三次被停业整顿，主要问题就是出版了不应出的书。一次是违反有关规定，出版了涉及军队内幕，有不应公开报道的内容的纪实文学，另一次是出版了格调低下的小说，写另类青年吸毒、乱交。最近中国电影出版社出版了一本《小人得志》，被查处、停业整顿。此小说围绕主人公“当官，再当官，当大官”的“奋斗历程”，不厌其烦地描画出一系列“性交易”活动，把官场写得漆黑一团。审读者的责任心到哪里去了？

不认真审读，放走了好书，在中外出版史上也屡见不鲜。如凡尔纳的处女作《气球上的五星期》曾被 15 家出版商拒绝，余秋雨的《文化苦旅》开始也在编辑手中压了很长时间。新的畅销书《谁动了我的奶酪》也曾被许多家出版社拒绝出版，可能是编辑未认真看稿，或判断失误，落了个“有眼无珠”的下场。对书稿拍板并不是很容易的事，就是看了稿，有时也难下决心，不认真看稿，只能是抓瞎。

4. 文责自负与审稿的关系

新编辑往往有一种认识上的误区，认为稿子既然是作者写的，让作者自己多看几遍不就行了，文责自负嘛！特别是名作者，有的编辑更想依赖作者。实践证明这是不妥的。

编辑审稿与作者看样是不能互相替代的。编辑审稿是代表出版社、编辑部，以独立审稿眼光、客观的社会评价尺度、第一读者的角度来审视评价书稿。审稿具有客观的、社会的、职业的、商业的角度。具有一定的独立性、客观性。而作者往往从主观的、个人偏好的、自我欣赏的、纯学问的角度评价书稿。两者审读的尺度、评价体系也是不同的，有互补性。

公民有出版自由，但并不意味着出版社接什么稿就要出什么稿。出版社也有选择的自由、权利。出版社有自身的社会责任。创作自由不等于发表自由。“文责自负”是对的。作者的作品，如只供个人欣赏，只要不触犯法律，谁也不会干涉。如果要公开发表，出版社就要审读、选择了。

上述问题，不仅在社会主义国家，在资本主义国家也是如此。《编辑人的世界》一书讲述了美国编辑是“如何对待政治正确性”的。美国的同行认为政治正确性是编辑工作必然会碰到的问题，在美国主要表现为：种族歧视、反犹太人、反同性恋，等等。认为“这都是容易得罪公众(或一部分公众)的敏感话题”。美国人的立场是“既维护‘言论自由’，又避开出版商不愿承担的商业风险”。碰到上述话题“你还是可以选择不要出版某些书籍”，但理由是“个人品味问题”。美国人标榜不要“压制言论”，但“这并不表示编辑和出版社有义务出版任何书籍”，“某个立场极端，具争议性的人物带着他的出版题案来找我……假如要出他的书，我必须先回答自己几个问题：出版这本书，我会促进任何社团利益吗？会扩大任何关于种族、社会福利结构和政府角色的论辩吗？我是否也赋予我完全无法接受的立场的某种正当性？”

美国同行认为编辑要扮演三种角色：(1)狩猎者(多方搜寻，挑选出可以出版的好书)；(2)治疗师(细心阅读作品中每一个字，详细而坦率地说出评语，并且建议应该修改之处)；(3)双面人(面对作者代表出版社，面对出版社代表作者)。编辑要选择、审读书稿，古今中外皆同。

在资本主义国家，出版物一怕出现诽谤他人的内容，二怕出现与现政权有对抗、颠覆的内容。如果出现上述情况，作者、出版商均要承担法律责任。

在中国，书刊出版无小事，编辑工作无小事。一个出版社尽管出了许多好书，但如出了一本书有严重政治问题，其后果也是严重的。有人说“其数学公式不是100－1 等于 99，而是 100－1＝0”。所以编辑是个“把关者”，要有事业心、责任心。自觉地贯彻党的出版方针，坚持质量第一。

(二) 什么是三审制？为什么要坚持三审制

1. 三审制：从中国国情出发制定的审稿制度，即三级审稿制。编辑初审、编辑室主任复审、总编辑终审、社长批准的编审制度。1952 年制定，1980 年重申，也作了重要补充：“不同书稿，可采用不同的审读方法。某些重点书稿，可以由比较多的人进行审读，讨论决定。某些书稿，则可以按照具体情况省去一些工序。各级审查都应有书面意见。”

1997 年 6 月 26 日新闻出版总署发布的《图书质量保障体系》第二章第二节又重申“坚持稿件三审责任制”，指出“审稿是编辑工作的中心环节，是一种从出版专业角度，对书稿进行科学分析判断的理性活动。因此，在选题获得批准后，要做好编前准备工作，加强与作者的联系。稿件交来后，要切实做好初审、复审和终审工作，三个环节缺一不可。三审环节中，任何两个环节的审稿工作不能同时由一人担任。在三审过程中，始终注意政治性、政策性问题，同时切实检查稿件的科学性、艺术性和知识性问题。”

初审：应由具有编辑职称或具备一定条件的助理编辑担任(一般为责任编辑)，在审读全部稿件的基础上，主要负责从专业的角度对稿件的社会价值和文化艺术价值进行审查，把好政治关、知识关、文字关。要写出初审报告。

复审：应由具有正副编审职称的编辑室主任一级的人员担任。复审应审读全部稿件，对稿件质量及初审报告提出复审意见，作出总的评价，并解决初审中提出的问题，负责向终审报告。

终审：应由具有正副编审职称的社长、总编(副社长、副总编)或由社长、总编指定的具有正副编审职称的人员担任(终审意见仍由社长、总编审核)，根据初复审意见，主要负责对稿件内容、思想政治倾向、学术质量、社会效果，是否符合党和国家方针、政策等方面作出评价。如果选题涉及国家安全、社会安定等方面内容，需要报批备案的，或初复审意见不一致的，终审者应通读书稿，然后决定稿件能否采用，是否要报批。

2. 三审制的优点

三审制是有科学根据的。书稿审读是强脑力劳动，易疲劳，造成疏漏、判断失误。三审可从不同角度、深度、侧重点审阅。可以避免一个人的思维定势，导致有错看不见。避免一个人惯性思维的作用。弥补编辑个体水平的差异。三审制比较符合编辑工作性质，人的视觉与大脑活动规律、思维特点。三审互补，是科学周密的审稿制度，可以保证书稿质量。在工作程序上体现了递进制约、交叉互补的原理，可以避免个人知识不足和疏忽造成的失误。依靠分级负责和集体智慧来保证出版物质量。

3．目前执行三审制中存在的问题

三审制流于形式。在正规的出版社中，三审变成二审，二审变成一审，甚至只签字不审稿。三审制度成三签制。有钱就快出。

审读人员资质不够。由于出版行业大批有经验的审读人员到60岁就退休，校对人员退休更早。空缺的岗位由中青年承担。有的审读者缺乏经验、知识准备，是问题看不出，不是问题当问题。有的审读者只能看文字、标点错误，知识硬伤看不出，政治敏感问题多放过。有的审读者入行时间不长，就要承担重要的审校任务。不少出版社只好请退休的老同志担任外审校。

在一些非正式的出版实体中，就不知道三审制是什么。能找个人看看稿件就不错了。

4．坚持三审制，是符合出版工作规律的

出版业是现代大工业的产物，是工业化与现代科技结合的产物。科学分工、合理组织是出版生产的自身规律。制约出版社的还有市场经济规律，它要求生产高质量的适销对路的产品，不看稿就投资，这是愚蠢的出版者；有文化积累的规律，它要求生产有文化含量的产品，传播科学正确的信息，要传播正确，就要事先审看。部分产品具有意识形态作用，受意识形态规律制约。在中国，经济上搞市场经济，与国际接轨。但在意识形态上要坚持社会主义的意识形态，坚持民族特色，不能全盘西化。出版者要有政治眼光，把好政策关、政治关。这些都要求坚持三审制。

(三)初审的职责与方法

1．初审的重要性

初审者是第一位审稿人，又是全面负责的审稿人，是书稿质量的第一责任人。一般初审者还要担任这部书稿的责任编辑，对这部书稿的出版全过程负责，初审好一部书稿，是这部书顺利出版的基础。

从稿件取舍说，稿件好不好、行不行，复、终审要听初审的报告。复、终审认为不行，初审者坚持，并有理有据，终审也会采纳。

初审的审视是全面的：政治倾向、思想品位、学术价值、艺术风格、结构体例、表达文字等等，这些都要进行认真、仔细的审读。要逐字逐句审读，不能马虎大意。初审扎实、牢靠，复、终审才能顺利进行。复审也应通读。终审则是听取初复审意见、看审读报告，对书籍往往是翻阅、抽读，只有重点书籍才通读。初审基础很重要。

初审者又是专业审稿人。初审者一般是具有相关专业知识的编辑，社里分工谁初审，也往往考虑责编的专业知识领域。多从专业角度审，复、终审也从专业角度，但更多是从政治上、整体上关注书稿。

初审时间充足。室主任、总编复终审用到每部书稿的时间，平均只有责编、初审者的几分之一、十几分之一。初审者应在较充足的时间内，仔细审读。

2. 初审审什么

达未达到出版水平，符不符合出版宗旨、编辑意图。判断出版水准的标准是多方面的：独创性、思想性、科学性、稳定性、可读性，对政治倾向也要关注。

判断市场前景主要根据三个方面，即读者定位、受众数量、市场销售预测。此外，还应考虑发行营销通路、套路设想。

初审把关主要根据政治、科学、艺术、思想方面的准则，严格检查，防止差错。把关是建立在文责自负的基础上，允许学术争鸣，在尊重原稿写作风格的前提下，为保证书稿质量进行的必要的审读。从内容到形式，从思想倾向、学术观点、语言文字等方面进行鉴别，力求科学、准确、规范。

审稿的标准：政治标准——符合宪法、法律。符合党的基本路线，符合现行政策法规、出版管理条例。不泄漏国家机密。实际生活中有许多问题，允许有不同看法。作为公开出版物，政治上要了解党的宣传方针、具体规定。思想标准：健康、文明、进步，至少有益无害。科学标准——有创见，但要言之成理，言之有据。艺术标准——有新意，符合审美要求。语言文字标准——结构合理，叙述生动、准确，行文通顺流畅，无错别字，标点符号规范等。

把关还可分别从把政治关、学术关、知识关、宗旨要求关、技术规范关、表达关、版权著作权关考虑。

把政治关，可参看《出版管理条例》第三条、第四条、第五条、第二十五条、第二十六条、第二十七条。任何出版物不得含有下列内容：反对宪法确定的基本原则；危害国家统一、主权和领土完整；危害国家安全、荣誉和利益的；煽动民族分裂，侵害少数民族风俗习惯，破坏民族团结的；泄露国家机密的；宣扬淫秽、迷信或渲染暴力，危害社会公德和民族优秀文化传统的；侮辱和诽谤他人的；法律、法规禁止的其他内容的。还要注意，以未成年人为对象的出版物不得含有诱发未成年人模仿违反社会公德的行为和违法犯罪的行为的内容，不得含有恐怖、残酷等妨害未成年人身心健康的内容。

有十五类题材需要认真审读，其中大多数是属于政治把关的范围。如有关党和国家主要领导人的著作，有关党和国家领导人工作和生活情况的作品，有关中共党史重要事件及回忆录，有关"文化大革命"的图书，有关民族、宗教问题的作品，有关军事题材出版物，有关国民党历史人物的作品，有关台、港、澳的作品，有关外交工作的作品……要按中宣部、新闻出版总署有关文件专项申报、备案、送审。有的类别的图书只能由指定的出版社承担出版。

作为初审者，要把好政治关，首先要学习有关的出版政策法规，加强政治意识、大局意识，在处理具体书稿时善于发现问题、提出问题，与复审、终审一起研究修改。对一些表述中的政治差错要及时订正。

比如一本古代画家传的书稿中有这样的叙述"中国历史……从来就是游牧的少数民族与中原汉族争夺生存空间的历史。"这种说法不符合全部的历史事实，也不利于今天的民族团结。在中国历史上，游牧的少数民族与中原汉族，既有长期的文化交流、互市贸易，也有大大小小的冲突、战争。今天中华民族的发展，汉族离不开少数民族，少数民族也离不开汉族。所以我把这段表述修改为"在中国历史上，游牧的少数民族与中原的汉族，既有长期的文化交流、互市贸易，也有大大小小的冲突、战争。"这样就比较全面，符合历史实际了。

又比如在一本古代书法家传中，作者作了如下论述"我们可以说王铎贪求富贵活命，但是他在对南明小朝廷失去希望与信心后，为保家人的安危与生存，为求安定舒适的生活，作为人也无可厚非。我们且不谈儒家传统道德观念的某种虚伪性，不谈爱国主义精神的内涵，仅在中华民族的大家庭内评论历史人物的功过是非，王铎的仕清就有了平和的解释。我们还可以翻阅大清帝国 300 年的历史，忠实于清朝统治的汉臣又岂能胜数。历史是进步的，昔日某些闪光的真理会因时间地点的转移而黯淡。”

这段论述本是评价王铎降清保命的问题，但作者扯得太远太宽。又去涉及“儒家传统道德观念的某种虚伪性”，又要“不谈爱国主义精神的内涵”，又要谈真理的相对性问题。既说不清楚，又易产生误解。评价王铎，在这本书中主要要从书法着眼。他作为一个历史人物降清，历史上有历史上的看法，列入贰臣，清代评价低，今天可作平和的理解，但也没必要翻案。清是满汉地主阶级的联合统治，清朝就可以接纳降清的文人。王铎降清主要是为了保全性命，与吴三桂之流不同，他没有与清朝统治者联合起来对付汉人，或反复无常。责编修改时保留了作者正确的观点，删去了无关的枝蔓和可能引起歧义的表述。改为“我们可以说王铎贪求富贵活命，但是他在对南明小朝廷失去希望与信心后，为保家人的安危与生存，为求安定舒适的生活，这只是当时历史条件下的一种选择。我们且不谈儒家道德观念，仅在中华民族的大家庭内评论历史人物的功过是非，清朝实际上是满汉地主阶级的联合统治，王铎的仕清可以有平和的解释……”这样修改，取得了作者认可。也避免了在此评述爱国主义和真理相对性的问题。

这些还是历史上的问题，只是与现实也有某种联系。涉及当代的政治、民族、宗教、外交等就更要慎重。比如不只在一部书稿中提到“香港过去是英国的殖民地”“欢迎港澳华侨来参观访问”，这都是不准确或错误的。英国过去在香港实行过殖民统治，但中国历届政府都认为香港是中国领土的一部分，不是殖民地，只能称“港澳同胞”。港澳台自古就是中国领土的一部分，不能把“中国、香港、台湾”并列。“海外”即“国外”，不能把港澳台列入“海外地区”。关于把好学术关、知识关，涉及的问题也很多，最主要的是审查一部书稿从学术上说是否有创见，能否言之有据，自成体系，自圆其说。要防止把一些言论大胆、论据不足、自相矛盾、思想混乱的作品放出笼。要防止学术腐败，抄袭拼凑。看作者治学是否严谨，一个办法就是看是否有硬伤，是否有过多的常识性差错。比如一部学术著作中说“宋仁宗庆历年间(1041～1048)平民毕昇发明‘活字印刷术’和能够自由转动的圆形排字盘。”作者显然没有读过印刷史方面的书籍。众所周知毕昇是发明了活字印刷术，但能够自由转动的圆形排字盘是元代王祯发明的。毕昇发明活字印刷术的原始记载出自宋代沈括的

《梦溪笔谈》，其中根本没提到自由转动的圆形排字盘。作者把两项发明都归到毕昇头上，是他误读误抄了别人的二手著作造成的。

关于把好宗旨要求关是指不同类别的书有不同的写作要求。初审时要注意从大纲、样稿、部分来稿、全稿都要看是否符合当初与作者商定的写作要求与宗旨。

关于文学类书，编辑要帮助作者把握故事、主题、情节、结构、人物、调性、速度、节奏、悬念、冲突……诸多方面。故事写得有戏没戏，好不好看，是文学编辑要尽力的。

在《编辑人的世界》一书中，谈到了美国的文学编辑如何引导作者达到写作要求。“在一次很特别的情况下，一位小说家和我只花了六个小时，就从最初的构想发展到成熟的出售概念，而且一写就是两本……”“由于这位作者写的悬念小说都由同一位主角贯穿于不同的故事情节中，主角是美国的一位潜水艇指挥官。我一直有点担心这个主角的形象太完美了，他无论处理任何情况，都带着超乎寻常的自信。我觉得他如果多一点人性，偶尔会陷入深深的迷惘中，或者会像常人一样犯错误，那么他这个人反而会变得更有趣。我提议想个办法让他崩溃，让这个极富领导才能的英雄人物濒临自杀的边缘，瓦解他的自信和自我意识，令读者不禁怀疑，他是否有办法恢复自我，回归英雄本色。这样发展会赋予小说一种心理上的悬念，和书中的冒险情节具有同样的张力。”作者在编辑的引导下，“发挥绝佳的想象力，构想出许多可能的戏剧化情节。他想象有个很重要的美国苏俄联合任务……他必须负责指挥一艘苏俄潜艇，面对一群充满敌意，随时准备挑衅的苏俄官兵，压力大得不得了……”“在创作的兴奋中，我们一整天都在讨论情

中国出版工作者协会副主席陈为江带队去美国考察出版工作(2000年)。右一为陈为江，右二为郑一奇

节的发展，直到整个故事的轮廓都很清楚。”(引自《一种创造性的合作关系——策划编辑》)

关于非文学类书稿，编辑要帮助作者把握的主要有以下几个方面：①清晰度：能不能明显看出作者写这本书的目的；②涵盖面：读者能不能得到充分的资讯来理解书中的叙述、论点、秘方，书稿内容是否完整、准确、平衡；③组织与风格：书中的叙述是否表达得很清楚，让读者读得下去。提供的资讯是否考虑到目标读者的层次，写作风格是否适合目标读者。书中谈到这位编辑收到一本书稿，内容是如何吸引鸟类到你家后院停留。每一章都写得很详尽，但编辑不知作者为什么要这样写。看了作者材料，才知道作者是个活跃的环保主义者，于是编辑建议作者把她的价值观、环保理念写入前言，这样读者读后就会找到强有力的理由，从事作者描述的极花时间的活动。(引自《观察入微的探索者——文稿编辑》)

技术关主要包括：公式、图表、数据的准确；事例、年代的准确；地图的准确；计量单位统一用法的规范，科技名词、译名、地名的统一规范；数字用法的统一规范；版式统一规范。

表达关：结构合理，文字通顺，表达准确、鲜明、生动，合乎逻辑，讲究修辞，减少错别字，标点用法规范。

版权、著作权关：购买版权手续合法完备，本国作者合同、授权完备。书稿中无抄袭、剽窃、侵权。

3. 初审审稿的步骤与方法

(1)步骤

首先了解稿件来源，作者情况，在选题、组稿阶段本社和作者商定的对稿件的要求。然后通读书稿。一般是两次阅读，先略读，摸清书稿大致内容，对书稿总体水平是否符合要求作出初步判断，以确定下一步工作如何进行。再精读，评价性阅读，为准确评价书稿而读，一读到底，对重要内容、有疑问之处多次研读。阅读与思考，阅读与评价、质疑结合。既欣赏又挑剔，直到作出总体评价，得出处理结论为止。据《编辑人的世界》介绍，美国编辑是三次阅读。第一次抓大的问题，明确运作方向，如何修改；第二次是仔细地阅读，标示出每一处需要修改、斟酌之处；最后一次读稿解决润色、强化的问题。

审读时要做审读记录。记审读笔记、贴浮签。好记性不如烂笔头，一部书稿，少则几万字，多则几十万字，上百万字，为了不致看到后面忘了前面，最好的方法是做审稿记录。有多种方法：逐条记录，再按问题性质分类整理。贴写浮签。写眉批、打问号、画杠杠、记要点。随时翻工具书、查资料查证问题。读完一章一节，记下主要发现的问题。弄清书稿各部分之间的联系，既关注具体问题，也关注整体上的问题。在此基础上写出审读报告。

审读报告。有编前审读报告、编后审读报告。一般是指书稿确定采用，送复审、终审看的报告，有固定格式，包括书名、作者概况、约稿经过、审读意见等。审读报告主要写以下问题：①稿件主要内容。全稿字数，分多少章节，主要内容是什么。②稿件主要优缺点。不用全部列出优缺点，只要把主要的、带全局性的问题，用摆事实、讲道理的方法，举出一些主要例证。③提出处理意见：采用、退稿、退修。是编辑修改，还是让作者修改。提出处理意见，请复、终审考虑、决定。

什么是合格的审读报告。合格的审读意见：宏观判断准确，微观判断具体，处理方法得当，修改抓住要领，重大敏感问题上报。审读报告达到如此水平可为“优等”。宏观判断比较准确，微观判断不具体，处理方法比较得当为“良”。宏观判断错误(不该采用的要求采用)，微观判断具体，处理方法不当为“差”。宏观判断错误，微观判断不具体，处理方法不当为“劣”。

(2)初审的阅读方法

① 比较法：与自己的已有的专业知识比较，与已出版的同类书比较，比出优劣、新旧、高低、宽窄。② 分析法：分析书稿的本质、主流。分析是否与选题策划契合，主旨明确否，内容切题否，理论明确否，材料可靠否，表达顺畅否，体例统一否，文字通顺否。③ 综合评价法：在阅读、比较、分析的基础上进行全方位考量，总揽性概括，决定是否出版及下一步的打算。

初审者应避免的问题。避免判断失误，放走好书，放出平庸书、坏书；防止以个人偏好关系亲疏取稿，防止只注意微观问题，忽视宏观问题；防止只重视技术性问题，忽视政治性问题；防止急于下手改稿，想当然改稿，重大改动不与作者商量、通气，手边没有工具书、资料书，不查询，不考证，妄改、乱改；防止改稿损害原作风格，防止对改错，讲究方式方法，不要个人说了算。

审读报告如何写才能不流于形式。不要把审读报告当作简单公文来写。审读报告反映自己对书稿的理解程度、判断水平、修改方案意见，体现自己的学识水平、编审水平，要下功夫写。可参考一些范文。要抓住书稿本质，切中要害，宏观判断准确，微观判断具体，修改方案切实可行。

(四) 审稿中的困惑与思考

审稿也是一个动态发展的过程。随着出版业的发展，实际工作中会不断提出新的问题，引发新的思考。到底怎么做才好？

比如为什么一些出版单位审稿时宏观判断屡屡失误：放弃了好书，放出了坏书，放开了平庸书？

为什么有的编辑微观判断发现不了问题？初审者总会遗漏不少问题。

政治导向与市场导向的关系如何处理？

如何看待不断冒出来的另类趣味？

如何处理好初、复、终审的关系？

如何把握大气候及审稿尺度等等。

这些问题不可能在此一一论述，留待大家讨论。我着重分析一下宏观判断失误的原因。

据我观察，这些年来书稿把关看走了眼的有以下几类：

不审型：对书稿不审、不看，只听别人汇报。

权力型：谁权大谁说了算。上级主观武断，下级不敢坚持实事求是，据理申辩。看头儿眼色行事。

偏爱型：自己喜欢哪一类书，就上哪一类，不考虑分工、性质、特色、品牌、市场。

另类型：自命为新新人类，另类作家，另类编辑。玩个痛快，找个感觉，什么都体验。认为另类走俏，有市场。

死板型：抱着老经验、老框框不放，不理解市场、读者的变化，以坚持原则、清高自许。言情、武侠一律不出。

交际型：把手中权力，看作交易的资本，利用出书做交换的筹码。你帮我出书，我帮你办事。出书总在几个朋友圈子里打转。以关系亲疏作为判断书稿的标准。

见钱眼开型：有钱、送钱来就出书，审不审无所谓。

总起来说：要正确审稿，必须端正编风。审稿不是个人行为，是代表出版社在贯彻落实出版方针。审稿权力，不是个人权力，是人民赋予的权力，要对读者，对作者，对出版社负责。所以只有摆正位置，明确责任，抓住重点，加强管理，分级负责，善于学习，提高水平，才能审好稿件，使审稿从经验型向科学型转化。

二、加工要趋于完美

编辑加工是编辑的基本功之一。正确的编辑加工犹如锦上添花，能使书稿趋于完美，错误的编辑加工会将书稿中对的改成错的，犹如佛头着粪。编辑加工看似琐细，实际却考验着编辑的学识水平和功力。修改加工书稿要慎之又慎，要认真、严谨。要做到认真严谨是要付出心血的。

编辑修改加工书稿，俗称"案头功夫"。现在编辑的"案头功夫"如何，是要打个问号的。有不少编辑审稿不细，加工粗疏。个别的马马虎虎，书稿存在各种"毛病"。"无错不成书"引起了社会上的普遍关注。如何克服编校工作粗疏、马虎的"通病""顽症"，要从学习编辑加工的基本要求入手，要认真地学习老一辈编辑严肃、严谨的工作态度与广博的学识。比如叶至善先生审读加工书稿严谨在编辑界是出了名的。据他的同事遇衍滨先生说，老叶主管《中学生》时编辑部内部流行一种"恐叶病"，意思是稿子交到他手里后，提心吊胆，生怕通不过。在老叶的严格要求下，编辑加工修改稿是认真细致的，稿件质量自然是让人放心的。叶老曾写过一首词，反映他修改加工书稿时字斟句酌的情景。

[蝶恋花]乐在其中无处躲。订史删诗，元是圣人做。神见添毫添足巨，点睛龙起点腮破。信手丹黄宁复可？难得心安，怎能眉间锁。句酌字斟还未妥，案头积稿又成垛。

叶老是编辑的楷模，也在审稿、修改加工上作出了榜样。

什么是编辑加工的基本要求呢？

(一)编辑加工的原则

编辑加工是"编辑对审稿后决定采用的书稿或经作者修改后宜于采用

的书稿，按照出版社的要求进行检查、修改、润饰、标注、整理、提高的过程”的总称。编辑加工是图书编辑最大量的工作，是保证图书出版质量的重要环节。

书稿经过编辑加工，要消灭差错，弥补疏漏，规范文字，提高总体质量水平和可读性。编辑的创造性及其专业技艺通过编辑加工可以使书稿增加知识含量，准确、鲜明、生动，增加魅力。

书稿的审读加工是编辑工作的两个环节，要求标准互不相同，不宜同时进行。未经审读的稿件不应匆忙进入编辑工作流程，以免造成返工浪费。

加工时要注意的原则要求是：

1. 必须遵循《中华人民共和国著作权法》第四章第三十三条的规定“图书出版者经作者许可，可以对作品修改、删节。报社、杂志社可以对作品作文字性修改、删节，对内容的修改，应当经作者许可。”哪些内容要修改，如何修改，可与作者协商，取得作者授权。

2. 依据有关的出版法规、国家标准和权威工具书进行加工整理。

3. 不可不改，又不可妄改。凡有内容修改处，要让作者确认。

4. 可改可不改的不要改。一是文风与艺术风格；二是遣词造句习惯；三是学术观点；四是作者坚持不改，又无政治性、思想性、科学性、知识性问题的，可以不改。

(二)编辑加工无小事

审稿是从大处着眼，发现书稿的优缺点。好似一个恶婆婆对未进门的儿媳妇百般挑剔；编辑加工是从小处着手，千方百计纠正书稿中的缺点，好似一个亲娘对待即将出嫁的女儿，要打扮得漂漂亮亮、光彩照人，才能送出家门。

编辑加工虽然重在微观，从小处入手，但编辑加工并无小事。由于编辑加工不慎，小处会出大错。

比如，党和国家领导人的名字、职务绝不能弄错。某出版社建社 50 周年时，出的一本人物杂志，把党和政府一位领导人的名字印错一个字，这个字又错成是骂人的字眼，这个刊物只好收回重印，造成不好的影响与经济损失。

1996 年新华社发布的一则消息，因行文不严密，六家报纸转载时，五家没有仔细推敲，又弄出一些新的纰漏：

新华社 1996 年 6 月 4 日基辅电说：

“乌克兰通讯社 3 日公布的总统声明指出，截至 1996 年 6 月 1 日乌克兰境内的核武器已全部运往俄罗斯销毁，销毁工作将在乌克兰专家监督下进行。”

《辽宁日报》6 月 6 日 3 版的新闻标题是：

“乌将境内核武器全部运往俄销毁”

《新华日报》6 月 6 日 5 版的新闻标题是：

“乌宣布/已将境内核武器全部运往俄销毁”

《湖南日报》6 月 6 日 4 版新闻标题是：

“乌克兰宣布/境内核武器已全部运往俄销毁”

《四川日报》6 月 6 日 8 版新闻标题是：

“乌宣布已将其境内/核武器全部运往俄销毁”

《新疆日报》6 月 6 日 4 版新闻标题是：

“乌克兰总统声明/境内核武器已全部抵俄销毁”

只有《解放日报》6 月 6 日 4 版的转述是正确的：

“乌克兰境内核武器/已全部运往俄罗斯/将在乌专家监督下销毁”

新华社电讯意思还是清楚的，电讯用了两次“销毁”这个词，前一个“销毁”说的是“运往俄罗斯”的目的，后一个“销毁”表示这项工作。前一分句用副词“已”，表示动作(运输)已完成，后一分句用副词“将”表示动作(销毁)不久将要进行。但读前一分句，会误认副词“已”可以管到“销毁”，以为这批核武器已经毁掉，等读到下句的“将”字时，才知道销毁工作尚未进行，这是这则电讯不足之处。

《解放日报》正确理解电文，省去了电文中前一个“销毁”，所列新闻标题就简明、正确了。

而其他五家报纸只按电文的前一分句“乌克兰境内的核武器已全部运往俄罗斯销毁”制作标题，以致弄出大错。

另外把“乌克兰”简称“乌”不好，因“乌”字打头的国家还有“乌兹别克”、“乌干达”、“乌拉圭”，用“乌”容易混淆。

有一则标题中说“境内核武器已全部抵俄销毁”中“抵”字用法不对。“抵”在这里是“到达”的意思，可以作为人或交通工具的谓语。但核武器本身不能行动，不能用“抵”字作谓语，可改为“运抵”。

有一则标题中用了“其”字，“乌宣布已将其境内核武器……”，“其”是文言，最好不用，不用也能说清楚的。

（上述资料可参见 1996 年河北教育出版社选编《编辑·作者·审读·校对须知》，241～243 页，黄鸿森《小疵酿成大错》一文）

某出版社出版一本《宪法修正案学习讲话》封面用了中国地图，是用电脑作了变形处理，图上无南海诸岛，一些边境线也不准，只好撕去重新设计封面。

一本文学作品，讲民歌采风活动，三个歌手对歌调侃时竟然点了党和国家领导人的名字，幸亏书未发出，只好撕去此页，重印。

据图书司的老同志说，某年出版的一本药典，用药剂量本应是 0.5 毫克，却错成 0.5 克，如不纠正，就会出医疗事故，只好发出 2 700 份电报，通知勘误。

著名作家曹靖华的散文，原是“1949 年，春进了北京城。”某编辑多事，改动一个标点，变成“1949 年春，进了北京城。”让人不知所云了。这些事例都说明编辑加工是很认真、很叫劲的事。

（三）编辑加工充分反映编辑的功力、学识、水平

编辑加工是给作者改稿，作者中有不少是专家、学者，有的就是写文章的“行家里手”，编辑自己的水平高低，通过编辑加工，很快就能反映出来。

王子野先生说过：任何一个高明的作者，都不能保证自己的作品一点差错都没有。如郭沫若是一流学者，他的著作是高水平的，但他从不认为自己的著作绝无失误和差错。他早期的名作《中国古代社会研究》，20 世纪 30 年代在上海出版。解放后，从 1954 年起，改由人民出版社重排出版。看来，这样的书只要照旧排印就行了。可是郭老自己重新审读修改一遍还不放心，他特别嘱咐出版社的编辑，要认真阅读，尽量提出问题，不要有顾虑，出版社编辑果真提了大大小小一百多条，送郭老复核。退回的书稿，除少数几条外，他基本上都同意照改。郭老在新版引言中还说：感谢出版社的同志们，费了很大的功夫从事整理，核对引文，校勘全书，订正了不少文字上的错误。

周振甫在为钱锺书的著作《谈艺录》作责编时，给原稿作了认真校订，

书出版后钱先生很满意，写信表扬道："校书者非如观世音之千手千眼不可。此书蒙振甫先生仇(雠)勘，得免大舛错，拜赐多矣。"

编辑要做好编辑加工工作，一是态度要认真；二是要不断学习，提高自己的专业、业务水平，做到老、学到老，努力做一个学者型编辑；三是从自己的疏漏、失误中学习，出书后受到专家、学者点评、校正，资料要保留，重印时采纳正确意见，及时订正，并从中学到校正书稿的门径、方法。

有的新编辑有疑虑，作者多是专家、学者，我如何能看出作者书稿的问题，并作出修改加工呢？

从我从事编辑工作的经验看，任何一本书稿，都会有疏漏之处。俗话说：智者千虑，必有一失。专家的书稿也会有不足和疏漏的地方。专家在某一行内是行家，出了这一行，他的其他知识，也与普通人差不多，讲行外的事，就易产生疏漏。而编辑是杂家，知识面宽，可以发现书稿中的问题。编辑观察书稿的角度与作者不同，不同的角度去观察，也会发现一些作者忽略的问题。编辑的职业眼光就是善于挑书稿中的毛病：书稿前后叙述不一致，书稿的论述与权威工具书的记载不一致，有矛盾就是有问题。比如校对引文，校订译文，往往都能发现问题。编辑有自己独特的编辑语言：编辑规范，体例统一，行文规范(文字规范、格式规范、标点规范、数字、符号用法规范等)，用这些范式去检查书稿、校样，能发现更多、更细的问题。编辑还有必须学会、运用的三个工具：语法、修辞、逻辑。如果运用这三个工具，推敲书稿，就能发现更多的问题 。编辑修改加工书稿，是用自己的智力、知识去纠错、补漏，是非常辛苦、细致，马虎不得的事，是掏出自己的知识贮存，去丰富、完美作者的作品，是要付出超常的精力与心血的。只有如此尽职，书稿才有可能趋于完美。要做到完美，这是很难的，但这是编辑应有的职业追求。

(四)编辑加工的基本任务

1. 消灭差错

书稿存在这样那样的差错是难免的，编辑加工要尽力将各种差错找出并给予消灭、纠正。差错大体有两方面的要注意纠正：一是政治性差错，不允许法规明令禁载的政治性内容在书稿中出现，此类问题一经发现坚决予以消除；二是知识性、科学性和文字表述方面的差错也要认真找出，一一纠正。

(1)政治性差错

编辑要有正确的政治观点，审稿加工时，心中要有政治这根弦，对一些敏感的政治问题，要予以重视。比如涉及党和国家的路线、方针、政策，不允许乱加评论，恶意诋毁，歪曲攻击。政策上已有明确规定不允许报道的，不要传播。如违反四项基本原则，政治上有错误倾向的论述。如介绍中央高层领导事迹，有损其形象的。在讲述“文革”、1989年政治风波时与中央精神相违背的。在探讨政治、经济、教育诸领域改革时，观点偏激，有严重资产阶级自由化倾向的都属于要注意纠正或删去的内容。

在一些文学作品中曾发现有调侃、嘲弄党和国家领导人的内容。有对现行政治体制，内外政策评论不当的内容。如把党在革命战争年代要求文艺为无产阶级政治服务，为工农兵服务的文艺政策说成是“使艺术沦为宣传工具”，“以国家力量，驱策着艺术家”推行“毫无民族感情的新写实主义”。把对艺术作品展前的审查制度比喻为“墙”的观念。说“社会主义国家迫害艺术家比资本主义国家还厉害”，把共产主义与法西斯相提并论，说什么“共产主义和法西斯是左右极端”等。这些表述应予删除。

在一些社科读物中涉及一些政治理论观点应如何把握？总的来说要注意坚持正确的政治方向，注意把握舆论导向。因为社会科学研究的方向正确与否，对人们的思想意识和社会道德风尚，对经济建设、社会稳定都会产生巨大深刻的影响。坚持正确的政治方向就是必须坚持宣传马克思列宁主义、毛泽东思想、邓小平理论和“三个代表”重要思想的大方向，以此指导哲学、社会科学研究，在政治上与党中央保持一致。

比如在回顾党的历史，总结执政党历史经验时，必须坚持实事求是、全面科学。不能片面夸大党在历史上的错误，以偏概全，更不能一味寻找历史上的阴暗面，去适应海外敌对势力“妖魔化”共产党的政治需要，导致否定党的领导。

比如在总结改革开放的历史经验时，不能把中国人民对社会主义的选择称为“乌托邦”，丑化为“一面破旗”。不能将坚持公有制为主体，促进非公有制经济发展，曲解为只能发展私有经济。把深化国有经济管理体制改革，说成是国有经济走进了死胡同。

编辑在审稿加工时对于有明显政治错误倾向的书稿要及时发现，多请示、多商量，予以淘汰、删去，避免产生不好的政治后果。

在纠正政治性差错时还应注意涉及民族关系、宗教信仰、统战工作，涉及国家机密，涉及国家主权、领土完整等方面的敏感话题。

对历史上的民族关系，表述要实事求是、全面、科学。对少数民族的风俗习惯，不要猎奇，不要歪曲，不要过分渲染，要尊重少数民族的情感。对信仰伊斯兰教的少数民族的饮食定制、禁食习性，要从历史、地理环境，宗教生活习俗上作正确解释，绝不允许歪曲、诬蔑。对我国各民族，不得使用旧社会流传的带有污辱性的称呼。不得使用不尊重少数民族风俗习惯和宗教信仰的用语。也不能随意用简称，如“蒙古族”不能简称为“蒙族”，“内蒙古自治区”可简称为“内蒙古”，但不可简称“内蒙”。历史上的元朝、清朝，不要用旧称“蒙元”“满清”。对涉及伊斯兰教，在一些翻译著作中要注意删去西方一些人士对伊斯兰教的片面叙述以及一些带偏见的、贬低的、错误说法。比如在一本介绍伊斯兰艺术的书中，把伊斯兰教说成“一开始就是富有扩张性的”“伊斯兰教发展的历史就是伊斯兰世界扩张的历史”，“伊斯兰民族是铁蹄民族”，明显带有西方人的偏见，均应删去。这方面的内容，拿不准的，要请教有关专家。

涉及国家政治、经济、军事机密的内容要进行技术处理，或按规定送至相关部门审查，审查无碍后，才能发稿。

涉及国家主权、领土完整的内容要严格把握。在地图出版方面要了解相关的政策、地图审核管理规定。“在中国全图、广东省地图或含有全广东省的地区图中，必须包括南海诸岛。南海诸岛既可包括在全图中，也可用插图形式处理，但不能省略。”

在涉及我国台湾省的问题时，编辑技术处理上要体现“只有一个中国”“台湾是中国的一部分”的原则立场。对台湾当局“政权”系统和其他机构名称，无法回避时应加引号，如台湾“立法院”“行政院”等。不得出现“国家”、“中央”、“国立”等字样，不得不出现时应加引号。出版物上出现民国纪年，应止于中华民国三十八年(1949 年)。如遇到 1949 年之后的“民国纪年”可改为公元纪年。不得将台湾、香港、澳门与中国并列提及，如“中台”、“中港”、“中澳”等。可用“大陆与台湾”、“内地与香港”等。台湾、香港、澳门的中国人是我们的“同胞”，不能称之为“归侨”。

(2)知识性、科学性差错。

这方面，我曾收集了25个例子，都是在书稿或已出版的书中发现的差错，列举在后：

①《本草纲目》1249年出版。

② 1494年划定的教皇子午线，它在地球西经41°～45°之间，自南向北横穿大西洋。

③ 1860年第二次鸦片战争时，英法联军曾在京东八里桥与清军交战，这座八里桥距北京城只有八里。

④ 詹天佑在耶鲁是学理工的，从而又想到了耶鲁学文史的严复。

⑤ 郑和下西洋的舰队中，设有“火长”一职，这是指挥火炮的长官。

⑥ 苏秦和张仪一个主张连横，一个主张合纵，他们是同时活动的人物和对手。

⑦ 玄奘西行时，唐太宗李世民亲自送行，并敬玄奘一碗带泥沙的酒，让他不忘故土。

⑧ 宋仁宗庆历年间(1041～1048)平民毕昇发明活字印刷术和能自由转动的圆形字盘。

⑨ 明代为防御鞑靼、瓦剌族的侵扰，自洪武至万历年，前后十八次修筑长城。明长城东起山海关东南老龙头，西至嘉峪关，称为边墙。宣化大同二镇之南，直隶山西界上，并筑有内长城，称为“次边”。全部长城总长约6300公里，大部分至今基本完好。是宇航员在太空可以看到的唯一的人工建筑，气势雄伟。

⑩ 王安石说：“天变不足畏，祖宗不足法，人言不足恤”，这反映了他对守旧势力的斗争精神和唯物主义观点。

⑪ 早在1721年，清政府就编制了《皇兴全览图》。

⑫ 伊斯兰教从一开始就是富有扩张性的，伊斯兰教发展的历史就是伊斯兰世界扩张的历史，伊斯兰民族是铁蹄民族。

⑬ 著名的云南红茶“滇红”始生产于20世纪50年代。

⑭《和珅评传》生动地再现了清代社会晚期统治集团的腐败内幕。

⑮ 中国历史从来就是游牧的少数民族与中原汉族争夺生存空间的历史。

⑯ 鲁迅说过：“地上本来没有路，走的人多了就成了路。”

⑰ 伊斯兰教是犹太教和基督教当之无愧的继承者。10亿伊斯兰教徒以《圣经》为最高经典。

⑱ 周朝(前1100～前221年)

秦朝(前221～前210年)

唐朝(618～906年)

⑲ 汉代兴起谶维之学。

⑳ 秦始皇生前修了疑冢七十二处。

㉑ 张衡，东汉人，为太史令。作《三都赋》。

㉒ 章士钊在民国三年写《甲寅杂志》。

㉓ 吴虞是四川人，他在“五四”运动后的《新青年》杂志上，发表了文章《吃人的礼教》。

㉔ 曹锟搞了一个国会贿选。凡国会议员，投曹锟一票，就私下奉送八千银元。

㉕ 袁世凯想当皇帝，民国四年，他组织筹安会，由杨度负责，提倡君主立宪。又请了个美国顾问顾德诺，此人作了一篇文章《君主救国论》，主张中国应实行君主制。

修改后的正确的表述是：

①《本草纲目》1596年刻板，1603年印行。

②1494年划定的教皇子午线，它在西经41°～45°之间，自南向北纵分大西洋。

③1860年第二次鸦片战争时，英法联军曾在通州八里桥与清军交战，这座八里桥距通县西门有八里。

④詹天佑在耶鲁是学理工的，从而又想到了在英国学习海军的严复。

⑤郑和下西洋的舰队中，设有“火长”一职，这是掌管指南针的导航技术人员。

⑥苏秦和张仪一个主张合纵，一个主张连横，他们不是同时活动的人物和对手。

⑦玄奘西行时，唐太宗李世民亲自送行，并敬玄奘一碗带泥的酒，让他不忘故土。这只是电视剧中的虚构。其实唐初西行出国，均要得到朝廷的批准，但玄奘西行并未获朝廷批准，他是混在灾民中，偷偷出了长安，向西进发的。

⑧宋仁宗庆历年间(1041～1048)平民毕昇发明活字印刷术，元代王祯设计了能自由转动的圆形字盘。

⑨明代为防御鞑靼、瓦剌族的侵扰，自洪武至万历年，前后十八次修筑长城。明长城东起鸭绿江边的凤凰城，西至嘉峪关，称为边墙。宣化大同二镇之南，直隶山西界上，并筑有内长城，称为“次边”。全部长城总长约6300公里，大部分至今基本完好。

⑩许多书上说王安石说过：“天变不足畏，祖宗不足法，人言不足恤”，这是不准确的。据《续资治通鉴长编纪事本末》卷五十九记述，宋神宗曾当面问过王安石：“你听说过有三不足的说法吗?”王安石明确回答说：“我未曾听说过。”王安石认为皇帝应当“畏天变”。对人言有应当顾忌的，也有不必顾虑的，皇帝既要“询纳人言”又不必理会“诽言”。至于祖宗之法本来就是“不足守”的，这才是王安石的观点。

⑪ 早在康熙五十七年(1718年)，清政府就编制成了《皇舆全览图》。

⑫ 此条观点偏颇，应删去。

⑬ 著名的云南红茶“滇红”始生产于1938年。

⑭《和珅评传》生动地再现了封建社会晚期统治集团的腐败内幕。

⑮ 在中国历史上，游牧的少数民族与中原的汉族，既有长期的文化交流、互市贸易，也有大大小小的冲突、战争。

⑯ 鲁迅说过：“其实地上本没有路，走的人多了，也便成了路。”

⑰ 此条观点错误，应删去。

⑱ 周朝(前1100～前256年)

秦朝(前221～前206年)

唐朝(618～907年)

⑲ 汉代兴起谶纬之学。

⑳ 据传曹操生前修了疑冢七十二处。

㉑ 张衡，东汉人，为太史令。作《二京赋》和《南都赋》。

㉒ 章士钊在民国三年编《甲寅杂志》。

㉓ 吴虞是四川人，他在“五四”运动后的《新青年》杂志上，发表了文章《吃人与礼教》。

㉔ 曹锟搞了一个国会贿选。凡国会议员，投曹锟一票，就私下奉送五千元支票一张。

㉕ 袁世凯想当皇帝，民国四年，他组织筹安会，由杨度负责，提倡君主立宪。又请了美国顾问古德诺，此人作了一篇文章《共和与君主论》，主张中国应实行君主制。

纠正表述性错误涉及病句(语法、逻辑、修辞方面的问题)也涉及人名、地名、数字用法、符号用法规范统一，标点符号运用不当等方面的问题。1999 年林穗芳先生曾在新闻出版署教育培训中心讲课时，给学员出过“编辑加工作业题”，主要是让学员领会如何纠正文稿中表述性错误。现将林先生出的题目与参考答案，列举如下：

请修改下列句子，并指出原句中有哪一类问题。

①南宋学者沈括的《梦溪笔谈》记录了毕升发明的活字印刷术的经过。

②《说文解字注》的刻本以经韵楼刻本为最佳，书后附有段氏古音学著作《六书音韵表》五篇和笔画检查表。《出版词典》在书前刊有按正文排列的《分类词目表》，查阅方便。

③我国古籍现有八万种，绝大部分为民间所出，由官方出的只占极少一部分。

④按照联合国教科文组织的规定，非定期的印刷出版物超过 49 页的称为“图书”，不到 49 页但在 5 页以上的称为“小册子”。

⑤当前出现的图书高定价，低折扣的作法不利于统一、开放、有序的图书市场的建立。

⑥依法影印、拷贝台湾、香港、澳门及海外其他地区出版的中文报刊杂志、图书、音像制品等出版物可以使用繁体字。

⑦来自澳洲、新加坡、马来西亚、泰国、香港、澳门、台湾等地的归侨三百多人参加了海南省琼海华侨图书馆建成的剪彩典礼。

⑧我国建国后的前 30 年中，出版管理实行高度集中统一的管理体制。

⑨为了赶超世界先进水平，中国航天人决定研制著名的长征二号 E 捆绑式火箭。

⑩截止去年 12 月底，该国已建立电视台 400 多座，发射通讯卫星 10 几颗。

⑪ 英国在拉美的投资从 8 500 万英镑上升到 7.57 亿英镑，增长了大约 9 倍。

⑫ 化工一厂使用 EL908 防锈颜料代替传统涂料，使生产成本降低 1～5 倍。

⑬ 同一差错在全书超过 3 处(含 3 处)，计 1.5 个差错。

⑭ 年果汁产量亚洲四小龙各国人均 16 公斤～19 公斤。我国果汁工业 1995 年总产量 100 万吨，人均 0.83 公斤。

⑮ 京、津、沪和大连等厂家生产的高档服装远销欧、亚、美洲的许多国家。

⑯ 在 1959 年我曾参观前苏联一处“生物地理群落”，即相当于现在的生态环境研究站。

⑰ 原苏联解体，使中亚出现了几个土耳其国家(哈萨克斯坦、土库曼和吉尔吉斯等)。

⑱ 目前，俄罗斯自费上大学的学费各校差别较大，由 1 000 美元/每年～4 000 美元/每年不等。

⑲ 希特勒鼓吹日耳曼民族是高等民族，比其他民族优越，应主宰世界。

⑳ 丽音系统增加两条声道，可放立体声，也可播放两种不同语言，或只播中文或只播英文。

㉑ 我社到 11 月份已经超额完成全年生产的 30%。

㉒ 对一些派生性词条和过于冷僻的陈旧的词条基本上均不予收录。

㉓ CD－ROM，只读光盘，是多媒体世界中主要的支持产品，CD－1，交互光盘，与 CD－ROM 尺寸、容量一样，但格式不同，用户可通过它实现人与机、人与光盘的交互作用。

㉔ 中央领导同志提出：埔东开发“胆子要大一点，步子要大一些。”

㉕ 洪水等灾害的袭击，使国家财产和人民群众遭受到严重的经济损失。

㉖ 一个天资聪颖的少年，一旦被认为是神童，就有无数人不惜代价为他(她)铺开锦绣前程。

㉗ 日本借用了古汉词中原有的词汇“经济”、赋予“财政经济”的意思。

㉘ 税务部门给困难企业减免税收。

㉙ 我收到一部英国迪克·威尔逊《周恩来传》译稿。

㉚ 世界第一个完全靠人工合成营养液孕育的婴儿在上海诞生。

修改的参考答案如下：

①北宋学者沈括的《梦溪笔谈》记录了毕昇发明的活字印刷术的经过。（纠正时间朝代错误，人名规范）

②《说文解字注》的刻本以经韵楼刻本为最佳，本书以此为底本，正文后附有段氏古音学著作《六书音韵表》五篇和《笔划检字表》。《出版词典》在正文前刊有按正文排列的《分类词目表》，查阅方便。（原文用词不当，"书前""书后"说法不妥）

③我国古籍现有八万种，绝大部分为民间所出，由官方出版的只占极小部分。（大部分与小部分对应，此句修改是修辞问题）

④按照联合国教科文组织的规定，非定期的印刷出版物不算封皮至少有 49 页的称为"书"，至少 5 页，但不超过 48 页的称为"小册子"。（原句书的概念内涵、外延没说清，49 页的算什么没说清。这是逻辑问题。）

⑤当前出现的图书高定价、高折扣的作法不利于统一、开放、有序的图书市场的建立。（原句中低折扣改为高折扣，这是语病）

⑥依法影印、拷贝台湾、香港、澳门及海外地区出版的中文报刊、图书、音像制品等出版物可以使用繁体字。（把"海外其他地区"改为"海外地区"，把"报刊杂志"改为"报刊"。原句有语病）

⑦来自澳大利亚、新加坡、马来西亚、泰国等地的归侨和来自香港、澳门、台湾的同胞三百多人参加了海南省琼海华侨图书馆建成的剪彩典礼。（原句中把港、澳、台"同胞"列入"归侨"是政治性错误）

⑧建国后的前 30 年中，我国出版管理实行高度集中统一的管理体制。（原句"我国建国"不通，语病）

⑨为了赶上世界先进水平，中国航天人决定研制长征二号 E 捆绑式火箭。（原句"赶超"有语病，"著名的"多余，应删去）

⑩截至去年 12 月底，该国已建立电视台四百多座，发射通信卫星十几颗。（截止：到一定期限停止，截至：到某个时候。此处用"截至"为妥。400 多改四百多为好。通讯卫星应为通信卫星）

⑪ 英国在拉美的投资从 8 500 万英镑上升到 7.57 亿英镑，增长了大约 8 倍。（原文计算有误）

⑫ 化工一厂使用 EL908 防锈颜料代替传统涂料，使生产成本降低到

原来的1/2至1/6。(降低与倍无关，或改为降低50%～83.3%)

⑬ 同一差错在全书3处以上(含3处)，计1.5个差错。(3处改成3处以上才通)

⑭ 年果汁产量亚洲四小龙人均16～19公斤。我国果汁工业1995年年总产量100万吨，人均0.83公斤。(四小龙：韩国、台湾、香港、新加坡。原句“四小龙各国”表述上有政治性错误)

⑮ 京、津、沪和大连等地厂家生产的高档服装远销欧、亚、美洲的其他国家。(原句有语病)

⑯ 在1959年我曾参观苏联一处“生物地理群落”，即相当于现在的生态环境研究站。(时间与专用名词要一致)

⑰ 苏联解体，使中亚出现了几个突厥语国家(哈萨克斯坦、土库曼斯坦和吉尔吉斯斯坦等)。(原句有知识性错误)

⑱ 目前，俄罗斯自费上大学的学费各校差别较大，由1 000美元/年至4 000美元/年不等。(表述简化，修辞)

⑲ 希特勒鼓吹德意志民族是高等民族，比其他民族优越，应主宰世界。(日耳曼人是北欧古代民族的名称，现代无日耳曼人，故原文中“日耳曼民族”应改为“德意志民族”)

⑳ 丽音系统增加两条声道，可放立体声，也可播放两种不同语言，或只播汉语或只播英语。(原句中“中文”“英文”既指“语言”又指“文字”，声道只播语言，故改)

㉑ 我社到11月份已经超额30%完成全年生产计划。(原句不通，应是超额30%完成全年生产计划)

㉒ 对一些派生性词条和过于冷僻的陈旧的词条均不予收录。(原句中“基本上均不予收录”自相矛盾，有逻辑错误)

㉓ CD-ROM，只读光盘，是多媒体世界中主要的支持产品；CD-1，交互光盘，与CD-ROM尺寸、容量不一样，但格式不同，用户可通过它实现人与机、人与光盘的交互作用。(改符号用法)

㉔ 中央领导同志提出：浦东开发“胆子要大一点，步子要大一些”。(改地名、标点)

㉕ 洪水等灾害的袭击，使国家经济和人民群众财产遭受严重损失。(语病修正)

㉖ 一个天资聪颖的少年，一旦被认为是神童，就有无数人不惜代价为他铺开锦绣前程。（删去多余文字）

㉗ 日本借用古汉语中的“经济”一词，赋予“财政经济”的意思。（“词汇”改为“一词”，原句有逻辑错误）

㉘ 税务部门给困难企业减免税款。（改用词不当）

㉙ 我收到英国迪克·威尔逊写的《周恩来传》一书的译稿。（原句缺介词“的”）

㉚ 世界第一个完全靠人工合成营养液孕育的胎儿在上海诞生。（改原句“婴儿”的知识性错误）

2. 调整结构，增删内容

这里包括两个问题：一是调整结构，二是增删内容，都是编辑加工中较大的、又易忽略的问题。文学类，非文学类作品都会遇到这两类问题，这里着重谈谈非文学类作品的结构调整与内容增删问题。

结构调整，是指调整明显不合理的写作结构。一般知识性读物采用的结构有纵式：以时间为序排列内容，或以展示逻辑先后排列内容；有横式：以问题、知识点排列内容；有纵横结合式：前半部叙述以时间先后为序，交代某一方面内容的历史演变，后半部的问题以罗列为序，交代某一问题的方方面面；还有版块式结构，在按问题讲述内容时，插入小版块：历史背景、相关链接、小辞典、趣味问答等。一本书、一套书开始写作前商定结构，设计合理的结构是很重要的。先有框架，才可以合理安排内容。

结构方面问题一种是结构不合理。中青社出过一本书叫《博物馆纵横》，作者开始写作时思路并不清楚，有介绍中国博物馆历史的，有介绍国内各地区博物馆概况的，有介绍国外重要博物馆的。编辑审读后建议改为纵横结合的结构，第一部分介绍中外博物馆发展的历史——纵的结构；第二部分介绍现存的中国各地区重要博物馆；第三部分介绍世界各大洲的代表性博物馆——横的结构，调整后全书结构眉目清楚，材料也好安排，减少了重复交叉。

结构的第二类问题是结构不顺。有一部五卷集的某名画家作品集，出书后检查时发现第一卷有总序，第五卷也有总序(两篇总序文章内容不同)，一至五卷各卷都有序，三、四卷序文为同一篇文章。产生问题的原因是编委会、责编事先对体例没有明确的规定。比较合理的结构是全套书有一篇总序，放在第一卷或各卷之前。一至五卷前面的文章不称序，就是研究文章。第五卷可放两篇研究文章，既不叫总序，也不叫序。

还有一位著名画家的作品集，共13卷，每卷开头都用了同一学者的同一篇评论文章。这似无必要。责编称因为13卷可以分册销售，所以每一卷之前都放了同一篇文章。其实这种大型出版物，多为整套出售，如此安排体例结构除了增加读者负担，并无多大实际意义。

还有一位著名编辑家的文集(6卷本)，每卷开头都是这位编辑家同一帧标准像，看来重复、呆板。如第一卷用标准像，后五卷开头用生活照，就丰富得多。

多卷本大型丛书事先商定结构、体例非常重要。结构、体例应有书面文本，每位参与编辑、审读者均应知晓，避免做一卷，出一卷，全套书合成后发现重复、混乱已无法纠正了。

增删内容。增是增补内容的重大缺漏；删是删去内容重复交叉或与目标读者需要不符合的内容。在多人合写的知识类、科技类作品中常常遇到此类问题。现列举两本科技书的审读报告，可见责编在增删内容时是如何考虑、把握的。

《焊工培训教程》审读报告

人民交通出版社　蒋明耀

《焊工培训教程》(中国船检局主编)已经完稿，责任编辑与编委会共同进行了审读。审读意见如下：

书稿基本符合编写要求，大部分章节深度掌握得比较恰当，字数超出不多，但还存在许多问题，主要为以下几个方面：

①内容交叉处有重复现象，需再进行详略分配。

②水下焊接和铝合金焊接两章超字数太多，影响了全书比例，要求作者按编委会要求改写，压缩字数。

③焊接变形一章中焊接应力理论写得过深，超出了焊工应掌握的范围，要删改。

④部分章节中引用的标准已过时，如焊接材料、牌号等，需重新查找资料，进行修改。

⑤设备部分中有些设备虽还在使用，但已属淘汰产品，不宜过多介

绍，同时应注明本产品属淘汰产品。

⑥全书体例没有完全按编委会要求，造成全书的不统一。

鉴于以上原因，本稿需作退改处理，请编写者按审读意见和具体修改意见进行修改。

为了保证全书的质量，书稿退改后，由《中国造船》编辑部何伟龙主编、上海船检局研究所汤聚法高工按审读意见进行审定、统稿。

编委会和责任编辑在此基础上将做再次审读，最后报船检局审批，交出版社出版。

(具体修改意见略)

《中医急诊医学》审读报告

福建科学技术出版社　俞鼎芬

1993年9月18日至20日，责编参加了在北京召开的《中医急诊医学》第三次编委会；全国8个中医急症协作组组长、部分编委和主审共20余人到会。与会编委分科认真审阅了所收到的部分样稿，展开了热烈的讨论，指出了编写过程中存在的问题，筛选出3篇样稿(上、中、下篇各选一篇)，并修订了编写大纲，交责编带回细审。今将审读意见归纳如下：

①上、中、下三篇体例不甚一致。提请主编与编委会成员在下次碰头会上确定统一的体例格式，并交待各作者严格按照规定的体例要求撰写或修改。

②上篇第三、五两章，内容与二、四、六章多处交叉，应予删去，部分保留内容分别并入此三章中。

③中篇的一、二、三章，拟并为“急诊论治基础”，归到上篇中去。原第四章“病症辨治条目”，可按内、外、妇、儿、眼、耳鼻喉、皮肤、骨伤、肛肠、肿瘤等顺序分为十章，即“内科急症辨治”、“外科急症辨治”等等。其中有些病症的病因病机不够确切，而有些病症的治疗措施又嫌繁杂，无法体现“急”的特色；同类病的诊疗、康复及食疗等内容交叉重复。至于病症排列，应相对有序，是按系统抑或按脏腑？应确定下来。然后再按“急”与“多”的原则排列。建议适当参考古人的编排方式。此外，发现内科与其他各科层次级别不相符，似有“父子关系”，这可能与原先

将内科的每一病症条目与其他各科总目并列有关。现既按科属分述，则各科的关系应是平等的，其层次级别也应相同(具体意见见稿中铅笔边批)。某些病名缺乏依据，似欠准确，建议按条目写；病机不能独立分开者，可与病因合并起来写。凡非急症者，则不属本书收载范畴，应予剔除。

④下篇研究进展，篇幅均嫌冗长，有的一篇竟长达二三万字，应严格限制，力求控制在5 000～8 000字以内。各篇内容均以反映中医急症近代情况，且以发扬提高为要，处处强调突出“急”字。治验须言必有据，有临诊价值；诊疗规范要以国家中医药管理局医政司下达的《内科急症》第一辑为基础，适当吸收较成熟、有共性的各科规范，研究思路应包括临床、实验、文献、规范、制剂、管理、培训等方面的内容。参考书目可按年代顺序编排，并指出版本和编写出该书在急症方面的特点的摘要。总之，要抓主要的、重大的、有特色的研究成果进行横向或纵向的描述。全篇字数拟压缩为20万字左右。

⑤病症名的确定，坚持以中为主、能中不西的原则。个别疾病中医尚无法确切命名、但却具有诊疗优势者，可从实际出发，适当采用西医病名。

⑥诊断部分，应以中医。“望”、“闻”、“问”、“切”四诊为主，现代检测手段可作为“四诊”的延伸收入诊断依据中。

⑦诊疗方面，应多挖掘急救处理确有效果的传统手段和方法；对于某些急症，中医药目前尚未有特效疗法者，可采用西医治疗。

⑧所选中药制剂，均须有“准”字号的，地方药品、医院制剂、科研用药，要以处方形式表示。同一种药在各科中均被采用者，要有所侧重的反映各科用药的特色。

⑨所选三篇样稿，内容、体例基本符合大纲要求，文字也较通顺。唯《急救疗法及其兴起》篇中，刻误、笔误较多，且字迹模糊不清，尚见有严重的错别字，如“浸溻”误为“浸榻”，“灯火淬”写成“灯火粹”，“覆盖”写作“复盖”，“圆”变作“园”等等，请誊稿时一一正之。《支气管哮喘诊疗研究进展》篇中，个别地方文句尚须推敲，特别是结语与前面部分内容重复(具体见稿中铅笔标示处)。而《中风》篇第三大点“分症论治”第(一)点“治法”，认为应置于用药之前而不应在后，请作者调整。

以上仅为责编个人意见，尚祈二、三审阅后提供宝贵意见。

1993 年 11 月 24 日

3. 核对引文

作者在引用他人著作时文字、标点应准确无误。为便于编辑核对，作者当提供引文出处。引用别人的著作，不能断章取义、歪曲原意。不加引号的意引，也要注意内容的准确。引用马克思主义经典作家的作品，要依据最新的中文版本核对。比如列宁在谈到爱国主义时，曾说过一段话，旧译是："爱国主义就是千百年来巩固起来的对自己祖国的一种最深厚的感情。"而新的版本中，译文稍有变动："爱国主义是由于千百年来各自的祖国彼此隔离而形成的一种极其深厚的感情。"新译文更好地体现了列宁论述的原意。(见《列宁全集》第二版第 35 卷，187 页，《皮季里姆·索罗金的宝贵自供》)引用古文、古诗词，一定要弄清作者用的是哪一个版本，按所引版本核对。

4. 查对资料

书稿中涉及的数字、时间、地点、人物、公式、计量单位等资料内容应准确无误，应要求作者查对无误，编辑加工时要对可疑的资料数据进行抽查。比如人物的生卒年，可以计算出人物的岁数，如明显有错，就要找权威工具书和资料核对。我处理过一部《人类文明之光》的书稿，开始看原稿时，对人物生卒年没有核对、计算，排出校样后，校对提出有些人物生卒年有误，比如有的画家、音乐家算起来只有 6 岁、10 岁，肯定当时作者原稿(打印稿)有误。后来我只好对全书的人物生卒年逐一作了核对。又比如一本出版史的书稿说："20 世纪 80 年代到 2001 年全国出版各类院校共向出版行业输送了大专毕业生 4 万人，其中博士生约 20 人，硕士生 100 人，专科生 3.98 万人。"如此算来本科生只有 80 人。(40000－39800－100－20＝80)我怀疑数字有误，请作者自行核对了。

查对资料，一是看资料来源是否可靠，二是看重复出现的资料、数据前后是否一致，有无矛盾，三是对比相互关联的事实、内容看有无可疑之处。有疑问可选权威的工具书如《辞海》、《中国大百科全书》等核对，并告知作者复核。

5. 校订译文

翻译稿件必经的编辑加工程序之一。首先核对译文有无错译、漏译之处，中文表达是否符合原意又顺畅通达。编辑自己外文达到校译水准，自行校译。如因语种及外文水平所限，可另请专家校译。校译要注意全书中文译名、术语的统一。外国人物的译法，一般参照《辞海》。如达·芬奇，台湾译成达·文西，我们应参照《辞海》用统一的译法。《辞海》未见的人名，参照《外国人名译名手册》、《世界人名翻译大辞典》(中国对外翻译出版公司 1993 年 10 月)。对常见、常用外国人名译名(如艺术家)编辑部可在查核后，打出人名译名对照表，便于今后统一使用。外国地名译名一般亦参照《辞海》如卢浮宫，又作罗浮宫，《辞海》译作罗浮宫，应按此译法用。《辞海》查不到的，可参照《外国地名译名手册》(商务印书馆 1993 年 12 月)。译文中有攻击社会主义制度、反对共产党领导、丑化党和国家领导人的应予删除。对一些政治性问题表述与我国主流观点或与国际公认的看法不一致时，可以删节，如要保留，要在出版前言中予以说明，方便读者辨别。

6. 统一体例

一本书或一套丛书的编写，事前应拟好统一的编写体例：包括书名、主旨、读者定位、篇幅(字数、图数)、结构安排、标题层次设计、行文要求、插图要求、计量单位都要有统一要求。最好形成文本，写前发给作者。编辑加工是按原拟的体例要求，规范统一。多人合作或多卷本丛书，事先统一体例更为重要。

7. 名词规范化

一本书中的人名、地名、艺术名词、科学技术名词必须规范统一。编辑在组稿时即应明确名词规范化的要求，编辑加工时要注意进行整理、统一。比如一本外国名画家的传《考尔德——活动雕塑大师》，短短 900 字的“前言”中就有人名译名规范化、地名译名规范化、艺术名词规范化、数字用法规范化等十多处修改、统一。因原作者是台湾艺术家，他用的译法、名词与内地通用的不一致，除由繁体字改简体字外，人名亚历山大·柯尔德应译成亚历山大·考尔德，杜象应译成杜尚。地名康涅狄克州应译成康涅狄格州。“雕刻”应统一为“雕塑”，“造形”统一为“造型”。

8. 图与图表处理

书稿中的插图、表格是稿件的重要组成部分。图文书，图的分量增大，要成为书的重要组成部分。审文同时要审图，注意图的内容有无不妥之处。注意图片内容与图注的统一，避免图文不符，或图注有错。在制作过程中，改变图的顺序，图注的顺序也要变，否则会闹笑话。我审读一本剪纸艺术书的付印样时，图注写的是孙悟空，图对应的却是猪八戒；图注写的是猪八戒，图对应的是小白龙……就是制作人员调图时，图注未动造成的混乱。另外，还要注意图片有否模糊不清的，图片上有无需要修去的内容，图片是否放反、放倒、放歪了。艺术类图书校图还要校色。

9．确定书名、修改章节标题

确定好的书名，有利于吸引读者，促进销售。书名要名实相符，文字简短。封面上的书名如同人的眼睛，会给读者一个深刻的印象。书名有吸引力，有巧思，让读者感到有亲近感，就会吸引读者购买。我经手的一本译著，原名《腐败的种子》是讲国民党政权为什么会丢失大陆的。这样的书名学术味颇浓，不会好销。后责编改成《蒋介石与蒋经国》，果然畅销。又如《藏地牛皮书》的书名就不一般化，很吸引人。书名不要太长，太长了读者不好念，也记不住。有的专家研究中国古典文学名著的书名，都不长，好记。如《红楼梦》、《水浒传》、《儒林外史》、《西游记》都三四字，好读、好记。章节标题应准确、简明、独特、生动，全书应风格统一。注意不要让人费解或空洞无物。

10．撰写出版说明、凡例、编者的话、内容提要，封面、封底宣传文字。

（五）编辑加工要防止的偏向

1．未锦上添花，却佛头着粪

在青年编辑中有时会出现乱改书稿，对的改错的情况，造成这种情况的原因：一是有的编辑缺乏相关的专业知识，所审改的书稿不是他所学专业的；二是编辑过于自信，不懂装懂，不查考工具书就改，以至对的改错，让作者笑话。

比如《和珅评传》一书作者告诉我，责编虽然工作态度很好，但水平有不足之处，乱改书稿。责编对书稿中“有清一代”的说法提出异议。有一段原文“该书生动地再现了封建社会晚期统治集团的腐败内幕”，编辑改为“清代社会晚期”，这一改，出了笑话。因为和珅受宠于清高宗弘历（乾隆帝），那时是清代社会中期，不是清代社会晚期。

一位编辑在审改《秦汉史话》时，公元前×××年～前×××年（秦王政××年～××年）他提出在秦王政纪年前也要加个“前”字。

还有一位编辑在审改《中国山川之旅》山东卷时，把昆嵛山改为昆仑山，大笔一挥，把地处中国西部的昆仑山挪到了山东。

2．迷信主编，依赖名家

以为主编看过的稿子就没有问题，也有的主编、作者，自称有编校班子，让责编放心，有的责编也就不认真审读加工，甚至一字不改就发稿，这是很危险的。我多年编辑实践经验证明，越是主编、作者拍胸脯、打包票的书稿，出问题的几率就越高。由于主编、作者并不了解编辑规范，不了解制作过程中会出现各种各样的问题，虽说“文责自负”，实际上编辑技术的问题，他们又不负责任，所以编辑应当尽责，认真审改书稿。

3．店大欺客，强加于人

审改书稿的原则是：要求作者对书稿的内容和表达方式负责，编辑是帮助作者消除差错，提高质量。未经作者同意，编辑不能对作品作实质性修改，涉及作者观点、思路、风格，一般不作改动。编辑如不同意作者的观点，可以提出修改意见，在作者坚持不改时，编辑可以拒绝出版。但编辑不能把自己的观点强加于人。有的老编辑认为自己资格老、学问大，与作者有不同观点，与作者商榷，作者不同意修改，这位老编辑就在文稿中加注，申述自己的观点，这是不太妥当的。

4．唯我是从，乱改风格

新编辑拿到书稿“改你没商量”，不改个痛快不罢休，不给改个满版花，显不出我的水平。

在中国编辑学会年会上（1997年）

左起：邵益文、郑一奇、阙道隆

5．宁快不精，宁粗不细

目前一些出版社向企业转制，编辑的收入与工作量挂钩，一些年轻编辑审读加工速度快，留给复、终审时间少，书稿编辑加工不细是主要倾向，值得引起重视。

加工修改书稿是编辑的基本功、硬工夫。编辑要下功夫掌握这项基本功。编辑要熟练掌握编辑规范，学点语法、修辞、逻辑，学点古汉语，熟练使用工具书。要善于总结自己编辑加工的经验教训，积累改稿案例，从中发现规律。要了解学术动态、编辑动态，增长学识。编辑也要勤于写作，了解文章之道。

作者文责自负与编辑责任要统一起来，共同为提高书稿质量负责。编辑的改动，要经作者复核、认可。政治问题要从严，学术问题可从宽。可改可不改的不改，非改不可的才改，改要改好。重要的修改应依靠作者进行，编辑只提出修改意见。要充分尊重作者的观点、思路、文风，不要以个人喜恶擅加改动，不要把个人的观点强加给作者。要提倡认真、严肃、严谨的编风。

三、审稿要关注大气候

审稿意见会因时势的变化而变化，这是一个事实。

在我经历过的审稿活动中，有一个典型的案例。

1977年中青社恢复工作后，我在社会科学编辑室做编辑工作，领导责成我清理旧稿。我翻出一本由上海沈起炜先生写的《五代史话》旧稿，此稿写成于1964年，当时责编审读后，认为“稿子写得不好”，这位老编辑的审读意见如下：

1. 这段时期的统治者和人民之间的矛盾和斗争，是了解这段历史的基本线索。稿子没有把握好这个基本线索，像：各个统治势力究竟是怎样剥削和压迫劳动人民群众，怎样拼命维护他们的统治利益的？劳动人民究竟过着怎样痛苦的生活，怎样进行生产斗争和阶级斗争，推动历史前进的？这些问题，还没有充分反映出来。

2. 和上面问题相联系，稿子把统治者的活动写的太多，作用写的太大；把人民群众的活动写的太少，作用写的太轻了。例如：

①虽然也讲了点农民起义，但是讲得既简略又轻淡，远没有把这些

起义的声势、力量和作用反映出来。例如母乙起义，这样一次规模、影响较大的农民起义，只写了七行，并且用“他们的实力究竟不够强劲”这样一句话来断定起义失败的原因。这只能使人觉得这次起义是无足轻重的，起义的力量是很微弱的。实际上，后梁政权出动了全部禁军，加上许多地方军队，才能把这次起义镇压下去。

五代史也许确如作者所说，“是农民起义比较沉寂的时期”(P24)。但是这时规模较大的起义，绝不只是稿子讲到的那几次(母乙、反契丹、张遇贤)，规模小的，更是随时都有发生的。广大农民的这些反抗斗争，是历史的真正动力，无论如何，不应该就这样轻描淡写。

②人民群众这时在异常艰难困苦的情况下，仍然在生产斗争上做出了成绩和贡献。稿子在这方面也是有缺陷的。例如，钱塘江的海塘建筑，本来是劳动人民创造。作者不是正面描述劳动人民的这种创造，却用来着重描绘钱镠的业绩，对劳动人民只是附带提了一句。又如，讲楚国生产的发展时，只是片面地讲马殷如何提倡造茶种桑，等等，还用“地大力完”的说法来加以渲染，对劳动人民则只字不提。

稿子使人觉得，五代史仿佛就是统治者活动的历史，人民，不过几个陪衬，无足轻重的力量罢了。这是歪曲历史。

3. 缺乏阶级分析。例如：

①这一时期统治者的活动和他们相互之间的混战自然还是要讲的(但是不要讲得那么多)。问题是：论说这些事情时，应该有意识地透过历史事实，告诉读者这些活动和混战究竟具有怎样的阶级性，它的阶级原因是什么？稿子在这上面做得不够的。

②有些提法有问题。如说某些割据势力“不消多久便自行消灭”，“只是”由于“他们在经济上没有办法”等等。这是离开阶级分析的说法。

③讲石敬瑭当儿皇帝，臣服契丹、割让领土时，主要是从民族观念出发来讲的，而没有透过民族关系的这一层现象，指出统治势力相互利用，共同压迫剥削人民的实质。

以上，是这本稿子在内容上的主要缺陷，这些都是基调性的问题，需要请作者重新考虑。

此外，稿子的章节是按照编年史的顺序安排的。在一般断代史上，这样安排是可以的。但五代十国的历史错综复杂，这样安排就显得头绪乱了。不如先写五代，接着集中地写南方国家和北汉。

1977 年，我重新审读这部书稿，写下了我的审读意见：

这是“文革”前的旧约稿，过去审稿时认为这本书对农民起义写的不充分，“把统治者的活动写的太多，作用写的太大；把人民群众的活动写的太少，作用写的太轻了”“有基调性问题”“需要作者重新考虑”，后来就放下了。

1977 年恢复工作后，领导责成我清理旧稿，我把《五代史话》发了黄的旧稿找出来一读，感到这部稿子写得还是不错的，过去的审读意见，明显地脱离了历史实际(因为这一阶段农民起义是比较少的，统治阶级内部斗争激烈)。

这部稿子脉络清楚，文笔生动，对五代十国的兴亡，其间丰富的历史经验、教训，对众多的历史人物评述都讲得比较充分、具体。

我主要提了以下修改意见：

①五代十国时的经济状况，包括生产受到破坏和恢复发展情况要作些补充，充分说明经济的兴衰是王朝兴替的根本原因。也是评价历史人物功过的准绳。

②五代十国的文化状况，包括受到破坏和恢复发展的状况，要作补充。

③这一时期的民族关系、民族融合情况要作些补充。

④关于“让步政策”的问题，因目前史学界尚有争论，建议不用这一提法，如实讲述史实就可以了。

这部几乎被退回的书稿，经过我和其他同志的审读，于 1983 年出版，首印 42 000 册，1985 年 2 版，印 152 000 册，收入了《祖国丛书》。1995 年收入《中国小通史》，至 2000 年重印三次，共 12 000 册。《五代史话》共印了 206 000 册，也算是畅销书了。

“文革”前的审读意见，明显地受到当时“以阶级斗争为纲”的政治大气候的主导，不太实事求是。“文革”后重新审读，是比较实事求是的意见。“文革”后，为什么能写出比较实事求是的审读意见，也是与当时的大气候有关。

1978 年 12 月召开的党的十一届三中全会重新倡导党的实事求是的思想路线，全会召开前夕展开的实践是检验真理的唯一标准的大讨论，也深刻地影响了编辑人员的思想、分析问题的方法。《五代史话》的重新审读、重新出版与这一大气候密切相关。

这种因大气候变化而影响审稿意见发生改变的案例还可举出很多，比如关于末代皇帝溥仪所著的《我的前半生》一书。从 1957 年溥仪开始写作，1959 年由群众出版社内部印行(灰皮本)到 1961 年由李文达执笔完成 50 万字一稿大字本，又加印若干样本送公安部内外领导、专家审阅。这个另起炉灶的“一稿本”先后请康生、陆定一、陈毅、罗瑞卿、周扬、郭沫若、茅盾、老舍、刘大年、申伯纯审阅，还送文化部、统战部、最高人民法院、最高人民检察院审阅。后又形成二稿大字本(两册，52 万字)，由政协文史资料研究委员会副主任担任二稿大字本的审读主要召集人，1962 年 11 月 27 日，在政协礼堂第四会议室召开了《我的前半生》的专家座谈会，到会的专家有翦伯赞、侯外庐、黎澍、刘大年、金灿然(李侃代)、邵循正、翁独健、何幹之、杨东莼、申伯纯、姚艮、于浩成、李文达、吴群敢，由申伯纯主持会议，溥仪本人也参加了座谈。1963 年 3 月 21 日张治中还致函申伯纯详细谈了对书稿的意见，老舍先生也从文字、写法上提出了修改意见。时任中宣部部长陆定一还指定王宗一对此稿进行了审读。综合多方面的修改意见，1964 年 3 月《我的前半生》正式出版。从 1964 年至 2007 年此书在出版后 43 年间，重印 22 次，累计销量 187 万册，有十几种海外版本出版，成为一本极富影响力的传记图书。(该书的各种审读意见、审读经过，可参阅孟向荣《〈我的前半生〉档案记略》，载《出版史料》2006 年 4 期)

由于历史的原因，1964 年正式出版的《我的前半生》删去了初稿中的一些内容。比如当时审稿人对涉及东京国际法庭审判、涉及国际关系的内容因需要核实事实有困难建议不要写，翦伯赞先生就曾提出：“东京法庭一段不要写”“在苏联的一段也要仔细研究。”

这些年来，随着溥仪前半生的活动不断被改编成影视作品和戏说演义，不少专家、学者、读者不断与群众出版社联系，希望了解溥仪真实的前半生的更多内容。为此，2004 年上半年开始该社又对原来被删节的内容进行严谨的论证研究，“从原来没有被收入的部分摘录整理出 16 万字的内容，并征询了有关部门专家的意见，经主管部门批准后，推出了更具史料价值的《我的前半生》(全本)”(详见《〈我的前半生〉出版由来》，

载2007年1月3日《中华读书报·书评周刊》)

《我的前半生》属于重大历史题材的书稿，经过领导、专家的多次审阅是完全必要的，审读修改后书稿质量也明显得到提高。现在增加16万字的内容，是送审修改前的“二稿大字本”中的内容。读者比较阅读这两个版本，自然可以得出结论：由于历史条件的变化，审稿意见也发生了变化。

2007年7月25日，《中华读书报》又报道了“关于大型革命史料丛书‘星火燎原’未刊稿的前前后后”。这则报道告诉我们，1956年8月9日，为了迎接即将到来的建军30周年纪念，总政治部发起了“中国人民解放军30年”为题的征文。全国应征稿件3万余份，送到北京的有11 610份。这部书稿受到党中央、中央军委的高度重视，刘少奇、邓小平亲自参与修改文稿。9位元帅(林彪未撰稿)不仅自己写稿，还负责审稿。但最后入选的只有635篇书稿。据当年参加编辑工作的老同志回忆，一大批书稿未能刊用只因为“当时必须考虑各方面野战军的篇数平衡，有的部队篇数过多，即使文章很好很重要也不得不忍痛割爱。”“二是政治因素的影响也是重要原因。1959年庐山会议之后，一批老同志如彭(德怀)黄(克诚)张(闻天)周(小舟)等人的文章因政治原因被列为‘暂不刊用’或‘后排’，此后发生的一系列政治运动被批评的老同志也照例被列入‘不刊用’的名单。”还有就是因为当时正处于三年自然灾害时期，全国性用纸紧张，“中央书记处和中央军委审核《星火燎原》书稿后，决定大大压缩出书规模”。

2006年为纪念建军80周年，解放军出版社的几位同志想到了这批“未刊稿”，几经周折，找到了部分存稿，比较完整的还有1 000余篇，在此基础上又出版了10卷本《星火燎原·未刊稿》。

从1958开始出版《星火燎原》10集到2006年开始筹划出版《星火燎原·未刊稿》10卷本，我们也可以看到历史条件不同，审读、处理书稿的意见也会不同。

从上面这三个事例可以看出：

(一)书稿审读必须关注大气候，一些重要的、带政治性的书稿，考虑是否出版、何时出版，一定要考虑到现实的政治效果，考虑如何出版在政治上更有益、更有利。重要的书稿，经过送审、层层把关是完全必要的。

(二)关注大气候，关注政治效果要与坚持实事求是统一起来。在特定历史条件下，一些问题涉及敏感的政治话题，或从政治效果考虑不宜发表是需要暂时回避，这是可以理解的。但不应把政治同事实对立起来。注意政治，决不意味着违背事实。既要注意政治，又要坚持实事求是。政治的现实，有时需要我们在表达方式、发表时间上加以考虑，有时需要回避，但回避不能违背事实、虚构事实。审稿时暂时不用的东西应予以保留。

(三)政治性问题，要多考虑、多思量、多请示。政治问题，方面多、变化大。书稿中什么是政治问题，如何处理妥当，也是随形势变化而变化，不能一概而论。编辑要站在正确的立场上，留心政治形势，努力学习党的方针、政策，不断提高政治、政策水平，学会处理书稿中的政治问题。

(四)由于时代变迁，审稿意见也会“与时俱进”，但对历史上的审稿意见，要联系当时的历史条件，予以理解。汲取其中合理的部分，修正已经过时的部分，不要简单地一笔否定。

四、编辑的语文修养与实际应用

在当前，图书质量问题比较严重，社会上反映：无错不成书，差错百出是好书。这令我们从事编辑工作和管理工作的同志深感忧虑。问题究竟出在什么地方。从新闻出版署多次组织的图书质量检查看，质量问题，相当一部分是文字差错问题、标点使用问题。这里既有编辑的语文水平问题，也有责任心问题，还有违反编辑工作程序的问题。我着重从编辑如何加强语文修养谈点看法。

(一) 语文修养对编辑工作的重要性

1. 语文是编辑最基本最通用的工具之一

书籍是信息的载体，信息主要是通过语言文字(也包括图像)来传达的。要传达正确、清楚，编辑必须选择书稿，必须帮助作者正确规范地使用语言文字。所以每出一本书，编辑不仅在内容上要把关，在语言文字的使用上也要把好关。一般地说，编辑的语言文字水平应当高于作者。这是从编辑工作的基本职责来看语文修养的重要。

从编辑工作的全过程看，审稿、改稿、写审读报告、出版说明、内容提要、图书评介以及和作者通信联系，都需要正确地使用语文工具。

从未来的发展看，在高新科技条件下，信息传播方式更多了、更快了，但是这种传递仍离不开语言文字。不能片面强调信息传递可以依靠图像，而忽视正确使用语言文字的必要。

2. 从编辑工作现状看，提高语文修养仍十分必要

目前从事编辑工作的人，特别是刚进入编辑工作岗位的年轻人，一般都具有大学本科学历，甚至是硕士、博士。应当说他们在专业知识上打下了较好的基础，达到了一定的水平，很快会成为工作骨干。但不少人语文水平、修养如何，还要打个问号。

我考察过一些要想进入编辑部的大学生，看过他们的答卷，有的字写不清楚，写不工整，是“鸡爪文派”；有的不会正确使用标点，是“逗号到底”派；有的对错别字的辨别能力较差，书稿中的明显错字挑不出来。还有的年轻编辑，把作者的原稿对的改成错的，不是“锦上添花”，而是“佛头着粪”。如一位编辑在审改一部介绍中国山川的书稿时，把书稿中山东的“昆嵛山”统统改成“昆仑山”了。昆嵛山，一称姑余山，在山东半岛莱阳市东至荣成市成山角间，主峰海拔 923 米，有诸多道教文化遗迹。这位编辑不查工具书，想当然地以为“嵛”字错了，统统改成了昆仑山，而昆仑山，在中国西部，西起帕米尔高原东部，横贯新疆、西藏间，东延入青海境内，海拔 5 000～7 000 米。编辑大笔一挥，在山东省境内竟出现了昆仑山。

刚刚从事编辑工作不久的年轻人、中年人知识准备不足，语文修养欠佳，尚情有可原。对许多老编辑、高级编辑来说，要把好每一部书稿、每一篇文章的语言文字关，也不是轻而易举能办到的。目前出书中几乎“无错不成书”，许多书中错别字连篇。中央电视台的字幕经常有错别字出现，令人哭笑不得。说起来，这些活，不会都是年轻编辑做的，总还有复审、终审、二校、三校把关吧。比如中青社有一年申报中国图书奖，各编辑室申报了 6 项，但请人再审校，有 3 本书质量没过关，错别字、标点错误超过了万分之一的合格品标准，只好取消参加评奖资格。说起来编辑都是知识分子，都是“识文抓字”的人，不是“大老粗”，负有把好文字关的责任，可是出书后却错误百出，让读者一封封投诉信来批评指

正，这些书的责编，看到这些信，不知脸红不红？心愧不愧？

有的同志说，现在书刊影视中文字差错这么多，主要是因为现在工作节奏太快，萝卜快了不洗泥，经常因工作量太大，突击发稿、突击出书，工作程序减少了，这固然是原因之一。但是不少人不把文字差错当回事，不认真对待，这也是原因之一。

比如某位美术设计的专家，出了两本书，送给我，我一看，错别字不少。比如“装订”错成“装钉”，“装帧”错成“装祯”，“浏览”错成“济览”，“融会贯通”错成“融汇贯通”，“感官刺激”错成“感观刺激”……我向他指出，他笑笑说：“在日本，书中也有不少错字。”他曾留学日本，说的是玩笑话。日本严肃的出版家，也不会同意书中错字连篇的。

我曾接到一位大学教授写的历史人物传记的书稿，看手写原稿时，发现几十处文字差错。如“捕捉”错成“扑捉”，“不解之缘”错成“不懈之缘”，“目不暇接”错成“目不暇拾”，“天之骄子”错成“天之娇子”，“奢靡”错成“奢糜”，“跻身”错成“挤身”，“丰姿绰约”错成“丰姿卓约”，“涂脂抹粉”错成“涂脂摸粉”，“美丽端庄”错成“美丽端装”，“鸦雀无声”错成“哑雀无声”，“大肆作祟”错成“大肆作崇”，“走投无路”错成“走途无路”，“独出心裁”错成“独出新裁”……我打电话告诉他，他也不以为然。编辑如果不认真审校，发排后就会出错。

为了引起大家对纠正文字差错的重视，上海出版了一本《咬文嚼字》的刊物，专门纠正各种出版物的语文错误。这本刊物办得越好，越说明现代传媒中的差错并未减少。有人说，文字差错已经成了“顽症”！

往往在指出书中差错时，责编会这样辩解，书稿应是由作者负责，文责自负嘛！是校对没好好校。原稿是对的，是电脑排错了……

书稿是作者写的，作者应当负责，但我们不能盲目相信作者不会写错别字，不去认真纠正。专家写稿也会有硬伤，有知识性、常识性错误，有文字错误，编辑就是要帮作者纠正这些错误。

电脑排版，错字并未减少。原稿对，按拼音打，打成了同音异字。错行、掉行、重行、乱码也时有发生。每一次修改、重打，旧错改正了，又出了新错，不认真审看不行。

书稿中的文字差错，作者、编辑、校对都有责任，但主要责任应由责任编辑、责任校对负责。

关键还是要认真对待书稿中的语文差错。严格执行审校程序，配备合适的审校人员。作为编辑在语文把关上要从严从细。以“如履薄冰，如临深渊”的心态，谨慎从事，时时小心。做到老，学到老，千万不可粗心大意，留下一本本有遗憾的出版物。

3. 注重语文修养，是做好编辑工作的起码要求

根据我国《宪法》制定的《中华人民共和国通用语言文字法》，经第九届全国人民代表大会通过，于2001年1月1日起施行。这是我国历史上第一部关于语言文字的专门法，它首次明确规定了普通话和规范汉字作为国家通用语言文字的法律地位，为加强语言文字应用的管理和促进语言文字的规范化、标准化提供了法律依据。我们编辑提高语文修养，应当按照这部法律来规范、来学习。在这部法律第二章第十一条中指出“汉语文出版物应当符合国家通用语言文字的规范和标准。”第十七条指出“本章有关规定中，有下列情形的，可以保留或使用繁体字、异体字：(一)文物古迹；(二)姓氏中的异体字；(三)书法、篆刻的艺术作品；(四)题词和招牌的手书字；(五)出版、教学、研究中需要使用的；(六)经国务院有关部门批准的特殊情况。”

作为编辑，在出版物中规范使用语言文字，还面临许多课题。比如如何解决用字和规范问题，在一般出版物中如何纠正错别字，不使用被淘汰的异体字，不乱造简化字。在出版物中如何防止滥用繁体字，在必须使用繁体字出版时，如何防止繁简混用，如何处理使用繁体字与传承字。如何纠正语言不规范问题，解决用语用词不文明问题。编辑提高语文修养应当从这些方面开始做起。

老一辈的编辑出版家，非常重视编辑的语文修养问题。叶圣陶先生在总结开明书店的出版活动时说：我们都是认认真真地编辑、审读、校对、印刷。我们不敢说辛苦，辛苦是做人的本分，我们觉得安慰的是读者造成了口碑，好多人说开明的书不马虎。不马虎，就内容而言，也就形式而言……期望做到百分之百的不马虎……读者界鼓励我们，我们愿意继续前行，直到永远，那就是不马虎。老一辈的编辑家十分强调编辑要有奉献、认真、朴实、不马虎的作风。不马虎必须有比较扎实的语言文字功底和写作的基本功。

如果一个编辑要评职称，职称报告中错字连篇，怎么能评上？如果

一本书要评奖，送的样书错字超标，送审报告语句不通，如何能评上？工作要求我们提高语文水平，不能马马虎虎，可是有多少人关心呼吁编辑、作者应当提高语言文字水平，不马虎！

王力先生在1980年全国政协小组会上指出：语言不规范现象，常出现在报端，如“历史最好水平”之类，常常见报。水平只有高低之分，无好坏之别。“国内最好水平”“达到学术研究的较好水平”，都是屡见不鲜的。编辑就没有好好推敲。

消灭错别字，这实在是最起码的要求。表达要准确、规范、鲜明、生动是更高一层的要求。提高语文水平是没有止境的。文章不怕改。我1962年大学毕业后到部队政治机关做文字工作，1977年调到青年出版社，1980年曾给《中学生》杂志写过一篇《张衡》的稿子，叶至善先生给我逐句逐段修改，至今难忘。

（二）语文修养的主要内容

1. 文字根底要扎实，具备消灭错别字的能力

汉字是世界上最难学的文字之一。没有错别字的原稿是很少的。作者写错了，有编辑把关，编辑弄错了，就可能印在书上，因为校对一般只对原稿负责。书上错字多，主要是编辑在原稿、校样上没有把错字消灭干净。

如何具备消灭错别字的能力？

首先，最基本的是，掌握6 000常用汉字的读音、字形、字义、用法。看稿时有怀疑不要轻易放过，勤查字典、词典（案头必备《新华字典》、《现代汉语词典》、《现代汉语规范词典》等），校对古称校雠，西汉刘向提出“校雠”的概念：一人读书，校其上下得缪（通谬）误，为校；一人读书，一人持本，若怨家相对，故曰雠也。即一人独校为校，二人对校为雠。后人嫌雠字，易称为校对。也有人认为刘向用雠表示文字订正，除了用“比勘”义外，还用了“仇敌”义，表示视谬误如仇敌。今人理解校对也把错别字当作敌人，消灭错别字，就是消灭敌人。

其次，对常易错的字及时总结，找出易错字的规律。区别形近字、同音字的不同用法。此处举出常见错字68例供读者参考：（正确/错误）

塘沽/溏沽　部署/布署　神秘/神密　赔礼/陪礼　钟情/衷情（钟情是动词，衷情是名词。如一见钟情，一片衷情，不能互换。）　爱好/受好

沟通/勾通(沟通：彼此相通。勾通：勾接串通。不可互换。) 全天候/全天侯 帽檐/帽沿 请帖/请贴 瞌睡/磕睡 陪伴/倍伴 精疲力尽/筋疲力尽 安详/安祥 账单/帐单 好高骛远/好高鹜远 形象/形像 直截了当/直接了当 坐落/座落 喝彩/喝采 锻炼/锻练 融合/溶合 作为/做为 耽搁/担搁 辈分/辈份 成分/成份 分量/份量 精彩/精采 模拟/摹拟 图像/图象 余晖/余辉 佐证/左证 舶来/泊来 和谐/合谐 前提/前题 蜿蜒/婉延 提炼/提练 瞭望/了望 车厢/车箱 端详/端祥 追寻/追循 株连/诛连 圆形/圆型 造型/造形 积淀/积甸 点拨/点拔 慑人魅力/摄人魅力 蔚蓝/慰蓝 蓝色/兰色 题材/题裁 巨型/巨形 树阴/树荫(林阴道、绿阴、阴凉，均用阴。绿树成荫、浓荫、青荫、松荫，可用荫。荫＝光线被遮住形成的影，阴＝不见日光) 制作/制做 禁忌/敬忌 商铺/商埔 平添/凭添 相映成趣/相应成趣 返璞归真/返朴归真 丰富多彩/丰富多采 糨糊/浆糊 流光溢彩/流光异彩 杂糅/杂揉 引吭高歌/引亢高歌 报道/报导 糊涂/胡涂 担心/耽心 关联/关连 连接/联结

再次，了解繁体字、简体字的变化，不规范的简化字不用。1977 年 5 月，中国文字改革委员会制定了《第二次汉字简化方案》(草案)，这批简化字在社会上曾使用过一段时间。1986 年又宣布废除这批简化字。如歺(正确应为餐)，付(应用副，副食、副业、副词)，付(应用师傅)，杆(应用秆，烟秆、麦秆)，笈(应用籍，国籍、籍贯)，江(应用豇，豇豆)，亍(应用街，街道)，艽(应用韭，韭菜)，惕(应用惕，警惕)，坐(应用座，座钟、座右铭)，邦(应用帮，帮忙)。

关于繁体字的使用，要从严控制，一般出版书法篆刻艺术作品的书籍可以用，但不要滥用，一般用《新华字典》字头后圆括弧内，不带 * 号即为繁体字。但有些繁体字出版物在使用繁体字时同时也在用传承字(1949 年以前的汉字)，如“只”、“才”、“向”、“累”、“呆”也作繁体字使用。使用传承字(即以《辞源》、《中华大字典》中使用的汉字作繁体字使用)不算错，但在一本书中要统一。简转繁以“形、音、义同时对应准确”为根本要求。繁转简大部分是多个字转为一个字，有规范，不易出错；简转繁一个字可对应多个字时容易出错。有的大学教授名片用繁体字，把海淀变成“海澱”，中文系变成“中文係”就出了笑话。(可查胡双宝编

《简化繁体异体字辨析手册》，北京大学出版社 1999 年）

此外，有些可以互用，但又有细微区别的汉字，用法上要仔细推敲。如“唯”与“惟”，“象”与“像”，“作”与“做”，“鹜”与“骛”的区别。

作与做，区别使用时，可依据以下几点：

(1) 按汉语成语使用。如“大有作为”，“无恶不作”，“以身作则”，“装模作样”，“白日做梦”，“做贼心虚”等。

(2) 按《现代汉语词典》所刊词条使用。如只列“作为”，未列“做为”。

(3) 区别作与做之后是名词还是动词。作→搭配名词、动词。作分析，作研究，作报告。做→搭配名词，如做老师、做记者等。（参见河北教育出版社选编《编辑·作者·审读·校对须知》，404～405 页，1996 年）

还应向校对工作者学习，向语文功底好的人学。一字之师，一字千金。

2. 具有一些古汉语的修养，有古文功底

现代汉语是古代汉语的发展，知古才能通今。学习古汉语的精粹。唯有懂点古汉语，能看懂古籍，才知道许多书中的翻译，歪曲了古文原意。如许多书中都说王安石说过“三不足”“天变不足畏，祖宗不足法，人言不足恤”，一查《续资治通鉴长编纪事本末》卷五十九，这不是王安石讲的，而是社会上攻击朝政的流言。在熙宁三年(1070 年)三月，宋神宗曾当面问过王安石“你听说过有三不足的说法吗?”王安石明确回答说：“我未曾听说过。”不看原始资料，就会人云亦云，以讹传讹了。

3. 懂点语法、逻辑、修辞

语法：说话、作文是否符合语言习惯，解决顺不顺的问题。

逻辑：说话、作文是否符合思维规律，解决通不通的问题。

修辞：说话、作文是否有更好的效果，解决好不好的问题。

懂得语法、逻辑、修辞的目的是为了说话、作文、改稿更准确、鲜明、生动。

编辑改稿常常发现不顺、不通之处就修改了，但很少从语法角度去总结分析不通顺的原因。学了语法，就会不仅知其错，更知道发生错误的规律。

新华社 1986 年 5 月 18 日发表了一则消息：“《毛泽东故居藏书画家

赠品集》1986年在莱比锡最佳书籍展览会上得奖，这是我国自1984年参展以来首次获奖的一本书籍。”此则消息在语法上有毛病。“书”是表示个体概念和普通概念的名词，是可数的。“书籍”是表示集体概念的名词，是不可数的，不能和量词“本”并用。“多少本书籍”，“这本书籍”等说法都欠妥，要把“籍”字去掉才合乎语法。

语法和逻辑有密切关系，有语法错误的句子，有时也包含逻辑错误。“一本书籍”的逻辑错误就是混淆了“集体概念”(书籍)和“普通概念”(书)。

语法与逻辑又不是一回事，没有语法错误的句子，有时也会包含逻辑错误。

形式逻辑有三条基本规律：

同一律：在同一思维过程中，任何一个思想与其自身是同一的。它要求每个概念、判断必须具有确定的同一内容。遵守同一律能使思维具有确定性。

矛盾律：同一主体(个人或集体)在同一时间、同一关系下对同一对象不能作出互相否定的判断。否则就会犯“自相矛盾”的错误。

排中律：在同一时间、同一关系下，对同一对象作出判断时，必须在两个互相矛盾的思想中有所肯定，即对A与非A不能都加以否定，而须承认其中必有一真。否则就会犯“模棱两可”或“两不可”的错误。

修辞学是要研究表达方法和表达效果的。例如“按联合国教科文组织规定，凡超过49页的称为图书，不到49页但在5页以上的称为小册子。”这段话有什么毛病？如何修改？首先这段话逻辑不严密，对书下的定义不准确，没有把49页的出版物包括在内。49页的出版物算什么呢？同时又混淆了书与图书的概念。图书：指图片和书刊，泛指书籍。书指装订成册的著作、文字书。两个概念内涵、外延都不一样。

如何修改？有几种改法：

“超过48页的称为书。”

“不少于49页的称为书。”

“49页以上的称为书。”

“49页和49页以上的称为书。”

一二种改法较好，第三种改法仍有歧义。

4. 能正确使用标点符号

标点符号是文章的一部分，标点用错了，有时会根本改变句子的意思，其重要性不下于文字。但人们往往不重视，标点错更多。用错的原因：一是对标点的用法没搞清；二是对文字的内容没搞清，随便标点。标点古籍容易发生断句的错误。

唐人说："学识如何观点书"，标点运用如何体现了学术水平。文言断句不是小事。二十五史标点时，请的都是国内的文史专家。

下面举出我工作中遇到的实际事例。

《范曾诗选》曾请一位老先生写了一篇序，原文无标点，现抄录如下，请试为断句、标点。

序

古之画家亦诗人也自右丞肇端逮宋以还殆不胜指惜晚近画家多不能诗此虽有故然不能诗则难以诗心体物难以诗眼观物遂使人物失其光霁山川失其清华此无他外潇缘之中乏好修缘之内美耳范曾先生诗人而兼画家也丙寅春予筹组天津诗词社因得识君自后过从不辍出示所为诗歌高迈雄奇予赠词金缕曲中有句云奇绝抱冲诗一卷试扪之字字惊芒立因想见范当世范伯子当世君之曾祖桐城派一代文宗诗伯与散原老人双峰并峙同主晚清吟坛君之文学渊源固有自矣君大睨雄谈慷慨风发而纯任性天胸中无纤芥尘事其为人殆近乎侠尝罄作画所得捐资兴建东方艺术大楼君固宋范仲淹之后裔宋史本传载置义庄里中以赡族人孰知千年而后世德犹未替乎人或以鬼才目之此固因君善绘钟进士诛鬼图以鬼趣示世相者不特此也夫长吉以乘赤虬作玉楼记之仙才而笔下冥冥漠漠时复出入九幽之门为鲍家魑魅鬼唱之诗何耶盖其天姿纵发不受世网牵缠一反传统之诗教耳故君之诗与画胥脱去笔墨畦町鬼才云乎哉是知工为书画者首先必是诗人则此诗人又必并古之国魂诗灵水情山骨纡结乎一身而包孕之听狼山噌吰之钟声与夫汹涌之潮音是为序距屈子之生两千三百二十八年天津寇梦碧岁次甲戌孟秋之初于南开大学

标点答案

序

古之画家亦诗人也。自右丞肇端，逮宋以还，殆不胜指。惜晚近画家，多不能诗。此虽有故，然不能诗，则难以诗心体物，难以诗眼观物，遂使人物失其光霁，山川失其清华。此无他，外渫缘之中乏，好修缘之内美耳。范曾先生诗人而兼画家也。丙寅春，予筹组天津诗词社，因得识君，自后过从不辍。出示所为诗歌，高迈雄奇。予赠词《金缕曲》，中有句云：“奇绝抱冲诗一卷，试扪之字字惊芒立。因想见，范当世。”范伯子当世，君之曾祖，桐城派一代文宗诗伯，与散原老人双峰并峙，同主晚清吟坛。君之文学渊源固有自矣。君大睨雄谈，慷慨风发，而纯任性天，胸中无纤芥尘事，其为人殆近乎侠。尝罄作画所得，捐资兴建东方艺术大楼。君固宋范仲淹之后裔，《宋史》本传载：“置义庄里中，以赡族人。”孰知千年而后，世德犹未替乎。人或以鬼才目之，此固因君善绘钟进士诛鬼图；以鬼趣示世相者。不特此也，夫长吉以乘赤虬作《玉楼记》之仙才，而笔下冥冥漠漠，时复出入九幽之门，为鲍家魑魅鬼唱之诗。何耶？盖其天姿纵发，不受世网牵缠，一反传统之诗教耳。故君之诗与画，胥脱去笔墨畦町，鬼才云乎哉！是知工为书画者，首先必是诗人，则此诗人又必并古之国魂、诗灵、水情、山骨，纡结乎一身而包孕之，听狼山噌吰之钟声，与夫汹涌之潮音。是为序。距屈子之生两千三百二十八年。天津寇梦碧。

岁次甲戌孟秋之初，于南开大学。

（三）语文修养的实际运用，加工修改书稿

为了帮助新编辑了解具体如何修改加工书稿，我列举一篇文章。

1980 年《中学生》杂志约我写了一篇《张衡》，稿件写好后，当时中国少年儿童出版社的副社长叶至善先生作了审改，原稿约 3 300 字，他删去1 900字，保留了 1 400 字。此文在《中学生》发表后，1986 年又收入《中学课本上的历史人物》一书。我体会叶老改稿的原则是：

1. 从读者对象出发，要求文章简洁、明白、好懂。《中学生》的读者对象是初中生，所以发的文章不宜长，一般是千字文。原稿的毛病是太长了，多到 3 300 字，让初中生没有耐心读完。要删繁就简，叶老是从八个方面入手的：第一，如叙述是作者的推断、想象，并无确切史料记载，就删去。如原稿第二段，说一些方士、巫师怀疑张衡的地震仪，这是作者想象的，故删去。第二，文中啰嗦的叙述，尽量简化。如第一段开头改好后“开门见山”：“公元 132 年，东汉太史令张衡发明了一台测量地震用的地动仪。”仅 29 字(含标点)，原稿却用了 52 字(含标点)，删去了多余的“的一天”“都城洛阳传出了一个轰动人心的消息:”“设计制造”等。把“设计制造”改为“发明”简化又准确。第三是删去文章中连接过渡的空话、叙述，保留史实。如第四段开头的122字是概述性的，全部删去。因后面史实都说明了，前面概述可不要。第四是有的大段叙述可以简化。如第五段开头用128字讲张衡少年时如何发奋读书，叶老仅用29字就说清楚了。第五是改掉中学生不好理解，没必要介绍的较深的内容，如第七段介绍了中国古代对宇宙天体的看法，有三种学派：盖天说、宣夜说、浑天说。此段内容较深，中学生不太好理解，盖天说、宣夜说与张衡的科学贡献关系不大，故全删了，约删去250字，只介绍了浑天说。第六，简化叙述的字句，删去同义反复的、多余的。如第六段“都不愿花时间和精力去读它”，改为“不愿花精力去读”就可以了。第七，删改叙述繁复的，扯得太远的、文言文讲述的。如第一段中对仪器内部构造的介绍较细，改后变简明了。第八段结尾，扯到东汉末年蔡邕的感想，说得太远了，与主旨关系不大，删去约90字。文中多处文言，又未翻译，删了。如“验之以事，契合如神”，“通五经，贯六艺”，“进取之势”，“万祀千龄”等。第八是文中重复的叙述，也多作了删节。

2. 重要的叙述，一定要讲准确。原文第二段说公元119年“洛阳和其他地区”连续发生地震，“其他地区”太笼统、不好确定范围。叶老根据历史记载改为“洛阳附近地区”，比较准确了。“酒樽”改为“酒坛”好懂、明白。原稿中说仪器周围镶有八条龙“龙头朝下，朝着八个方向”，到底是朝下，还是朝着八个方向？叶老认为“八个龙头分别对准东、东北、北、西北、西、西南、南、东南”，说准确了。文中“蝦蟆”改为“蛤蟆”，学生好懂。“中天”改为“天空中间”好懂、明白。“一个正直的人，不应怕自己权位不重”改为“不应担心自己的权位不重”古文今译，译准确了。文中说张衡对自己的要求是“约己博艺，无坚不钻”，叶老逐字逐句作了翻译，因为这是张衡科学精神的核心，应该详细说明的，叶老也不惜字句，多讲几句。

3. 修改表述中不恰当的地方。如原文第十一段，说到我国曾发行纪念张衡的邮票，用了“党和政府”的提法，发行邮票是邮电部门的事，说“党和政府”管发行邮票不确切。叶老改为“邮电部发行”。

叶老是著名出版家，《中学生》的文章，他也不是篇篇都改。我这篇文章，他有兴趣审改，我体会意在为年轻编辑做个示范。叶老又是科普专家。这篇文章，也是科普文章，叶老对张衡的史料非常熟悉，所以修改后，确实是“画龙点睛”了。“文章千古事，得失寸心知。”写文章、改文章当如是观。

五、诊治“硬伤”，编辑不可放弃的职责

(一) 什么是“硬伤”

人得了病要去医院找大夫诊治，书稿中的毛病，就要靠编辑来诊治。书稿会犯各种毛病，其中有一种病，就是书中有“硬伤”。所谓“硬伤”，是指一些学者、专家写的书稿，观点、材料不乏新意，文章也还顺溜，却时不时犯点儿知识性、常识性的错误。如前不久我读到王受之教授的新著《世界平面设计史》(中国青年出版社 2002 年版)，书中讲到古代插图艺术，举《本草纲目》为例。但两处(第 23、27 页)都把《本草纲目》出版时间说成是“1249 年”。《本草纲目》为李时珍著，1596 年刻版，1603 年印行。王受之先生却把此书的出版时间提早到了三百多年前的南宋，闹出了明人著作南宋出版的笑话。

类似这种“硬伤”，编辑审稿时不去及时发现，并予以订正，书印出来后，细心的读者就会一一挑错，内行者或来信批评，或撰文纠谬，弄得这些书的责编多少有些脸上无光、内心紧张——为什么我当初审读书稿时就没有发现这些错误呢？当然，有的编辑也会用文责自负为自已开脱：书稿是专家写的，错是作者犯下的……更有的编辑坦言：书稿我没看过，编校工作是外包的。言下之意，自已只是个二传手，出了错，责任却是别人的。也有人不太在乎，错就错了，不就是些知识性、常识性的错误吗，又不是政治错误，重版时订正就行了。

(二)诊治“硬伤”不能掉以轻心

我认为诊治“硬伤”是编辑应负的责任。多年来，我在审读书稿的时候，对诊治各种“硬伤”是不敢掉以轻心的。这种责任心的培养，是来自老一辈编辑家的言传身教。1979 年，我刚到中青社两年，责编了一本《资本原始积累史话》。书出版后，室主任老孟寄了一本给上海师大的程纯先生。7 月 31 日，程纯先生给编辑部写了 7 500 字的长信，评论此书，

其中有与作者商榷的意见，也指出书中有"硬伤"。这封来信，老孟批给全编辑室传阅，对我教育很深。这封信我一直保存至今，它总在提醒我，要做编辑，审稿要严细。上海教育学院的沈起炜先生也和我谈过：看一个学者治学严谨不严谨，看一个编辑编风严细不严细，很有用的一个方法，就是看书稿中有没有"硬伤"。

(三)"硬伤"的病因何在

书稿中的"硬伤"，这是图书毛病的表象。究其深层原因，却是反映了学者的治学态度和编辑的编风。如果学者不够严谨，编辑又马马虎虎，这样编出来的书，当然会"硬伤"不断，以致误导读者，理所当然应受到批评。

虽然这些"硬伤"最初是由作者造成的，但在图书生产的过程中，编辑也有不可推卸的责任。作为把关者，理应代表出版社把好每一部书稿的质量关，包括内容的科学性、知识性、正确性。

新编辑往往有这样的误解：作者都是专家学者，有的还是自己的老师，书稿又请主编、作者看过，校样也送作者看过，怎么还会出问题呢?这有多方面的"病因"。

有的专家治学确实不够严谨。写作时依靠的不是第一手的材料，不是对材料考订辨伪再使用，而是依靠二三手材料下结论，这就会人云亦云，有时就会以讹传讹。比如1860年第二次鸦片战争时，英法联军曾在京东八里桥与清军交战，史称八里桥之战，但这座八里桥究竟在哪里?从20世纪60年代到80年代，中国出版的一些权威性著作或者说法不详，或者说错了地方。《马克斯恩格斯选集》第二卷人名索引说八里桥在"北京和通州之间"，《中国近代史稿》说八里桥在"齐化门(今朝阳门)外"，只大概指个方位，没说准确位置。而辽宁人民出版社的《简明中国近代史》和上海人民出版社的《第二次鸦片战争》却说八里桥"距北京城只有八里"。由于上海、辽宁的作者未去过八里桥，也未查清代的有关史料，只是根据现代人的论著推断，得出了八里桥是距北京城八里的错误说法。1978年我曾在《历史研究》上发表过一篇读史札记《八里桥究竟在哪里?》，根据我到通县八里桥的实地考察和清代史料《英夷和议记略》、光绪五年(1879年)的《通州志》记载，通过查阅《中国古今地名大辞典》等，考订八里桥之战的八里桥是"在州(通州)城西八里"，距北京城东二十多里地。

《中国古今地名大辞典》说得很清楚，八里桥在“通县西八里，跨通惠河上，本名永通桥，以距县八里，故名。其地亦名八里沟，为陆路入平孔道。清咸丰十年(1860 年)，英法联军破天津，入通州，僧格林沁、胜保等督师御之于此。师败，联军遂进胁北京。文宗避难热河。法将蒙特班以战胜于此，拿破仑第三尝封为八里沟伯”。这是民国二十年编的辞典，虽非一手材料，但所言简明准确，比起当代人的许多论著，要扎实得多。

作者出“硬伤”的第二个原因，是隔行如隔山，作者在某一行内是专家，学问高深，但出了这一行，论及别的问题，他的水平与常人差不多，有时也会犯糊涂，出常识性错误。前面提到的王受之先生是美国学者，专长于平面设计研究。他在国内还出版了《美国插图史》、《世界时装史》、《现代设计史》，很受读者欢迎，有的还填补了学术空白。但我读这几本书时还是发现他在谈到中国文化方面的问题时，有个别“硬伤”，这也是难免的。

一位研究中共党史的专家，讲中国现代史可以头头是道，大致不会出纰漏，但一讲到中国近代史，就易走板。2001 年，我读到杨炳章教授新著《不平则鸣——我在哈佛 15 年》，他是研究中共党史的，书中不乏真知灼见，但讲到近代人物时却出了“硬伤”。他在书中最后一节说：“詹天佑在耶鲁是学理工的，从而又想到了耶鲁学文史的严复。”这里明显的“硬伤”是严复从未到过美国的耶鲁大学留学，也不是学文史的。我们看严复的年谱就可以知道，他留学前是海军军官，1877 年(光绪三年)赴英学习海军驾驶，先后入抱穆士德学校、格林尼次海军大学学习。所学课程也是“高等算学、化学、物理、海军战术、海战公法及建筑海军炮台诸术”。他去过英国、法国，但从未到过美国。严复翻译过《天演论》等书，是一位思想家、翻译家，但他未留学美国，更不是耶鲁大学学文史的。

又比如我很熟悉的一位老学者，是研究世界史的名家，著述甚丰。我曾与他多次合作，向他请教。但他两次写书涉及中国史问题，也出过常识性错误。一次是主编一本世界中世纪史，写到郑和下西洋舰队中的“火长”，作者望文生义，解释“火长”是指挥火炮的长官。我查了《西洋番国志·自序》、《梦粱录》、《东西洋考》等古籍，以及郑鹤声、郑一均编著的《郑和下西洋资料汇编》，知道“火长”是中国古代航海船队中掌管指南针的导航技术人员，帮他纠正了这一误说。最近老先生送了一本自己的

《文存》给我，内有一篇《向近代转型初期中国同西欧的比较》，提到“宋仁宗庆历年间(1041～1048)平民毕昇发明‘活字印刷术’和能自由转动的圆形排字盘”。毕昇发明活字印刷术是对的，但自由转动的圆形排字盘则是元代王祯的发明。他把后一项发明归到毕昇头上又是弄错了。他还在其他两本新作中重复了这一误说，经我指出后，他均作了订正。

作者的学识总是有长有短的，有坚实之处，也有软肋。比如有的学者长于文学，对史学了解不多，在写文史结合的书时，论“文”头头是道，论“史”则往往囿于旧说，很少了解吸收新的研究成果，也易出错。最近我读到一本讲西安历史的文稿，作者以历代咏西安历史、人物、事件的诗为线索，串讲西安的历史，手法有新意。但讲到相关历史、人物时新意不多。比如他把苏秦、张仪说成是同时活动的人物和对手。这个故事源自《史记·苏秦列传》和《史记·张仪列传》。但是 1949 年以后的考古发掘材料和先秦史学家的研究早已提出了新的说法。唐兰、徐中舒、杨宽等专家经过多年研究，并有 1973 年底长沙马王堆三号墓出土的帛书《战国纵横家书》为佐证(其中有苏秦的书信、谈话十五章)，苏秦、张仪不是同时期活动的，两人也不是对手。苏秦活动时间要比张仪晚得多。苏秦登上政治舞台时，张仪已经死去二十多年了。

作者写书稿时出错的原因很多，有时是笔误，有时仅凭个人记忆，未查证相关资料，想当然就下笔。如散文、随笔、回忆录等，常易出此类毛病。最近读到一本散文文稿，作者说秦始皇曾“置七十二疑冢”，即建造了七十二座假坟。众所周知，秦始皇陵就一座，也未见任何史料记载还有假坟，而“置七十二疑冢”是曹操干的事。我打电话请教了北师大的秦汉史专家，又查了中华书局 1936 年版的《辞海》，其中有“七十二疑冢”的词条：“曹操筑疑冢七十二，在漳河上，见《辍耕录》。”我告知作者，他接受了我的意见，对书稿作了订正。他说是凭记忆写的，记错了。记忆是不太可靠的，如不进一步查证，弄不好就会张冠李戴了。如果严肃的学术著作、知识性读物都不够严肃，“硬伤”不断，那些喜欢“戏说”的文学作者，就可能错出十万八千里了。有一段时间“戏说”成风，搞文学当然要虚构，要情节，要有戏，“戏说”也是一派，但具体写到历史题材，起码人物姓名、官职、主要事迹、主要人物关系总要尊重史实，不能太离谱了。纯粹开玩笑另当别论。戏说也得有个框框，有个边际，不能泛化，弄成变戏法。一些文学作品中涉及历史知识的错误就更多了。电视剧《郑和下西洋》就把“火长”说成是军事指挥官，剧中人秦龙被任命为“火长”，让他指挥作战。唐玄奘到西天取经，本是在“贞观初随商人往西域”，并未得到朝廷批准(见《旧唐书》)，但电视剧中却描写成玄奘临行时唐太宗李世民亲自送行，并敬玄奘一碗带泥沙的酒，让他不忘故土……这些就是编造的了。一本现代小说《荒芜之旅》(中国青年出版社2001年5月)，其中竟说李自成“霸占了吴三桂的爱妾”，这实在让人笑话。因为史载李自成不好女色，霸占陈圆圆的是李自成手下的大将刘宗敏。即使是文学作品，审读时遇到一些知识性问题，也不能任作者胡乱编造吧！

(四)诊治“硬伤”要有硬功夫

作为编辑，要找出作者的失误、诊治书稿中的“硬伤”，有一定的优势：一是编辑看稿比较客观；二是编辑应是杂家，知识面要比较宽。但编辑工作也有一定难度，是颇费功夫的事：一是编辑工作粗心、急躁不行，要细心、再细心。作者的论述一般说大量是正确的，只有少量“硬伤”混在大量正确的信息中，这是一种信息混杂的局面。要能“留正祛邪”，心不细不行，弄不准不行。编辑审稿时往往顾此失彼，顾了宏观，忘了微观。读了多遍，恰恰把“硬伤”放走了。诊治“硬伤”，还要问题抓得准，证伪辨误有根据。既要善于存疑、发现问题，又要扎扎实实地查疑，下功夫去探究。找到可靠的事实依据、科学依据，才可破疑纠谬。真正的纠谬是“锦上添花”，没有根据地擅改书稿则是“佛头着粪”了！编辑要能发现作者的谬误，自己平时还要注意知识积累；没有一定的积累，谬误放在那儿，你也发现不了。诊治作者的“硬伤”，要求编辑有过硬的功夫。

1994年我在终审一部科普书稿时，发现作者沿用普遍存在的误说，说“明代万里长城东起山海关”。我告诉责编，此说不准确，应予修改。责编说他查过《辞海》(1979年版)了，《辞海》也如是说。为了说服责编与作者，我连夜翻出《中国大百科全书·考古卷》、《长城百科全书》、《中华民族的象征——长城》(1989年香港三联版，我与别人合著)以及考古工作者的报告、中学历史教科书等，帮助责编、作者弄清史实：明代长城从山海关往北、往东，直到鸭绿江边还有很长的一段。明代管理长城设九镇，管这段长城的为辽东镇。这段长城遗迹尚存。所以，准确的说法，明代长城是东起辽东鸭绿江边。山海关号称“天下第一关”是指关城雄伟，但并不是长城的东端。《辞海》1979 年版的说法不完整，1999 年新版《辞海》“长城”条已作了补充订正。

编辑发现书稿中可能存在的谬误、不足，要查证纠谬，一是要查一些比较可靠的工具书，如《辞海》、《中国大百科全书》等，二是请作者复查，三是请教有关的专家。对一些重点问题，编辑也可下功夫查找原始材料，阅读相关书稿，予以考订。用准确的事实、依据纠正谬误或不确切的说法，使书稿减少差错，提高质量，趋于完善。编辑审稿也是一个学习、研究的过程。我从 1987 年至 1990 年曾在《中国青年报》、《今晚报》开过一个栏目，叫做“史实纠谬”，累计写了二十六则。这些考订纠谬，也为自己审稿、诊治“硬伤”增加了底气。

要诊治书稿中的“硬伤”，要求编辑有过硬的功夫，要有较强的责任心，要认真仔细地阅读书稿，不能贪多求快、粗枝大叶。对审读中发现的知识性疑点，要抓住不放，多方查证，与作者和有关专家商讨，据实纠谬，不唯上，不唯书，只唯实。要培养、形成一种严谨治学、严细编书的好作风。有些书稿的审校工作要借助外力，也要选择懂行的人来外审、外校，并加以督导。总之，编辑对图书的质量要全面负责，诊治“硬伤”只是责任之一，但这是不可放弃的职责。

六、加强图书出版的全面质量管理

自改革开放以来，我国的图书出版得到迅速发展。近年来在向市场经济转轨的过程中，图书出版又出现了许多新矛盾，其中比较突出的就是数量增长过猛，部分图书质量下降，甚至粗制滥造的问题。有些门类的图书出现出版结构失衡，又缺又滥。著编校质量下降，几乎达到无错不成书的地步。通过买卖书号，个体书商已从销售领域介入出版领域，出现了非正式的出版实体，出书质量严重滑坡。

毋庸讳言，当前出版物质量下降，与一部分出版工作者偏重经济效益的取向有关，即不管书的内容好不好，只要能赚钱就干，急功近利。或者书的题目很好，但为了及早抢占市场，内容粗制滥造，东摘西抄。作者水平不论，哥们一凑合就可编出一本书。复审、终审全不论，快出快赚为上策。编辑工作浮躁，已成为不少编辑的通病。

出版工作者要重视出版物的经济效益，出版物要面向市场，要根据市场需求来考虑、安排生产，这无疑都是正确的。因为出版物是商品，如果不适销对路，产品销不出去，就实现不了价值和使用价值。图书生产应遵循市场经济运行的客观经济规律。

但是必须明确，就遵循客观经济规律而言，图书生产，也必须坚持质量第一的方针。从市场经济发展的要求来说，在发育成熟的市场中，产品的竞争，主要是靠质量，而不是靠坑、蒙、拐、骗，靠回扣。在不少发达国家，图书销售方式是寄销，实行经销包退，这样图书的质量会直接影响销售。低质、劣质产品书店会退货，到头来吃亏的还是生产低劣产品的出版者自己。因此在市场经济条件下，出版业的经营正道应当是用优质产品、优质服务去开拓市场，占领市场。要努力生产精品，内容精，材料精，装帧精，这样才有可能在激烈竞争中站住脚。一味急功近利，只顾眼前利益，追逐热点，不去形成自己的专业优势、风格特点，或降格以求，不顾图书质量，从长远看，这是一种倒牌子的自杀政策。

进而言之，出版社的发展，图书的生产，所要遵循的不只是客观经济规律，还要遵循文化积累、文化发展的客观规律，遵循意识形态、上层建筑对经济基础起反作用的客观规律。图书除了有商品属性，还有文化产品、意识形态的属性，这更要坚持质量第一的方针。因为文化产品是影响人的精神世界的，它的质量如何，关系到一个国家、民族文化水准的高低，精神世界的健全，社会的安定与团结，会对社会生活产生广泛深入、潜移默化的影响。质量低劣的文化产品对人是有害的，不能任意出笼。做意识形态工作如果不讲科学，不讲技巧，产品低劣，效果也会适得其反。图书生产既要适应市场消费，又要引导市场消费。对市场经济既要适应，又要驾驭。高品位的文化产品，即使市场销路一时较小，也要从政策上、经济上扶植。而那些质量不高、格调不高，甚至淫秽、色情、迷信的出版物，尽管在一部分读者中仍有市场，但因其消极有害，理应遏制。

质量是出版物的生命，一切严肃的出版工作者要以生产优质产品为己任，坚决杜绝生产次品、废品，抵制假冒伪劣产品。同时出版行政管理机关，应实施有效的质量管理与质量监督，颁行必要的法规、政令，使次品、假冒伪劣产品不能进入市场。

高质量的图书产品是由高素质的人来创造的。在激烈的竞争中，要保证出版企业不断推出高质量的图书产品，必须实施机制管理，通过在出版社内部引入竞争机制、考核机制，使出版人员素质不断得到提高，使质量第一的方针不断贯彻，落到实处。

竞争首先是质量的竞争，看哪个部门，哪个个人能为出版社推出优质产品做贡献。竞争可从优化选题开始，选题论证时优者上劣者下。可以用岗位责任制作为最经常的竞争要求加强责任心，加强自我质量管理，尽责出优者留岗，不尽责出次品又屡错不改者可暂时下岗、换岗。分配上也应随岗位变化而浮动。对关键岗位的负责人，一定要调配得当。

考核应首先是质量的考核。考核是对竞争的促进，是奖惩的依据。不同岗位应有不同的质量考核要求。高级编辑应负责选题方向、质量的把关，对效益作出较准确的判断，对稿件的复审、终审负责。责任编辑应对书稿全面负责，特别是编辑加工的质量。考核要定期对照有关竞争条件实施评估，奖优罚劣。这样才能促使图书质量不断提高。一般说半年或一年应进行一次图书质量评估、考核。

要通过引入竞争、考核、奖罚机制，使质量第一方针深入人心，成为出版行业全员的职业规范、职业道德，特别是高级管理人员的自觉意识，以推动出版行业不断推出高质量产品。在工业企业实施的全面质量管理，对企业从产品的研究、设计、制造、出厂以及售后服务所有环节实施严格的质量管理，其基本特点是把从事后检验把关为主转变为预防控制为主，即从管理结果变为产品的设计、生产及售后服务全过程，并运用一些先进的数学统计方法来实施质量监测、控制。这一管理方法，完全可以用来改进图书生产质量管理。具体说来，可以从以下几个方面入手：

（一）进行质量预防控制

在图书出版全过程中影响质量的环节可分解为九个环节：1. 选题设计。2. 作者选择。3. 原稿。4. 编辑加工。5. 文字校对。6. 排印。7. 用料。8. 装帧设计。9. 宣传销售及售后服务。为了保证高质量，在每一个生产环节，应实施责任者自检，有关者互检，分管者复检或抽检。作为生产过程中有关部门的主管更应把住四个关口：1. 优化选题与选择作者。选题要经过论证评估，作者要经过了解，通过拟提纲、看样稿等方法，确认确有一定的著述能力。2. 排印之前，要能把虽通过三审，而实际上未达到发排水平的原稿卡住，原稿加工如何是保证生产质量的基础。不合格的要退回重新加工。3. 印刷之前，把校对质量达不到要求的校样退回重校，确保达到质量要求的校样付型排印。4. 开始印装之后，要抽查批量样书，合格后才可大批印装，发现严重质量问题，要重印重装。避免大量不合格产品进入市场。

（二）实行以编辑室为中心的图书生产全面质量管理

能统管图书生产全过程的是图书编辑室，责任编辑和室主任要从图书生产的全过程考虑质量管理，对影响质量的 9 个 环节都要予以关注。

（三）采用必要的数学统计方法，对生产质量进行动态跟踪，实施质量监测、控制

我在第八届中国图书奖发奖大会上，
《中华文化集粹丛书》此次获奖

本人曾在《中国文化集粹丛书》的出版过程中，学习运用系统工程的方法，分解质量环节，对 19 本书的生产过程，用图表演示，对每本书每一个环节的进展情况，及时进行记录，包括完成时间、质量情况的登记，发现问题及时解决，图表一式两份，另一份送工厂生产科，同步登记，全套丛书的生产是一个大系统，每本书的生产是一个小系统，确保小系统的正常运行，才能最终确保大系统的正常运行。这样管理确实做到心中有数，对质量做到预防控制，取得了较好效果。在一些薄弱环节上，发现问题及时采取措施，使问题解决在萌芽状态，不至于造成质量事故。在这套书的生产过程中，我们针对薄弱环节，采取了许多特殊措施。针对有的编辑读校样不够细致，除了配备较强的校对力量，还请了三位老编审，抽读几本校样，加强督促检查。全套书的校样，实施编辑互检，交换抽查。在

正式开印前由工厂做出订本样，组织编辑全面检查，发现问题及时解决。美编下厂，监督工厂制版，发现与设计不符时，重新制版。诸此种种措施保证了全套书能以较高质量同时推出。

(四)建立质量检测中心

为了改变我国图书生产沿用的分工把关，分而管之多，统而管之少，长期以来没有一个以图书质量为中心的协调管理机构和相应的质量监督机构的状况，在条件成熟时应建立独立的质量检验中心；各级新闻出版局或出版社主管单位要按有关规定成立图书质量检查机构。每个出版社也应成立由总编辑主持的质量检查专门机构。这个机构应与编辑室、校对室、美编室、出版处、印刷厂等生产环节相对独立，制定质量等级量化标准，实施成品质量监督，实行质量奖惩制度。这个机构的组成人员应是有丰富经验的编辑、出版、校对，要具有一定的权威性，做到检测客观、科学、公正。

(五) 抓好重点工程和重点项目，实行宏观调控

新闻出版管理机构和各出版社应通过制定各种重点工程规划和组织实施重点出版工作，对图书出版的整体质量，实施宏观调控。

在市场经济条件下，一般性的文化消费可由市场需求去调节，在健康、有益、无害的条件下，放手经营。但对关乎国家、民族文化积累、文化发展的重大项目，仍应通过制定重点工程规划，予以引导，并确保实施。

列入各级重点出版工程项目的图书应该是反映国家科学研究规划重大成果，反映两个文明建设重大成就，解决当代改革与发展重大课题，填补学术研究空白或开拓研究领域的新成果等方面的图书。新闻出版管理机关和出版社主管单位应对重点工程规划予以评审，择优确认，由此把握各门类出书结构，避免出现重大的出书结构失衡。对已列入规划的重点工程应尽可能从政策上予以扶植、奖励。出版社则应从人力、物力、财力上给予保证。没有重点就没有政策。集中兵力打歼灭仗，不断推出高质量的重点项目，可以从宏观上保证图书出版提高水平。对学术著作出版，可通过筹集学术著作出版基金，增加图书馆购书经费等方法予以解决。

(六) 从出版政策上实行调控，保护守法经营，打击违法经营

目前从宏观上影响图书质量，导致质量下滑甚至失控，有相当一部分是由不规范经营，特别是不合法经营或违法经营造成的，对此要区别情况，制定相应的政策、法规，予以调控，从而保护守法经营，生产合格产品；打击违法经营，杜绝假冒伪劣产品。

加强图书出版的全面质量管理，一直受到出版界的关注，经过多年努力，图书出版的质量管理得到加强，但是，这项管理丝毫不能松懈。2007年，新闻出版总署提出是“出版物质量管理年”，这是因为图书的质量还有待改进，有的图书仍是差错太多，以致读者有意见，不断投诉，甚至将出版社告上法庭。中国编辑学会在2007年初与36家出版单位发出联合倡议：确保编辑产品质量，奉献优质精神食粮。提出以下措施：坚持职业资格准入，选题论证，稿件三审，责任编辑，责任校对，样品检查，成品评审，次品召回等制度，加强业务学习。2007年6月21日，中国出版工作者协会学术工作委员会邀请人民出版社、人民教育出版社、中华书局、三联书店、中国青年出版社、化学工业出版社、广西师范大学出版社等单位的领导、专家座谈“出版物质量机制建设”的经验。中国出版工作者协会于友先主席指出，确保出版物质量要有好的规章制度，还要把编校队伍培训好，不断提高全员素质。在新形势下，还要注意解决好几个关键问题：处理好数字化网络时代带来的新技术、新手段与传统的质量保障体系管理办法的关系；处理好经济效益与社会效益的关系；认真研究、解决编辑含量的问题。七家出版社的领导、专家都认为：图书质量管理首先是观念问题，出版业要把出版物质量保证作为维系出版物声誉的重要问题来考虑。建立出版物质量管理机制的核心是提高出版社全体员工的整体素质。具体办法是强化职工业务培训，这个培训甚至要扩大到对社外编辑、校对的培训。先培训，后上岗。有的社建立专门的审读室，聘请有副编审以上职称的人组成审读班子，对一些重点、难点图书进行质量把关。有的社实行成品抽检制度，每年抽检一次，进行讲评，实施奖惩。对出现质量问题的成品，实行召回制度。“质量决定成败，创新铸就未来”已成为出版人的共识。

七、谈谈图文书的编辑工作

(一)如何全面理解图书编辑已进入“读图时代”

1.“读图时代”概念的出现

2002年12月26日由中国出版工作者协会学术工作委员会、河北教育出版社联合举行了“读图时代的编辑工作”座谈会。会上我在发言中指出：20世纪末21世纪初中国出版界出现了图书编辑已进入“读图时代”的说法。1994年吕敬人从日本研修回来，在中国青年出版社的业务会上提出了这一说法。后来他写的《书籍形态学探议》(《中国出版理论与实务》，94～103页，中国书籍出版社2000年1月)，又系统阐述了书籍形态变革的客观依据及“开拓书籍形态的再生”的研究课题，系统阐述了塑造新的书籍形态的丰富涵义。他从国外带回来不少图文书：一本讲述毛泽东生平的书，运用了大量图表；一本讲世界美食的书，运用了多种色彩、图表、符号来表述世界上多种菜系的特征。这种把抽象变成具象的图书，让我们大开眼界。随后胡守文提出要研究图书的“两半球构成”：一半是文，一半是图。在出版界一些有远见、有实力的领导者的推动下，20世纪末，特别是21世纪初，中国出版了不少优秀的图文书，新的图书形态大放异彩。

2. 对“读图时代”概念的完整理解

(1) 在信息时代，在继续依靠语言、文字传递信息的同时，图像也成了重要的传递方式。由于现代科技的发展，人类已进入信息化、数字化时代，所有的信息不仅传递量大，速度快，而且在依靠语言、文字传递的同时，图像也成为重要的传递方式。由于电视、电脑的普及，印刷技术的改进，人们经济条件的改善，在接受信息时，人们仍然依靠文本的阅读，但也逐渐习惯了文、图、色、声、光的立体、动态的传播方式，形成了对图像更多的依赖。专业人士自然需要有耐心阅读厚厚的文本，非专业人士，看着电视、玩着电脑长大的青少年，阅读图文书的兴趣更大。有的学者认为：“读图时代的到来是一个不可逆转的趋势。它体现了后现代文化对于知识的一种解构，也是现代审美的一种要求。”(转引自《编辑之友》2005年1期8页《“读图时代”是真实存在还是拟态环境》一文)

(2)“读图时代”要求图书形态发生变革。纯文字书的重要性不可否认，也继续大量存在，但要求对图书形态进行整体设计，增强艺术美感，已成为出版界的共识。而图文书的兴盛，成为进入“读图时代”的明显标志。一些优秀的图文书，对读者吸引力日益增大。潘平在《图文书：一种值得关注的出版现象》中指出“从上个世纪90年代中后期，以山东画报出版社的《老照片》、江苏美术的《老房子》、北京三联书店的蔡志忠漫画系列等为标识，图文书构成了中国出版界一道抢眼的亮色。”(引自《中青社图书品牌战略研讨会论文集》2002年内部出版)我们还看到1999年10月三联书店推出了“乡土中国系列”以及先后出版的《中国古建筑二十讲》、《带一本书去巴黎》，中国青年出版社2001年推出的“大视野文库”，2002年出版的《藏地牛皮书》，河北教育出版社2000年推出的“中国名画家全集”，2002年5月推出的“中国书法家全集”，以及先后出版的“中国古村落”、“小城故事”、“玩艺铺”等，新疆人民出版社出版的《画室里的风景》，云南教育出版社出版的《我的野生朋友》等书确实让读者大开眼界：原来知识读物，也可以出得如此形象、丰富、多彩。出版人不仅在思考“读图时代”的到来的应对方略，也在勇敢地进行多种试验、探索。

(3)图文书的出版是符合人接受信息、知识的内在思维规律的。图书自古以来多是有文、有图的。叶德辉(1864～1927)在《书林清话》中说：“古人以图书并称，凡有书必有图。”图文并茂本来就是中国出版业的传统之一。人接受信息的程序，一般地说，总是先感性后理性，先具体后抽象，先直观形象，后透析本质。形象思维与逻辑思维是并行的。图文书的出版，是适应了这两个并行的认识程序要求的。

(4)出版技术的进步、发展是编制图文书的技术基础。过去铅印条件下的图文并茂，多是以文为主，适当插图。插图多是黑白图、单线条图。少量彩插也不清晰，只能放在正文前，或集中几个印张印刷。现在图文书多是文图并重、全彩印刷。图文书不仅对图的印制有更高的要求，对全书的图文版式设计、印制也有更高的要求。由于现代科技的发展，不仅语言、文字传播日益方便、快速，图像的捕捉、搜集、复制、传播也日益方便快速。现代造纸、印刷技术的发展、摄影技术的发展，制作软件的更新(如Photoshop)使编辑可以得心应手地做出适合图文书需要的版式、图片，使图文书的艺术效果更好。

(5)图文书的特点。图文结合，文图并重，文图配合，增强了内容的视觉效果，可读性较纯文字书更强。由于图文结合，文字比较精炼，说明的效果反更好(一般控制在5万～9万字，图100～200幅)。构成书的元素增加，更注重书的整体设计，充分调动多种艺术手段，吸引读者。设计要求更高。图稿内容形式多样，图片质量高，力求精、高、趣、实、美，有的是文稿作者自拍的，也有编辑部根据文稿内容，专门派人拍摄。印刷要求高，为了彰显效果，图文书多为四色，少量也有单色与双色。印刷质量能较好体现书的总体格调、品位。文编、美编、制作、印制通力合作。图文书具有鲜明的个性、特色，内容、形式给读者以新鲜感、美感。

(6)图文书适合当代读者阅读与休闲、娱乐、鉴赏结合的新要求，拓展了图书的功能。现代生活节奏快，图文书以直观图像替代、延伸部分文字的内容，形象生动，浅显易懂，为读者节省了阅读时间，把相对沉重的阅读变为轻松的视觉享受，适应了人们新的阅读、审美需要。古人说读书有四种方式：心治之书、目治之书、口治之书、手治之书，指出图书可供记忆、浏览、朗读、抄录之用。而图文书还可供人赏鉴、愉悦，它重视书的艺术感染力，在完成前四种功能的同时，还给读者传达一种艺术体验与美感，可以更深层次地开发人的认知能力，鉴赏审美能力。

(7)提出编辑出版进入“读图时代”，只是指出图文书编辑制作的一种新趋势，并不是要冲淡文字书的编辑出版，更不是说要把一切书都编成、做成图文书。图文书只是一种图书形式，不是唯一的、主要的形式，只是图书百花中的一花。不要曲解提出“读图时代”的原意。认为“读图时代”不是一种真实的存在，而只是一种“拟态环境”，担心提倡“读图时代”会使“词语钝化”，会使人“放弃思考”，获得的知识会“不系统、不完整”，这是对“读图时代”概念的曲解与过虑。(参见《编辑之友》2005年1期《“读图时代”是真实存在还是拟态环境》一文，7～9页)

(二) 图文书编辑须知

1. 图文书编辑难度加大，对编辑素质有新的要求。

“读图时代”的到来，确实对编辑出版工作提出了新的要求。邓中和在《书籍装帧创意设计》中专门讲了“‘图文书’的策划”。他指出“一本‘图文书’的问世是对一个出版社的出版观念、编辑能力、装帧设计水平、印制工艺、管理体制甚至出版社领导才能的全方位考核，最能体现一个出版社的综合素质。"从编辑工作角度来看，编好图文书有一系列技术难点：首先要有很好的、独特的图文书的选题策划，找到最佳的文图作者。图片成为书的重要内容，甚至占2/3篇幅，构思选题时要考虑什么书需要用大量图片来传递信息。要考虑图片的来源、数量、质量、复制方式、图的内容选择，图文的结合、妥帖安排。要讲究版式的设计，要考虑图文书的整体设计，如何体现书的文化内涵，传达独特的个性、美感。找到合适的设计师、制作者、印厂。设计、印制都有严格的要求。校对不仅校文，还要校图、校版式、校图的颜色。

"读图时代"需要对这个时代特点有较多理解的、对图书形态有新的认识的，既有文字修养，又有艺术修养，既懂设计，又懂制作、印制，善于开发选题、组织作者，有很强的协调组织能力的通才式编辑。既懂文字书，又懂图文书的两栖编辑。这样的编辑有开发图文书选题的能力，善于组织作者，有艺术眼光、美学追求，有鉴赏水平；与著作者、艺术家有很好的人脉关系，会协调方方面面，懂一些设计、制作、印制；有很强的责任心，会有效率地安排头绪繁多的编辑工作。他们做出的图文书，既能提供知识，又能供人欣赏；既传达理论，又叫人领悟；既有逻辑推理，又有艺术内涵。

2. 什么样的选题适合做图文书

(1)艺术类图文书：美术类(画家传记、画派介绍、美术史、绘画技法教学)，建筑艺术类，文物收藏鉴赏类，电影艺术类、摄影艺术类。必须配图的艺术类图书。

(2)知识类：历史、哲学、文化、科学、旅游、经典名作绘图本。必须配图来说明内容的知识读物。

(3)文学类：文学经典著作(包括人物传记)改成鉴藏版、休闲版、儿童版的图文书。

(4)动漫类：有的以图为主，适当配文。

(5)儿童读物：以图为主，请名家写文学名著缩写本，请著名画家配图。

(6)生活实用书：如保健、育儿用书、美食地图、菜谱等。

(7)图解百科全书、工具书。

(8)中小学教材。

3. 图文书编辑程序与技术要点

(1) 开发合适的选题与物色恰当的文图作者。

不是任何一个选题都可以做图文书。简单地跟风模仿也做不出有创意的优秀图文书。绝不允许粗制滥造，让读者大呼上当。不能一味地玩形式，忽视了书的内容的实用性、影响销路。图片质量差，多是翻拍的也不宜做高档图文书，花了钱却物非所值。

根据不同类型的图文书，选择作者：一是以图为主以文为辅的图文书，图片的质量一定要高，有特色，文字量少，起到画龙点睛的作用，对图片是一种诠释与提升。这类作者往往是图的创作者，又有较好的文字功底。如图文是两个作者，结合有一定难度。这类书编辑可能容易一些，选题确定后要物色到好的、优秀的作者。二是图文相辅相成的。这类书对图文配合的要求比较高，图片与文字是水乳交融的关系，两者的最佳结合是重要的。这类书的作者如是同一个最好，因为只有文字作者最知道自己想表达的内容、思想，如果他同时能用图片、绘画来诠释，无疑是最完美的。但这样的作者并不多见。也有两个合作的：一个文字作者，一个图片作者，两人要比较亲近，彼此了解。如《藏地牛皮书》图文作者是一直一个人，但有文字助理李鸽，李鸽还兼地图绘制，服饰绘制是陈缨，图书总体设计是一直。一直、李鸽都是学美术的，又一起走进西藏，是比较完美的文图作者组合。这类书的编辑工作量大，因为图、文组合不但要美感还要贴切。总体设计工作图文版式组合工作有时要依靠美编。三是以文字为主图片为辅的图文书，文稿质量是首要的，这类书基本要按文字书来做。插图要在文稿完成后再配。插图作者要按文字作者的内容来创作或选配。图少，就一定要内容重要、精彩，不能与文字内容完全无关。

图文书的责编对美术设计者有较大的依赖性。图文书的成败一是取决于图书本身的内容、思想，另外很重要的是装帧设计，后者有时起到决定性的作用。因此美术设计的选择很重要，责任编辑与设计者的沟通交流很重要。

(2) 审读文、图，整理图片。

文稿审读要三审，与一般图书相同。图稿的审读首先要注意图片的内容是否妥当，与文稿是否有内在联系，清晰度如何？是否要采用。如决定用，再进一步作技术编辑的工作。

整理图片的程序：图片来源(反转片、照片、印刷品、手绘原作、版权书所附的光盘)→登记、编号、写图注→确定图片在文稿中的位置、作出标记。

用图片前责编要与文稿作者沟通，了解作者的要求，配图意图，编辑要与设计者沟通，确定开本、版式等。

图片进入生产的程序：反转片→观片器→数码相机拍摄→电脑排图文版式，确定图片尺寸→反转片送工厂按预定尺寸电分→出 TIF 图片→修图→调色(与反转片核对)→出彩样→分色校色→调色→拼图→出蓝样。

图片出现质量问题的原因：作者提供图片来源过杂，作者要求不明确或不恰当，编辑没有下厂监制，工厂想当然处理色调，由于作者要求中途被迫更换图片、调版式。作者提供片子质量差，又作了放大处理。

(3) 找到这本图文书合适的书籍形态设计者。

(4) 学会购买图书的版权，解决图片授权，或输出版权。

(5) 建立图片资料库。

(6) 图文组合的原则：生动、自然、恰当。

图文组合的六种形式：文图分割版面式，文图交错重叠式，主图、辅图、底图配合式，黑白图文式，全彩图文式，前彩、后黑白衔接式。

配图的六条原则：①配图不能单纯为了丰富版面的视觉效果而游离主题，必须服从内容，要避免张冠李戴和滥竽充数。②图像的配置目的是为了更充分准确地说明内容，使主题得到能触类旁通的信息，并引发读者思考。③选择图像不是呆板地图解文字的画面，要寻找有情、有趣、知识性强，有时空概念的视觉要素，使版面富有表现力。④先期的编辑工作必不可少，通读全书并深刻理解内容是前提。要有一个整体思路并做好配图方案。⑤发掘你的想象力和知识源，并注意文字图像量感与质感的关系，以及全书的层次和节奏感的把握。⑥理解新形态图书的图、文立体交融的信息传播特点，是每一个编辑面临的课题，需要改变已习惯的编辑思路和工作方式。

(7) 图片编辑注意事项：要求作者提供反转片，最好是 120 片。(照片可直接电分，印刷品或翻拍或电分，原作大的要拍片，小的可送厂电分，光盘图已电分，大小已定，缩小可以，放大困难)要检查图片是否清晰，编号登记。检查图片图题、图注对否。图文关系是否相符。检查图在文中位置对否。作者提供的图如不合要求要尽早更换，换图同时换文与图注。图形方向看不清的要标明上、下、正、反，连续图要检查排列顺序。发稿时图、文应是定稿，尽量避免在制作过程中换图、文。

(8)编辑要懂点版式设计："图文书"的版式设计，是其成败的重要条件之一，图文组合既是内容的呼应，也是版式安排形成的组合，版式是否艺术、合理，直接影响美感与阅读效果。过去文编要会批版式，现在一般由美术编辑设计版式，但文编也要懂版式，这样才可对设计方案作出选择、判断。这部分内容可阅读邓中和著的《书籍装帧创意设计》(中国青年出版社 2004 年 1 月)中第 4 编"版式风采"。通常的版式模式有：等距离模式，约翰·契肖特模式，蛇腹式划分法，网格编排法，图文混排的双版心法，西方现代版式，后现代版式。

(9)校图与校文同等重要。文字稿要三校一读。校图同时进行。校图要注意图片内容是否与文不合，张冠李戴。上下、左右、正反、前后顺序对否。图的内容有没有不妥当的。地图是否合乎有关规定。对照设计稿检查图文位置、尺寸，题图与图注是否一致，与目录是否一致，与内文是否一致。彩图要校色，是否与原作一致。要校各级标题、图注字体、字号是否一致、全书统一。校图文关系是否重复、倒置、矛盾不一。图文顺序，一般应先文后图、文图不要离太远，有文有图配合恰当。

4. 合理控制图文书的成本。成本、资金、销售、效益要通盘考虑。学会资金调度、争取资金，力求投资方与出版方取得共赢的效果。

5. 做好图文书的营销、宣传。要区分不同图文书的性质：礼品书、鉴藏书、教学用书、专著、大众读物等，设计不同的营销通路，争取出版、发行、书店、读者互惠。

(三) 做图文书需要注意和防止的问题

1. 不是所有的书都适合做图文书，不要刮风，不要随意跟风，不要一哄而上，把所有的书做成图文书没有必要。

2. 要区分图文书的不同性质、类别、读者定位，选择恰当的编辑方案，从策划开始，就要想到未来的销售通路，读者是否欢迎，有没有特定的读者需求。目前图文书的市场状况已有所变化。开始异军突起，后来大批跟风。如旅游图文书上的较多，重复雷同会引起读者阅读兴趣下降，出现“审美疲劳”。图文书要慎做，出版的目的最终还是为了方便读者阅读。

3. 图文书投入大、风险大。投入产出要预先测算。生产过程要合理控制成本。有多少资金做多少事。争取资金也是一门艺术。成本、资金、销售、效益要通盘考虑。不要搞成一堆半拉子工程。

4. 不要把图文书都当作玩个人设计艺术的试验场。注意把握设计的实用性与观赏性，常规性与创新性的关系。注意大多数读者能接受的实用性、观赏性统一的设计与少数设计家欣赏的概念书的区别，后者要少做、慎做。

5. 图文书，图文质量都要好。图片质量更重要。不要花了很多费用，却用了一堆变色、偏色的复制品来做图文书，失真效果不好。印制、纸张选择也很重要，可以凸现图片效果。

6. 注意图片来源，规避版权纠纷。一般要取得授权，从版权所有者处引进。

7. 注意图片和文字的关系，把握图文搭配、图文比例。图片颜色失真要及时校正。注意图片、文字调整带来的新问题。注意防止图压字的情况。注意插图不要影响文本的连贯性。

8. 图片不要不加选择、堆砌、乱放，只求热闹。图文书不一定是全彩的，可以全部黑白，可以半彩、半黑白，彩色可以单色、双色、四色混用。注意色调的总体把握，不同内容可以有不同的总调子。

9. 电视片改编成图文书，图片要选择，文稿也要审读加工，从口语变成阅读文本。

第三章

编辑的追求与境界

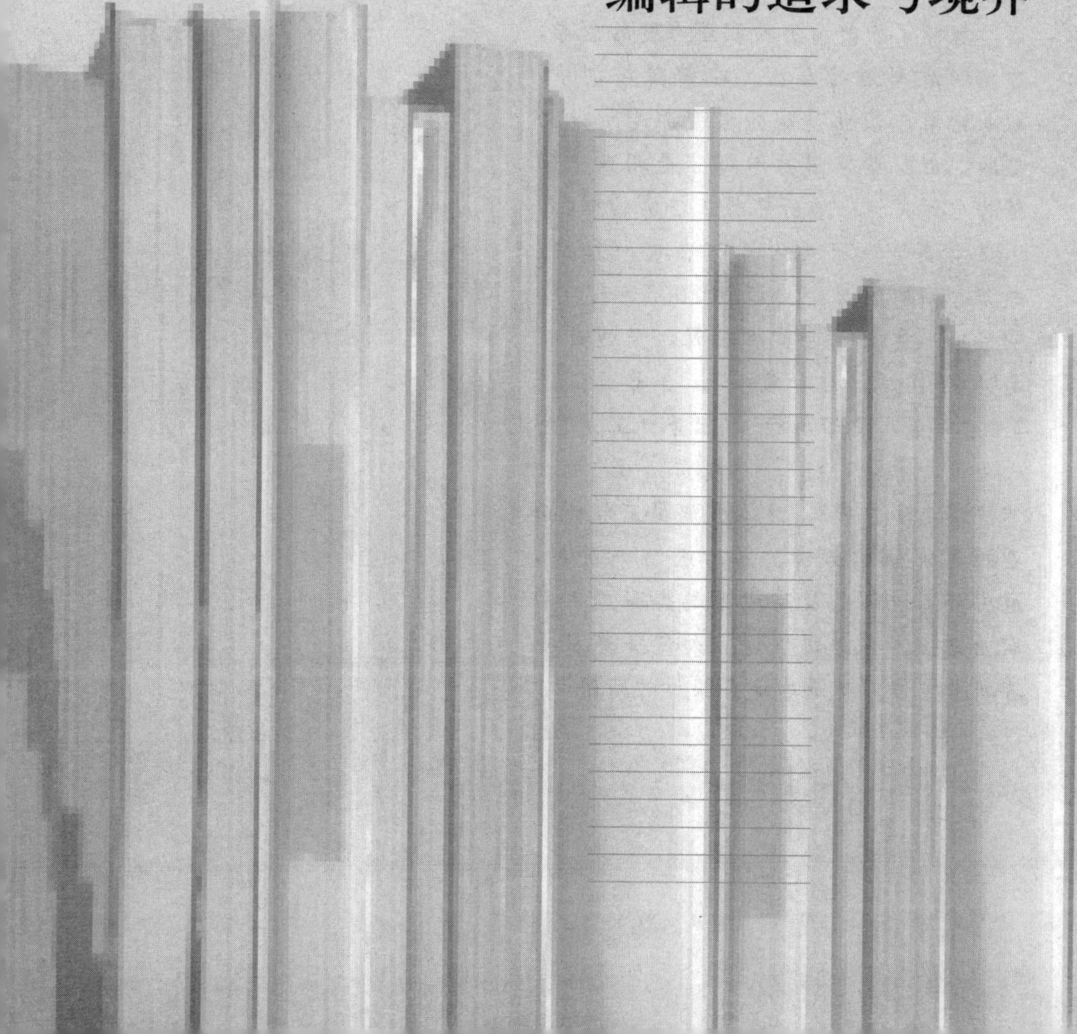

前面两章讲了我进入编辑角色的经历，以及我对提高编辑素质的理解。但是总觉得有些话还未讲透。这些年，我还在参加新编辑的培训工作，一般是培训单位出题，我去讲课。但培训单位出的题目，多是涉及编辑业务基本知识，生产流程的讲解。培训多停留在技术层面，忽视了积极向上的职业态度的倡导，忽视了道与悟的层面。在编辑培训中，职业觉悟与职业技能的培训都是十分必要的，但职业觉悟的培训应是职业化训练的总开关。一本研究员工培训的书《员工总动员——职业化铸就卓越》（徐剑、陈陈著，中国青年出版社 2007 年 4 月）中指出：在倾听企业要求时，普通员工是“心不在焉，被动做事”；合格员工是“注意倾听，立即执行”；优秀员工是“用心去听，主动积极”；卓越员工是“用心感悟，自动自发”。这本书把员工倾听企业的要求分解为听、品、悟三个阶段，道出员工培训的最高境界是提高员工的职业觉悟。在编辑培训上如何提高从业者职业觉悟，就是本章要探讨的问题。

第一节　编辑的职业要求与基本素质

中国青年出版社下属的中青新世纪图书中心总经理郭光曾让我给中心的新编辑做过一次演讲，演讲的题目是《如何成为编辑部欢迎的优秀编辑》，我说一个出版社、一个出版公司，对下面的职工无非有四点要求：一是能抓到好书；二是能像模像样地编出、做出好书；三是能把书卖好，取得双效益，然后改善大家的工作、生活、学习条件；四是希望培训出一批人才。

一、从一则招聘启事说起

我看到一个出版社的招聘启事，招聘财经、教育与青春文学的编辑。前两类编辑在专业学历要求上有区别：一是要求经济类本科以上学历；二是要求教育本科以上学历。其他要求均相同，以经济类为例，招聘的岗位要求是：

①相关专业，经济类本科以上学历，有通感；

②良好的文字驾驭能力；

③具有创造性思维，认真严谨踏实；

④有开拓精神，有较强的统筹计划、沟通协调和团队协作能力。

对青春文学编辑的岗位要求：

①兴趣广泛，喜欢看小说，有没事泡网看小说的习惯，熟悉晋江、红袖添香、起点、幻剑书盟等原创门户网站；

②活泼、开朗，具有天马行空的想象力和开拓精神，同时自认品位

不错；

③有团队精神、沟通协调能力强；

④良好的文字驾驭能力。

作为技术层面，要求都是专业背景，有广泛兴趣，有良好的文字驾驭能力。

作为职业觉悟层面，要求是具有创造性思维，有沟通协调能力，有团队协作能力。

这则招聘启事反映了编辑工作岗位的共性要求，但是作为职业要求，还是初步的。

二、编辑素质面面观

《中国新闻出版报》2007 年 6 月 26 日发表了一篇短文《优良机制：好编辑生存的土壤》，作者潘晓翊，是沈阳市新华书店副总经理。他对目前编辑状况作了一番描述：

第一种，视编辑为自己的毕生事业。热爱这个职业，在工作中逐渐树立起自己的人生观、价值观，坚强的事业心。爱思考，肯钻研，很快脱颖而出，成为中坚力量。

第二种，满足现状，不求发展。这种心态的编辑有三种类型。①实干型：忠于职守，安分守己，难有创新；②平庸型：工作能力不强，又不肯下苦功夫，主要精力、兴趣是搞人际关系，以此完成任务、取悦领导；③漂浮型：人很聪明，眼高手低，大活做不来，小事不愿干。才智不用在工作中，只用在仕途上。讲起来头头是道，几年下来却编不出什么名篇佳作。与人搭车，与书商合作却不少。工作多年，仍不能独立工作，仍是门外汉。

第三种，受私欲驱使，利用工作之便，谋取私利。在工作岗位上“挖钱”，或充当地下文化经纪人；或直接与书商合作牟利；或把发稿出书当作交易资本，虽是少数，但影响极坏。

第四种，下决心跳槽或准备跳槽。或是受钱的诱惑，或是在单位工作不顺。合理的人才流动是正常的，准备跳槽的人中也应具体分析，有的也是优秀人才。

总的看这几年编辑队伍出现青黄不接：大量有经验的中老年编辑离开一线岗位，而年轻编辑独立工作能力还没有建立起来，造成一些出版社人才断档。

所以有的人急呼：缺少编辑，缺少崇高敬业的编辑，我们的出版界就将迈进危机的边缘了。而不少出版社在管理上只是简单地进行任务目标管理，一切管理都是围绕利润转，而忽视了人才的培养，没有建立人才培养机制与科学管理机制，迈进危机边缘的趋势还在加剧。

三、编辑人才的基本素质要求

为了帮助年轻编辑记忆与掌握，我对编辑人才的基本素质要求作了五个方面的归纳：

(一)政治思想素质

1. 要熟悉马列主义、毛泽东思想、邓小平理论及“三个代表”重要思想，学习科学发展观。要关心政治，学习政治，有一定的政治理论水平。要学点哲学，懂得用马克思主义哲学、思想方法指导实际工作。在实际编辑工作中有政治头脑，能分辨是非，方向明确。在现代中国，出版工作的根本任务是促进社会主义先进生产力和先进文化的发展，满足人民日益增长的精神文化需求，努力传播科学文化知识，为现代化提供精神动力与智力支持。所以编辑工作要方向明确，必须有政治头脑，大局意识。

2. 法制观念与纪律观念。编辑要在实际活动中执行国家的法规，熟知著作权法、出版管理条例、图书质量管理办法、合同法等。自觉地宣传贯彻中国共产党的路线、方针政策，执行宣传纪律。

3. 正确处理两个效益的关系，以社会效益为最高准则，坚持“质量第一”的原则。编辑要有自己的职业信仰：以传播文化、传承文明、普及知识、开启智慧为己任。只有信念坚定，才会在工作中方向明确，有动力，有激情，有想象力，才会开创编辑工作新局面，催生出优秀的作品。

4. 要有事业心与敬业精神。热爱编辑工作，在天性中应该对文化有敬仰，有悟性，有热爱。由此产生对书的敏锐感觉。书是人类文明、文化、思想、道德一切修养的结晶，如果编辑没有对文化的虔诚与感动，对此没有敏锐的感受，就不可能成为一名优秀的编辑。编辑对自己的工作要有执着精神，追求高标准、高效率，有使命感、责任感。

5. 要有严肃认真、一丝不苟、实事求是、扎扎实实的工作作风。书是有生命，有灵性的。编辑是催生新生命的助产士。书的健康、健全、优美，离不开编辑的精心呵护。优秀的图书可以“藏之名山，传之后世”。书的寿命在于它的内在质量与不断重版。优秀的图书会千年不朽。编辑对书要有敬畏之心，工作中来不得半点粗心与疏忽。

6. 严格遵守编辑职业道德，全心全意为读者与作者服务。要正确处理与作者的关系。编辑要想将自己的创意、策划付诸实施，必须取得作者的鼎力支持。编辑与作者是合作、互利、共赢的关系。为了合作、互利、共赢，编辑要做好服务工作，善于沟通。把作者当作创意实施者，产品生产者，自己的朋友与精神文化生活的知音。必要时要有容人之心，忍让之礼，甚至牺牲自己和利益，为的是催生一部优秀的作品。

（二）编辑出版业务知识

1. 了解编辑业务的基本原理、规律，熟悉编辑工作全过程。编辑业务包括：搜集信息，选题策划，组稿，审稿，校对，加工修改，定稿发稿，宣传营销，公关协调等。对这些业务不仅要熟悉、掌握，力求工作到位，精益求精。

2. 熟悉编辑工作相关的法规。如著作权法、出版管理条例、图书质量管理办法、合同法以及出版物汉字使用规定、标点符号用法规范、数字用法规范等编辑规范。

3. 熟悉装帧、印制知识。

4. 了解出版业务相关的经济知识。如何计算出版物成本，如何恰当定价，如何预测盈亏。如何进行图书市场调研，提出宣传、营销计划等。

（三）掌握必要的专业知识与广博的各科知识

1. 编辑应有专业背景，在学习掌握一门专业知识方面要求基础扎实，不断深化，注重更新，了解发展动态与信息。积极参与相关的学术活动，与学术界保持联系。

2. 编辑工作涉及面广，不可能只从事某一特定专业书籍的编辑，编辑既是专家，亦应是杂家。知识要广博，要善于学习、积累各方面的知识，多读书，勤交友，善练笔。博览、博记、多思、多悟。在处理书稿时善于发现问题、解决问题。熟练使用工具书，查询相关资料。

3. 注重知识更新。处在信息时代，新理论、新著作、新观点层出不穷。编辑既要广泛接触新知识，学会运用现代网络搜集了解信息，又要对各种信息善于选择、鉴别、利用。掌握一门以上的外语。

(四) 文字水平与逻辑思维能力

编辑工作主要是从事文字工作，语文修养是编辑的基本功。编辑除了熟练使用汉语等语言文字，还要掌握编辑规范语言：逻辑、语法、修辞及相关编辑规范。

1. 掌握语言文法规则和丰富的词汇。用语行文要规范、准确、鲜明、生动。了解语法、修辞及辨别错别字的能力。

2. 熟悉标点符号正确用法。掌握出版物上数字用法的规定、汉字使用管理规定。正确使用简化字，懂得繁、简转换的规定。

3. 有较强的逻辑思维能力。编辑工作全过程是进行科学思维的过程。逻辑思维是在表象、概念的基础上进行分析、综合、判断、推理的过程。编辑工作中选题确定、稿件选择、加工，都要运用逻辑思维。编辑应初步掌握形式逻辑的知识，进而了解科学思维的相关知识。

(五) 策划与创新能力

1. 策划能力

策划已成为现代编辑应当具备的基本功之一。策划即谋划，策划即创造问题的能力，没有见识，对书的感觉与判断力就不可能策划。策划要把握社会、人群的思想脉搏：能敏感地发现、提出社会、人群隐然有感，应当及时回答的重要问题。策划三要素：问题的价值——形成书稿的现实可能——销路，是编辑策划必须考虑到的。要能发现、提出、创造问题(选题)，编辑必须有旺盛的好奇心。新鲜的问题，新的观念，新的表达方式能吸引读者。

2. 创新能力

编辑要具备创新能力，因为我们所处的世界、社会、文化环境是在不断变化、发展之中的。实践没有止境，创新也没有止境。编辑要在掌握信息的基础上，站在一定的思想、学术的高度，审时度势，对知识和文化产品进行新的开拓、组合、展示、传播。要提高自己的创新能力，编辑还要培养、锻炼自己的创新思维，从创意策划，科学决策的角度，要着重锻炼自己的9种创新思维能力：提问力、观察力、想象力、联想力、发散力、组合力、逆向力、变通力、迁移力。(可参见汪馥郁：《创新思维与科学决策》一文，见中国青年出版社《增强自主创新能力，建设创新型城市》2007年8月)

第二节 编辑的职业道德

俗话说："小胜凭智，大成靠德"，对于职业道德在养成编辑素质，提升编辑境界中的重要性许多人认识上是不足的。这些年在培养年轻编辑过程中，我深感养成职业道德的重要。年轻人的成长，不能只靠智力的提升，学历的增高，从根本上说，还是解决为什么活着，怎样做人这样一个世界观、人生观的根本问题。在市场经济条件下，人人都面临求生存、求发展的压力。人们的消费欲望接近疯狂。为了一个钱字，有些人可能就会不择手段，甚至走入邪门歪道。做编辑，不能不考虑挣钱，糊口，不能不追求生活的改善、富裕。俗话说：君子爱财，取之有道。编辑不能不遵守职业道德规范，规范自己的言行，关注产品的社会影响、社会效果。况且，养成良好的职业道德，亦是提升出版企业竞争力，提升编辑业务素质的必循之路。

一、出版工作者的职业道德要求

高尚的职业道德是中国共产党和政府历来提倡的，它和社会公德、家庭美德构成我国社会道德的全部。中国出版界在1995年3月就颁布了《中国出版工作者职业道德准则》，1997年1月作了修订，2004年1月又作了修订。有8条要求：

(一)为人民服务，为社会主义服务。

以促进先进生产力和先进文化的发展为己任，坚持正确的政治方向，坚持以民为本，为人民服务、为社会主义服务、为全党全国工作大局服务。解放思想、实事求是、与时俱进、开拓创新，为全面建设小康社会和培育有理想、有道德、有文化、有纪律的社会主义新人做出贡献。

（二）增强使命感和责任感，力求坚持两个效益的最佳结合。

始终把社会效益放在首位，力求实现社会效益和经济效益的最佳结合，反对唯利是图、见利忘义。大力弘扬中华民族优秀传统文化，自觉维护民族团结，牢固树立为中华民族伟大复兴奋斗的历史使命感和社会责任感。

（三）树立精品意识，提高出版质量。

唱响主旋律、提倡多样化，贴近实际、贴近生活、贴近群众。多出好作品，不出平庸作品。认真把好出版物的质量关，提高内容、编校、印装质量。

（四）遵纪守法，廉洁自律。

遵守党的宣传纪律和国家的法律法规，遵守出版管理的各项规章制度。自觉抵制和纠正行业不正之风，不买卖书号、刊号和版号。坚持以质取稿，不利用工作之便谋取个人名利。不参与非法出版、印制、发行及其他违法经营活动。

（五）爱岗敬业，忠于职守。

热爱本职工作，甘于岗位奉献。重视学习，善于学习，终身学习。努力掌握新知识、新技术和新技能。反对粗制滥造、玩忽职守的行为。

（六）团结协作，诚实守信。

发扬集体主义精神，尊重人，理解人，关心人，互相帮助，互相爱护。讲信用，重信誉，平等竞争，用诚实劳动获得合法利益。尊重作者，保护著作权人的合法权益。

（七）艰苦奋斗，勤俭创业。

谦虚谨慎，不骄不躁，密切联系群众。勤俭节约，讲求实效，反对形式主义和铺张浪费。

（八）遵守外事纪律，维护国家利益。

发扬爱国主义精神，在对外交往中维护国家尊严和中国出版工作者的良好形象。

遵守职业道德，不能停留在口头上，而是要贯穿在出版、编辑活动的全过程中，明白做事的道德底线，谨防违规、违纪。事实已经证明，不遵守道德底线，做人做事，就会因小失大，甚至一失足造成终生悔恨。年轻人尤其要思之、慎之。

二、青年编辑的职业道德养成

进入 21 世纪，青年编辑日益成为中国编辑队伍的主力。中国出版业正处在一个大转变时期，编辑的职业角色、职业精神在市场经济条件下正在重新定位，重新塑造。编辑的职业道德建设也面临新的挑战。青年是祖国的未来，也是出版事业的未来。他们的职业精神、职业技能、职业道德状况如何，对当今及未来中国出版业的发展会产生重要影响。出版业是一个需要人才，也能大量造就人才的行业，人才的培养与考核，离不开德、能、勤、绩四个方面，这四方面是互相联系的。中共中央决定在新闻出版业中开展三项教育活动，胡锦涛总书记提出了“八荣八耻”的社会主义荣辱观，都为我国编辑职业道德建设提供了重要的思想武器与巨大动力。结合青年编辑的实际状况，我就青年编辑的职业道德养成谈几点不成熟的看法，供业内同行参考。

职业道德的培养，既靠思想教育，学习提高，也靠在职业实践中逐步养成。青年人一进入编辑岗位，就应当学习了解出版编辑工作的职业道德规范，知道出版业的性质、特点、活动规律、发展目标及行业自律的基本要求。同时出版社亦应从职业培训入手，把职业道德养成与职业培训结合起来。让青年人从业之初了解什么是良好的职业规范，结合工作实际逐步养成良好的职业习惯。天长日久，点滴积累，好的职业习惯就变成良好的素质。养成一个好习惯，编辑职业生涯终生受益。职业道德也就打下了坚实的基础。

青年编辑的特点是：富有活力，充满朝气，渴望在编辑职业生涯中发挥才干、创造业绩，实现自身价值。对新鲜事物敏感，有创造潜能。知识结构较好，熟悉外语、电脑。但对编辑行业的规范，角色难度，面临新挑战要积累的知识与才干缺乏深入了解。面临行业转制，没有足够的认识与思想准备。情绪起伏大，缺乏定力。有开拓、创新的精神，但易走偏锋，在行业规范恪守上易摇摆不定。针对初入行业的特点，在职业道德培养上要注意以下问题：

(一) 职业荣誉感的培育

职业道德要求从业人员敬业乐业。中国古代哲人荀子说："凡百事之成也，必在敬之；其败也，必在慢之。"西方人认为"不论从事哪种职业，走向成功的第一步，就是必须对这种职业感兴趣。"(〔美〕欧斯拉)"只要热爱它，一个人便适合任何工作。"(〔美〕哈伯特)当代青年选择出版编辑这个行业，有的是喜爱这个职业，也有的是从实际利益考虑，对这一行业的收入有较高的期望。前者是培养职业道德的起点，后者的考虑也是切合实际和可以理解的。但过于从实际收入多少考虑，对行业的兴趣就会随着收入的多少而波动，而过高的期望值一旦落空，青年人可能就会离岗，另行择业。

要从青年中造就一批职业中坚人才，造就一批敬业乐业的骨干，从道德层面说编辑行业的职业荣誉感与职业使命感的教育培养是必不可少的。

职业荣誉感来自职业使命感。中国近现代曾出现了像张元济、陆费逵、叶圣陶、邹韬奋、胡愈之、巴金、赵家璧等一批出版大家、编辑大家。这些大家有一个共同的特点：把出版事业看作是开发民智的教育事业，是救国救民的文化事业。他们尊重作者，善于发现、培养作者。在国难当头的恶劣环境下，坚持出版人的职业良心——"一不亏心，二不亏本"，多出好书，不出坏书。他们理解读者，尊重读者，竭诚为读者服务。他们对待编辑业务严肃认真，一丝不苟，极端负责，精益求精。他们自觉地把出版事业与挽救国家民族危亡的历史使命结合起来。新中国成立以来，中国几代出版工作者也自觉地把出版事业看作是振兴中华大业的组成部分，把出版业作为中国走向现代化的组成部分，用出版为现代化提供精神动力与智力支持。他们努力工作不计个人名位，不图一己私利，甘为国家作贡献。是职业的使命感与荣誉感，使老一辈的出版人职业道德达到高尚的境地。

当代人做出版可以有不同的境界：一是为了谋生，把出版业当作谋生手段，把出版当作盈利创收的行业；二是求发展，把出版作为现代企业，力求做强、做大，在世界出版业的竞争中，力求跟上时代，同步前进；三是追求崇高，把出版事业当作推进人类文明进步的崇高事业，自觉地用出版物推进中国文化走向现代化，为中国和谐社会的建设，为人的自由全面发展，为人与人的关系和谐，为人与自然的和谐的理想境界呼吁、呐喊，为争取和谐世界的构建作出应有的贡献。

青年编辑要培养自己的职业荣誉感，培养敬业精神，一是要学习中国近现代老一辈编辑家服务读者，培养作者，传承文脉，严谨编辑的优良传统，自觉地把职业价值取向从自身兴趣爱好的满足，上升到为国、为民的崇高境界。出版社可以通过请老编辑讲社史、讲传统，组织新编辑参观社史陈列，组织新编辑学习中国近现代出版史、编辑史，开展出版理论与业务研讨，组织青年编辑学习本单位的先进人物等方法予以引导。二是要适应现代出版事业、产业的发展需要，培养拼搏、创业、开拓、创新、互助、诚信等新的职业精神。《编辑人的世界》一书的主编美国编辑家格罗斯说："文化的前途有很大的一部分是系于编辑人员身上，正如同文化的前途要系于作者身上一样。"出版社可以组织青年编辑学习世界各国著名编辑家的经验，读读《编辑人的世界》等好书，学习世界各国和本国先进出版企业的具体案例，从中受到教益。也要学习国内优秀中青年编辑的事例、经验。对本单位的青年编辑要多鼓励，多帮助，发现先进事例要及时总结、奖励，予以引导。在当代，青年编辑敬业乐业的价值取向可以有多层次的选择，但敬业是编辑职业道德的基础，也是青年人事业有成的出发点。

(二)职业责任感的教育

出版工作者职业道德要求从事出版工作的人坚持为人民服务、为社会主义服务。坚持社会效益第一，对社会负责，对读者负责。要遵纪守法、廉洁自律。这些都体现了一种职业责任。我国近代思想家梁启超非常重视责任感的培育，他说："人生于天地间，各有责任。知责任者，大丈夫之始也；行责任者，大丈夫之终也；自放弃其责任，则是自放弃其所以为人之具也。是故人也者，对于一家而有一家之责任，对于一国而有一国之责任，对于世界而有世界之责任。一家之人各自放弃其责任，则家必落；一国之人各自放弃其责任，则国必亡；全世界之人各自放弃其责任，则世界必毁。"责任是推动事业发展的力量，也是编辑职业道德的实质内容。

具体说到青年编辑的职业道德养成，突出编辑责任感的教育尤有必要。我们出版的每本书上都要署上责任编辑的名字，说明责任感在编辑活动中是一时一刻不能缺少的，编辑如果放弃了自己应尽的责任，就是编辑活动的失败，编辑成果的丧失，甚至会导致编辑名誉、信誉扫地。

青年编辑职业道德的培育，要把编辑责任感的养成放在核心地位。并通过编辑职业活动的全过程，学会承担编辑的各项责任。具体是：联系作者、组织作者队伍的责任；依照《著作权法》，维护作者与出版社权益的责任；对书稿进行认真审读、把关的责任；学会修改书稿、校改差错的责任；学习书籍整体设计，帮助美编完善书籍形态美的责任；协助发行人员制订宣传营销方案，参与宣传营销活动的责任；遵守出版法律、法规，编辑规范，书刊质量管理要求的责任。

由于青年编辑从业时间不长，对编辑规范了解不够，除了在从业之初要进行职业责任感、职业规范的学习，还要在实际工作中针对青年编辑易犯的毛病，由各级编辑业务主管和资深编辑予以细心指导与纠正。我在从业之初就多次得到老编辑的认真指导、帮助，使我终生受益。结合具体的编辑过程，对青年编辑进行编辑责任感的教育，比空洞地讲大道理效果要好得多。

我在 1993 年到 2001 年曾三次在中国青年出版社内主持青年编辑培训，后来又在新闻出版总署教育培训中心为青年编辑讲课，并在民治新闻专科学校、北京大学、中央美院城市设计学院为编辑、出版设计专业的研究生、本科生讲过课，审读过许多年轻编辑担任责编的书稿。我深深感到培养青年编辑的职业责任感，让他们严格按照职业规范从事编辑工作是一项艰巨的任务。在市场经济条件下，大多数出版社正在转型中，面临许多新的挑战与压力。面临经济压力，不少出版社把尽快获得经济效益作为压倒性的任务，甚至把经济指标分解到编辑个人。在编辑活动中出现了普遍浮躁的危险倾向。在年轻编辑中，有不少事业心、责任心强，工作比较严细的优秀编辑，但是也有不少青年人缺少应有的责任心，对责编工作不尽责任。我曾和其他几位老编审到一家大报社进行近一年的质量检查工作。据报社的负责人说，有的年轻记者、编辑，对文字差错不当回事，说“我把版面文字码齐了不就得了”，意思是只要组来稿、写出文章，有没有文字差错就不是自己的事了。在报纸的头版、大标题中挑出错字也时有发生。一些年轻编辑由于教育管理不到位，自己责任心又太差，在工作中只图快，不图精。即所谓“萝卜快了不洗泥”，图书成品差错超标已不罕见。2001 年我退休后，仍在帮着审稿，一次我审读一位青年编辑送来的一本文史方面的书稿，责编居然没编总页码，一叠一叠的书稿，如何衔接居然要终审者自己去整理。责编说这本书要赶在一次会议前上市，催着尽快看完。书稿是由某电视台提供的，存在一些文字差错与常识性错误，我一一作了纠正，纯口语化的记录稿变成阅读文本，文字上我也作了一些精简，这些工作本来都是应由责编完成的。退回书稿时，我再三提醒责编，要注意目录与封面不要出文字差错。谁知责编给我送书时发现封面上“中国猿人”错成了“中国原人”，“避暑山庄”错成了“避署山庄”，令我哭笑不得。有的年轻编辑“见钱不见文”，只要是作者自费出书，就不认真审读书稿，书稿中的政治错误、知识错误、文字差错统统不管。一次我终审一本多人写成的诗词集，作者是自费出书的，要的很急。我问责编书稿中有没有政治问题，责编说她看过了，没有问题。我认真通读后，发现有 8 首诗内容不妥，有的调侃党和国家领导人，有的妄评中国的外交政策。这些诗词是当代作者用文言文按格律写成的，年青人可能读起来有些困难，但有的问题还是很明显的，应作删除处理。这不是责编的水平问题，还是责任心的问题。有的年轻编辑为了完成利润任务，也学着打擦边球，有“别人能出，我为什么不能出?”的跟风心理、侥幸心理。低俗之风不绝、违规事例不断，从反面说明编辑职业道德建设任重道远。还有的年轻编辑认为老编辑的老作风、老传统已经过时，对老编辑的指教不虚心学习，反而自以为是。有的妄改书稿，把对的改错，有的已养成一些不好的痼癖，难以纠正。

我体会到对年轻编辑进行编辑责任感的职业道德教育，必须结合编辑活动的全过程，结合编辑工作各个环节，做深入细致的养成教育工作。过去一些出版社凡进了新编辑一律要到校对科先工作一年，这既有利于编辑技能的训练，也是严谨编风的基础培训，可惜的是这个好办法，并没坚持实行。目前有的出版社实行成品抽检制度，每年让年轻编辑自送一本责编的好书，由老编辑逐一审校成品，对编校质量优秀的予以表彰奖励，对编校质量不合格的要批评处罚，这是新条件下以老带新的一个好办法。既要组织年轻编辑学习职业规范、学习职业技能，还要有针对性地进行纠正职业痼癖的教育。定期进行书报刊质量检查，对有关责任人实施奖惩。对编、审、校差错超标的，违反宣传纪律的典型案例要及时通报、逐一解剖，让年轻编辑从自己的经验、教训中，从别人的经验教训中获取教益。

只有在年轻人从业之初就强化编辑责任感的教育，让他们熟悉了解这个行业的职业规范，这样他们才会终生受益。我们也才可能培养出基本功扎实，素质、技能高超的编辑行家。

(三)职业归属感的培育

敬业是为了乐业。编辑职业道德的培育是一种自律行为，但不是为了束缚人的创造力，而是为了让人了解行业的规范，在业务活动中取得自由，最终把从业作为一种快乐与享受，并演化为一种以职业为生命的职业归属感。目前在青年编辑中职业归属感不是加强了，而是弱化了，其原因是多方面的。有的论者指出：在出版社转企、进行人事制度改革进程中，青年编辑的职业角色发生了变化。比较普遍的是许多单位用人制度改成了全员聘任制，这本来是现代企业通用的用人制度，是激发工作人员活力的一项好制度，但是由于出版社改制过程中思想工作与具体工作跟不上，工作过粗，一些年轻编辑，甚至比较优秀的编辑积极性反而受到挫伤。他们认为自己工作再努力，与企业也只是一种雇佣关系。有个出版社的人事干部说：现在还有多少年轻人还把出版社当成自己的家啊！一些公司化的编辑部青年编辑流动过多，已影响了工作。加强职业道德培养是为了解放发展生产力，但道德建设也不是万能的，一定要与相应的制度机制建设结合起来。有的出版社在实行人事制度改革中实行“A、B、C分类聘用制”，A类实行固定制管理，B类实行聘任制管理，C类实行暂时性管理。同时规定：A类人员，两年一次双向选择中，未被聘用的可转入B类；B类人员，一贯表现好的，连续用了3期(6年)，在有编制的情况下，可以转为A类人员。这样的聘用制考虑比较周到。对多数处于聘用制管理阶段的年轻编辑如何调动他们的积极性，使年青的优秀编辑人才企业能用得上、留得住。除了按绩效来奖励(工资+奖金)，也要注意加强思想教育，提出职业道德要求。单位用人，要用能人，也要用贤人。对德、能、勤、绩全面优秀的年轻编辑在职务提拔、职称评定、学习进修、出国考察、表彰鼓励等方面有所体现。如何在聘任制条件下，加强年轻编辑的职业归属感是转制过程中应认真研究的问题。企业不能有短期行为，企业在人才培养上也要有战略眼光，人才配备要门类全、有梯次，有长远考虑。

从职业道德养成的层面，我们要告诉年轻编辑，勤奋而认真对待工作的人，必将不断有所前进和提高。不论为自己工作，抑或受雇于他人，都会由于自己熟练而高超的技能而不断发现自己劳动的价值。正如英国哲人卡莱尔所说的："在这个世界上最后的福音是要了解你的工作，并全力以赴。"

作为一个老编辑，我经常念兹在兹的是如何培养下一代的优秀编辑。未来的出版物，要依靠不断自我提升的作者，也依赖于目前和未来从事编辑的青年人的职业道德水准与编辑技巧与艺术的提高。对此，我仍是充满了希望与期待。

三、编辑的大局意识

前不久读到一篇论文《编辑的七种意识》，论者提出，在社会主义市场经济条件下，编辑应具有如下七种意识：文化积累意识、市场意识、稽核(论证)意识、前瞻意识、独创意识、核算意识、宣传(推广)意识。论者所言是正确的，但是不知道是疏忽，还是什么原因，论者没提到一个很重要的问题，即编辑还应有大局意识。所以，要专论一下编辑的大局意识。

(一)具有大局意识是编辑职业道德的重要要求

在《中国出版工作者职业道德准则》中，第一条就明确提出，出版工作者要"为全党全国工作的大局服务"。要为大局服务，当然要有大局意识。

编辑的大局意识，首先是指编辑要学习、了解全党全国工作的大局，有政治头脑。江泽民同志曾指出全党全国工作的大局就是"抓住机遇，深化改革，扩大开放，保持稳定"。这十六字方针是总结了国际、国内改革发展和现代化的历史经验提出来的，是从我国的实际情况出发的。要发展我国来之不易的大好形势，必须深化改革，而发展和改革都必须保持政治上的稳定。编辑要为大局服务，首先要认真学习、了解这一方针，要搞清楚这一方针的提出的客观根据、理论依据、现实意义与战略意义。只有通过学习才能培养自觉的大局意识，在纷繁的编辑工作中保持清醒的头脑。

编辑的大局意识，既可以直接服务，又可以间接配合。

直接服务是从有利于大局的角度出发，结合自己业务分工，找到服务的切入点、结合点。设计选题，组织重点书稿，从理论实际上做出深入阐述，宣传大局。从许多出版社的成功经验看，他们的编辑工作都有明确的大局意识。以前些年入选“五个一工程”的图书为例，如其中的《国脉所系——现代化与稳定》(福建人民出版社)、《中国农村大写意》(湖南文艺出版社)就是直接为大局服务的好书。前者是理论专著，它以当前我国社会发展的重大课题“现代化与稳定”为研究对象，运用历史唯物主义和辩证唯物主义的基本原理，从反思国际国内现代化、社会主义建设的经验教训入手，深入地分析了改革、发展、稳定的三者关系，特别是现代化与稳定的关系。后者是报告文学，全方位地描写中国农村改革发展的实例与经验。这两本书对加深读者对大局的认识都有价值。虽然切入的角度不同，都是直接为大局服务的好书。这两本书的出版者在总结自己经验时都明确提到，书的主旨就是“紧紧扣住”全党全国工作的大局，“紧紧扣住”十六字方针。“力求选题体现导向性，有利于弘扬主旋律，为党和国家工作大局服务”。(引自《中国图书评论》1995 年 11 期“五个一工程”获奖作品经验介绍)

间接配合，是指更多的图书内容不是直接论述大局的，但也是体现了江泽民同志提出的“以科学的理论武装人，以正确的舆论引导人，以高尚的精神塑造人，以优秀的作品鼓舞人”的总要求，是为改革发展提供智力支持、思想保证和营造良好舆论环境的，是弘扬主旋律的。只要图书体现了这些要求，就能间接配合大局，同样达到服务大局的目的。在间接配合上编辑工作天地广阔，大有文章可做。还是以入选“五个一工程”图书为例，如《邓小平理论与实践研究丛书》(上海人民出版社)、《中国人权丛书》(辽宁人民出版社)、《中国大西南在崛起》(广西教育出版社)、《当代中国人口流动与城镇化》(武汉大学出版社)、《新三字经》(广东教育出版社)、《童规——少儿行为规范教育丛书》(江苏美术出版社)、《生命之歌》(浙江文艺出版社)、《中国母亲》(江西人民出版社)、《中华文明史》(河北教育出版社)、《当代中国科技精英》(黑龙江教育出版社)等，虽然读者对象不同，图书体裁内容不同，但都从自己专业分工、读者对象出发，找到了最佳切入点，体现了配合大局的明确意识。

编辑的大局意识还表现在编辑工作要自觉服从大局、维护大局，对大局不干扰、不添乱。近年来大多数出版社、编辑工作者都能切实把好选题、书稿的政治关，没有出版政治效果不良、社会效益不好的图书，体现了服从大局、维护大局的高度自觉。即使有的选题、书稿从市场效果预测可能有一定经济效益，但报送后，主管部门从大局考虑，认为暂时不宜安排出书，也能以大局为重，予以撤消。但是也有少数出版社、编辑，认为一二本书的好坏，何至影响大局。或是由于工作马虎、疏忽大意，或是为了一时的、局部的利益，让一些有碍大局的图书出了笼。确实引起事端，给大局造成不好的影响，给国家利益造成相当损失。如有的书散布错误的政治观点，有的书杂有妨碍民族团结的内容，有的书容易引起宗教纷争，有的书会引发外交事端，有的书泄露国家机密，等等。事实说明从目前我们的实际情况出发，一本书的好坏确实会影响大局。所以编辑的大局意识不能淡化，必须强化。这是编辑职业道德首要的要求之一。

从本质上说，编辑的大局意识，既是一种政治意识，体现编辑的政治方向，也是一种全局观点，体现了全局利益。其客观要求是因为出版工作不仅是文化工作、经济活动，更是党的思想教育工作。只把出版工作、编辑工作当成纯经济活动，当作只是赚钱的活动，或是看作是纯文化工作都是片面的、有害的。讲大局，可以理解为想全局、讲政治、辨方向，理解为正确处理全局利益与局部利益的关系，在这样重要的问题上是不能掉以轻心的。

(二)具有大局意识是做好编辑工作的必要条件、基本要求

从自律的角度看，是否具有大局意识，是编辑职业道德的重要要求。从另一个角度看，这也是做好编辑工作的基本条件，是开发出版生产力，开拓业务，创造良好社会、经济效益的内在要求。

考察编辑工作的好坏，无非是看编辑工作是否策划了好的选题，物色到一流的作者，抓住有双效益的重点图书。这里很重的因素之一，就要求编辑要有编辑思想，工作要有重点，有自己的套路，不能东放一枪，西放一炮。有的编辑有一种误解，认为一讲大局意识，一讲政治方向，似乎就会束缚自己的手脚，抹杀编辑的个性。其实从不少成功的编辑实

践经验看，有大局意识，对编辑工作不是什么束缚，而是一种正确的导向，这种导向既贯彻了党和国家的指导方针，又反映了广大群众的呼声、要求。比如我们国家要推动改革发展，要建设富强、民主、文明的现代化国家，没有稳定的政治环境不行，没有相应的精神文明建设不行，没有精神支柱不行。顾大局、讲政治对出版生产力是一种正确的指导与有力的推动，关键看自己如何在方向正确的前提下，创造性地开展工作。

高占祥(左一)、范曾(左二)等在"中华文化与青少年教育"研讨会上(1991年)

从中国青年出版社的工作实践看，多年来一直认真贯彻党的出版方针，顾大局，重教育，在发展社会主义市场经济的条件下，我们既要讲导向，又要面向市场，两者能否统一起来呢？近些年来，党中央一再提出要加强爱国主义、社会主义、集体主义的教育，要弘扬中华民族的优秀传统，我党的革命传统，加强思想品德教育。中青社都结合青年实际，在出书上作了认真贯彻。仅以爱国主义教育为例，从20世纪80年代以来，中青社组织了《祖国》、《祖国丛书》、《爱国主义教育丛书》(10册)、《中华民族杰出人物传》(11册)、《中华文化集粹丛书》(19册)、《中华智慧集粹丛书》(8册)、《青年革命传统教育丛书》(35册)、《毛泽东之路书系》等一系列重点图书的出版，这些书不仅发行量大，读者反映好，也多次在全国获奖。在五部委推荐的百部爱国主义教育读物中，中青版就有10种20册，几乎占1/5，取得了良好的双效益。在出版爱国主义教育图书中工作也越做越深入，取得了一些新经验。在中宣部、国家教委的指导下出版的《爱国主义教育丛书》，读者对象明确，其中的《中华腾飞的一百道难题》在爱国主义教育中注入了危机意识、责任意识。全套书把情感调动，知识渗透，责任教育结合起来，有新的突破。

事实证明编辑有大局意识，就抓住了上头精神，又反映了读者要求，占有市场就有了相当大的优势。如果工作深入，设计出好选题，抓住好书稿，工作局面更易打开，工作重点就会抓住，出版高峰就可能登攀，编辑的个性也是鲜明的。

编辑工作是否要顾大局，讲方向，在实际工作中，并不是没有不同意见，并不是没有思想交锋的。

比如有的编辑认为在市场经济条件下，强调图书的思想教育作用已经过时，出书应以愉悦为主，说“现在还有谁肯花钱买个爹来教训自己”。也有的编辑认为：“老抓爱国主义教育干什么，国家搞好了，大家自然而然会爱国的。”还有的编辑对一些敏感选题的报批送审有意见，认为是“缺少开放的新境界”。对这些不同意见，我们一方面晓之以理，在实际工作中则坚持出书质量重在教育的方针不动摇，强调出书的目的是有利于全面提高青年一代的素质。对该抓的选题抓住不放，精心设计，力求抓出精品。对该缓行、该放弃、该严审的选题、书稿，也坚持原则，认真对待，工作上有不同意见允许讨论，但在政治把关上不含糊、不轻率，尽可能严把政治关。

编辑的大局意识与开放的新境界并不矛盾，我们不仅要看全党全国工作的大局，还要看世界大局。编辑工作不仅要有利于中国的进步和发展，也要关照整个人类的和平与发展，要为此作出自己的贡献。但是开放的新境界，不等于文化上可以全盘引进，还是要有所选择、鉴别。

总的看编辑具有大局意识，工作才能高屋建瓴，贴近时代，贴近现实，出书有思想性、独创性、针对性，抓住重点、要点，才可能编出对读者有启发、有教益的好书，才能有所作为。反之则可能误事。

(三)如何强化大局意识

从目前情况看，编辑的大局意识有所增强，但仍然存在一些问题，不可忽视。比如有的领导不认真学习、了解全党全国工作的大局，成天埋头具体业务，热衷于忙忙碌碌，在指导工作上有盲目性。有的编辑认为大局与自己的专业分工、业务工作关系不多，只从业务、专业角度和个人兴趣出发考虑工作，有随意性。个别的甚至我行我素，眼睛只盯着经济效益，直到出书干扰了大局、添了乱，还不知原因所在。

如何才能强化编辑的大局意识呢？一是要认真学习，特别是领导干部应当认真学习，了解全党全国工作的大局，并结合业务工作做出部署。

二是要抓任务。要通过理清出书方针、调整选题思路、制定出书规划、组织重点书稿来为大局服务，通过抓项目、抓任务来带队伍，在实际工作中强化大局意识。三是要严纪律。要严格执行党的宣传纪律，国家的出版行政法规，做到令行禁止，防止、预防干扰大局的图书出版。上上下下强化纪律观念，大局意识也就强化了。四是在强化大局意识时，要处理好几个关系：服从大局与繁荣出版的关系，服从大局与适应市场的关系，全局利益与局部利益的关系，防止片面性。不能认为一讲服从大局就是不要出版繁荣，把服从大局与抓好繁荣对立起来。服从大局有利繁荣，我们要的是有利于大局的繁荣。不能认为一讲服从大局，就是不再讲出版行业的改革与走向市场。既要坚持正确的政治方向，又要深化改革，尽可能多的开拓市场，走向市场，增强出版的经济实力。在局部利益与全局利益有矛盾时，要以全局为重。

四、我们决不肯辜负读者

在叶圣陶先生长期编辑出版活动中，贯串着一个中心思想——决不肯辜负读者。他把这看作是办好出版社的根本宗旨，做好编辑工作的基本要求，抓好发行工作的重心所在。作为成功的出版家和领导者，他的这一编辑出版思想内涵深刻，反映了出版工作应遵循的客观规律，对我们改进当前的出版工作，有重要指导意义。

1985年10月19日叶圣陶在开明书店创建60周年纪念会上说：开明书店是有所为有所不为的，“有所为，就是出书出刊物，一定要考虑如何有益于读者；有所不为，明知对读者没有好处甚至有害的东西，我们一定不出。这样做，现在叫做考虑社会效益。我们决不为追求经济效益而不顾社会效益，我们决不肯辜负读者。”(《人民政协报》1985年11月29日)“决不肯辜负读者”既是开明书店成功之道，也是新时代办好出版社必须遵循的根本宗旨。围绕这一宗旨，叶老还有多方面的论述。

(一)一切为了读者，竭诚为读者服务，是办好出版社的根本

1. 出书出刊要有益于读者，对读者负责。叶至善在《叶圣陶和编辑工作》中指出：“父亲的编辑思想，跟他的文艺思想和教育思想是一致的。”叶圣老认为“文艺作品应该反映时代，应该担负起唤起读者、改革社

会的责任”，“出版工作也是教育工作，对编辑青年读物和少年儿童读物来说尤其如此”，“要帮助学生树立正确的人生观，使他们得到全面的发展，成为自觉进取的，能为社会做出贡献的合格公民”，他要求“注重出版物的质量，既对读者负责，又对作者负责，总起来说就是对社会负责。”(《叶圣陶编辑思想研究》，4～5页，开明出版社1999年5月)

2. 出版事业效果如何，得看对读者的影响。叶圣老说：“出版事业的教育效果怎样，在表册帐簿里是看不出来的，得看对读者的影响怎样；而影响又不是一年半载就能检查明白的，总要经过较长的时间才看得清出版物对读者的见识思想究竟是有益还是有害。”(《叶圣陶出版文集》，30页，中国书籍出版社1996年3月)而对读者的影响如何，读者反映是最直接的，所以叶圣老非常注意读者的反映。他在总结开明书店的经验时说：“我们都是认认真真地编辑、审读、校对、印刷”，“我们觉得安慰的是读者界造成了口碑，好多人说开明的书不马虎。不马虎，就内容而言，也就形式而言……期望做到百分之百的不马虎”。(《叶圣陶散文甲集》，550～552页，四川人民出版社1983年)把读者的反映作为检验出版工作好坏的重要标准之一。

3. 把读者看作是朋友，要保护广大读者的利益，满足读者的合理要求。叶圣老主张树立“为读者”的业务思想，要关心了解读者的要求，尽力满足他们的合理要求。开明书店把自己的读者对象主要定位在青少年，在叶圣老倡导下，开明书店为读者，特别是青少年做了许多真诚服务的好事，周到细致、令人感动。以《中学生》杂志为例，叶圣老明确提出了“为中学生的一切利益而努力”的办刊宗旨，杂志宣传新思想，引导青年进步，树立正确的人生观，帮助青年了解国内外大事，指导青年解决就业、出路、恋爱、人际关系等实际问题，帮助青年学好各门功课，指导失学青年自学。《中学生》还把读者工作放到重要位置，千方百计与读者交流，认真回答读者来信提问，针对普遍性的问题组织专文，大量发表读者习作，在“编者的话”中与读者交心，调动读者积极性，让他们参与办刊。还实实在在给读者以优惠，奖励热心读者。每千人读者中选出一人，发给奖金，够付学杂费……

早年在开明书店工作的金韵锵在《〈开明活页文选〉和它“为读者”的业务思想》(《我与开明》，252页，中国青年出版社1985年3月)一文中记述了在叶圣老影响下，当年开明人是如何细心地为读者服务的。20世纪30年代一些中学老师感到“国语教科书教材不合适”，他们自选课文，油印发给学生。油印讲义不清楚，错漏多，教学也不方便。开明书店知道后，决定出版活页文选，精选可供语文教学用的经典范文单篇印行。为了方便教学，古文均分段、标点、加注释。每文另页，不相衔接。读者可以自由选购，花钱很少。文章用四宋字号排，阅读方便。校对仔细，不出差错。学校选购后，开明书店还出售布面夹子供学生使用，也可代为装订成本，另配封面、目录，两三天即可交货。虽然书店添了不少麻烦，却处处方便读者，出版后很受欢迎，成为“开明三大教本”之一。抗日战争前，开明办邮购业务，曾向读者赠送一种书签，上面印了如下的话：“请以任何方式给开明邮购课一个机会，试验它是否具有为君服务的忠忱与能力”，开明人不仅这样宣传，也这样行动。开明出版了林语堂的英文读本后，应读者要求，为纠正英语发音，又特请英语口音专家琼斯教授发音，制成唱片，售给读者。开明出了一本《口琴吹奏法》，读者反映买不到口琴，开明又向德国订购口琴，满足了读者要求……

在满足读者各种要求时，叶圣老还强调要考虑一般读者的经济能力和时间精力。“为减轻读者负担，要在经营合理化的条件下，逐渐地降低书价。”(《叶圣陶出版文集》，6页，中国书籍出版社1996年3月)

4. 要尊重读者。不少出版社对作者、发行商是比较尊重的，来到社里都是贵客。而对读者往往不当回事，读者来信往往不回复，随后扔进了废纸篓。而叶圣老对读者来信不仅认真看，还认真答复。1964年，叶老已70高龄，3月，他收到北大附中一学生来信，指出叶圣老一篇书评中可能有一明显错误。叶圣老3月22日给这同学复信“非常感激你们，对你们的细心看书非常欣慰，对我的疏忽非常惭愧”，3月23日又致信北京出版社，要求予以订正。(《叶圣陶编辑思想研究》，272～273页，开明出版社1999年5月)

叶圣老办杂志时，把按期出版，看成是尊重读者的大事。他说：“出一种杂志标明是月刊，每月某一天出版，这就是与读者诸君订了约。按月如期出版，那是守约，读者可以享受如期展读的快感。”(《叶圣陶散文甲集》，676页，四川人民出版社1983年)叶圣老办《中学生》时，正是国民党统治时期，战乱不止，民生凋敝，交通阻隔，集稿困难，还要经国民党政府审查，要按期出版，难上加难。但叶圣老采取提前集稿，提前排印等方法，仍保证了如期出刊。

尊重读者，还体现在叶圣老注意从读者中发现培养人才。他一再倡导要以平等的态度对待读者，要善于与读者交流，要调动读者积极性，参与编辑出版工作。他办刊物时，对读者来稿每篇必读，沙里淘金。丁玲的处女作《梦珂》就是叶圣老代编《小说月报》时，从一大堆来稿中发现的。他主编《妇女》、《中学生》、《开明少年》等杂志时，通过举办各种各类征文活动，开辟习作园地，组织绘画竞赛，鼓励读者发表习作，彭子冈、孙源、莫芷痕、沈振黄等就是在《中学生》上发表习作后，逐渐成为作家、记者、美术家的。

新中国成立后，叶圣老担任出版总署副署长，对"一切为了读者"这个宗旨有了更明确的表述。他在 1950 年 9 月 15 日第一届全国出版会议开幕辞中，更明确提出，出版工作要"认定这么个方向，为的是为广大读者群服务。文盲，工农兵大众，各级各种学校的学生，研究各种学问的人，从事各种业务的人，他们对出版工作各有主观和客观的要求，我们非好好地为他们服务不可。"(《叶圣陶出版文集》，6～7 页，中国书籍出版社 1996 年 3 月)叶圣老的这些见解，与党的"坚持为人民服务，为社会主义服务"的出版方针是一致的。"为读者"是一切成功的出版家的出发点与归宿，也是社会主义出版事业的出发点与归宿。

现在我们的出版业空前繁荣，但也面临许多新的挑战和困难。至 1999 年全国图书库存已达 200 多个亿，销售进入低谷。订货锐减，退货增多，回款率降低。一些出版工作者感到很无奈。出路何在？重温叶圣老的上述教诲是很有启发的。销售，说到底是销到读者手中，销售不畅，不要怨天尤人，首先要想一想，我们有没有辜负读者？现在不少出版工作者成天忙忙碌碌，辛苦奔波，要出书，要完成利润任务，但头脑中往往没有"读者"二字。为了完成利润任务，一些对读者有害，甚至宣扬"法轮功"的书出版了。为了完成利润任务，接受了不少自费出书，只要有钱，不管他的水平如何，照出不误，而这些书是没有或很少有读者的。一些出版社赚了钱，不是用来好好为读者服务，而是出版了大量读者"买不起、拿不动、看不懂、没有用、不想看"的大部头书。文集、全集铺天盖地，买的人有多少？读的人又有多少？或是为了拿大奖，不惜工本，豪华装帧，出一些与普通读者无缘的“贡品”书。一些编辑人员，闭门造书，或从自己的兴趣出发，或从小圈子交往出发，或从与作者的交易出发，出了许多没人看的“平庸”书。一些出版社的领导不要求编辑人员调研读者的切实需求，而是凭着自己的主观好恶，以权力大小作为拍板出书的依据，出版了一套又一套的豪华巨制，为自己在出版界树了碑、立了传，实际是选题重复雷同，出版后读者买不起，只能放在书库中睡大觉。更有甚者，买卖书号，与一些书商合作，出版了不少质量低劣，没有经过编辑加工的书。如有些合作出版的教辅读物，差错百出，本是要辅导学生的，反让学生来信指出公式、符号都弄错了，让读者大呼上当！出版者如此辜负读者，读者当然不买账。

从出版全过程来说，看似作者、出版者是主角，读者是配角，其实从特定的意义上来说真正的主角还是读者。好书读者是认同的。要摆脱当前出版业的困境，走出低谷，关键在于启动读者消费。要启动读者消费，就要摸准读者的切实需求，并切切实实地、千方百计地及时满足，这才是唯一的出路。出版者不辜负读者，读者才会回报你。

（二）了解不同读者的特点、要求，在编辑工作中细致地适应这些要求，编出适合不同读者使用的好书，这是做好编辑工作的一项基本功

1. 编辑要了解不同读者的特点要求，要理解读者，特别是青少年读者的特点要求，从读者实际出发，才能编出合用的好书。

叶圣老在谈到少年儿童出版工作是教育工作，要严肃认真时，特别强调“最要紧的是深切地理解少年儿童，承认他们像植物一个样，是有生命的，是自己能够发展的，自己能够成长的。”(《叶圣陶编辑思想研究》248 页，开明出版社 1999 年 5 月)他认为在编辑青少年读物时要从青少年的特点出发，引导他们生动活泼，主动地成长，要遵循这样的原则：“不要教训，要劝说；不要灌输，要启发；不要以教育者自居，要像对待朋友一样对待读者，了解他们的生活和学习情况，知道他们需要什么，喜爱什么，跟他们一起商量，一起探讨，解决一些面临的问题。”(转引自庄之明《〈中学生〉的质量，创新和特色》，《编辑学刊》1988 年 1 月)

2. 编辑工作要有群众观点，不要离开群众的要求，别出心裁搞什么特色。叶圣老非常关注给一般读者阅读的大众读物，要求专业人员在写这类书稿时，要跳出自己的专业小圈子，真正做到深入浅出。他说：“唯

有能深入又能浅出，编辑工作才算真正有群众观点。”(《叶圣陶集》18卷，64页)举例来说《青铜器浅谈》是一篇3 000字左右的短文，请叶圣老审改，他提出了41条修改意见，除了文字上的推敲外，主要是从读者角度提出问题的，看看作者是否深入浅出了。如第12条修改意见，原文说“殷墟时期大量的铜鼎，特别供奴隶主贵族祭祀和宴会使用。”叶圣老批点说：“我猜想，可能有些读者会问，这么大的家伙里煮的什么东西？祭祀的时候怎么供？宴会的时候怎么吃？如果能用少数几句话生动地说明一下，该为读者所欢迎。”第34条修改意见是这样的：“‘通耳’似是考古工作者的习用语，一般读者未必明晓其意。凡作文总要时时刻刻为读者着想，想到某些词语或说法稍涉专门，就得想办法改变它，使一般读者理解无误。”最后叶圣老批点说：“为一般读者着想，既然谈青铜器，什么是青铜，似乎得说一下。一般人参观古物展览，看见那么巨大而精致的青铜器，一定会想到这些家伙是怎么铸造的。因此，我以为这篇文章里应当说一说铸造方法，要避免专门术语和习用语，用最通常的语言叙述铸造的先后次第和操作方法。我看两三百字也就够了。有这么一段，可以满足读者的求知欲。”“原稿只是简单地表述了作者的观点而没有顾到怎样使读者理解他的观点。”“专业人员作稿子，最要注意跳出专业的圈子，为一般刊物作稿几乎可以说是天经地义。否则同行可能要看，外行就不爱看。”(《叶圣陶编辑思想研究》，209页，开明出版社1999年5月)叶老审稿时，心中时时有读者，群众观点非常鲜明。如何深入浅出，雅俗共赏，叶圣老为我们指明了途径。

3. 编辑要善于引起读者的积极性，培养读者好的阅读习惯，要给读者留有思考的余地，激发读者自己去深入。叶圣老指出：人各有专业，对本行来说，他是专业者，对其他各行来说，他就是一般人。专业者固然要读专业书，但作为一般人也要在自己专业以外吸收知识。而这种吸收，多半只能是随机检取，逐渐积累。针对一般人喜欢知识的需要，叶圣老提出多写多登知识小品，他说：“知识小品那样的文章富于趣味，属于软性的一类，好比甘美轻松的食品，叫人喜欢吃，吃下去又容易消化。这就很有利于知识的普及。”“写这类文章，最好着眼在引起读者的积极性，培养读者的好习惯，使读者不仅读过就算，还能随时随地在观察、试验、查考、推断等等方面下工夫。如何做到这一点，全靠作者的匠心，做到了这一点，就是对读者尽了更好的义务。知识如海洋，哪里说得尽？而引导读者自觉自动地求知识，那是给读者开了个永远不竭的泉源。”(《叶圣陶编辑思想研究》191页，开明出版社1999年5月)叶圣老这番话，对编辑有很大的启示，编辑如何调动读者的兴趣、求知欲是要着力下工夫的，而不要只是塞给读者一大堆具体难懂的知识。

我们有不少成功的编辑，是懂得研究读者的重要的，他们的心与读者是相通的。无论编书编刊，大到宗旨主题，具体到书名，文章写法，标题运用，结构层次，不同的读者有不同的要求。他们抓住了特定读者群的特点要求、不同的阅读、欣赏心理，对症下药，在自己的编书编刊中加以适应、满足、引导，读者自然会认可，给予回报。但也确有一些编辑心中没有特定的读者群，他不知道自己编的书的读者指向，更谈不上去调研某个特定读者群的特殊阅读要求、审美特点、心理特征、实际需要。比如，明明是青少年读物编辑，却对当代青年读者的特点不甚了了，非常隔膜。当前读者的阅读要求日益细分化，不具体研究，怎么可能编出抓住读者的好书？你编的书，远离了你应该关照的那个读者群，盲目地在那儿编什么“放射性”的图书，读者自然不会去购买。结果只能是产品积压滞销。叶圣老的读者观，确实是改进当前编辑工作的一剂良药。编辑应当走出编辑部，到读者当中去，问计于读者，求方于市场，切切实实地搞点调研，了解读者还有哪些未能满足的正当需求，听听读者呼声，然后再开始编书吧！

（三）创造读者，开展读书运动是发行工作的重心

叶圣老对发行工作与读者工作的关系是很有远见的。他认为发行工作不仅是要千方百计满足不同读者的阅读需求，还承担着培养读者、创造新读者，不断扩大读者队伍的社会责任。

在开国之初的第一届全国出版工作会议上叶圣老就大声疾呼：“发行工作不单管运输和销售，还要管宣传和推动；不单叫要读书的人有书读，还要叫不读书的人乐意读书；不单叫人读了书就完事，还要叫人乐意批评，随时对出版家提意见。换句话说，就是把发行工作的重心放在读书运动上，想尽种种办法让不读书的读书，少读书的多读点书，读了书的善于读书。”(《叶圣陶出版文集》，7页，中国书籍出版社1996年3月)在另一次会上他还说：“要把书送到读者手里，才叫发行。”“发行工作最重

要的一点，要使读者满意，要在读者群中尽力推销。不要坐在那里等待读者上门，要把书刊送到读者手中去。要尽量扩大读者群，使不读书的读书，少读书的多读书。这是发行工作者最重要的目标。一切技术和方法，都要环绕这个最主要的目标。”（《叶圣陶出版文集》，13 页，中国书籍出版社 1996 年 3 月）

国内外成功的发行经验就是要开展读书运动，虽然方法、技术各有不同，但目标都是千方百计吸引读者、扩大读者队伍。这里包括组织各种读书活动、知识竞赛、组织读者俱乐部等等。不断创造新的读者，这才是长盛不衰的经营之道。目前一方面是面对众多传媒的竞争，部分青少年读者已开始疏离图书，据 1999 年上海抽样调查，64％的家长不常带孩子去书店，家长对书店兴趣不大，导致孩子对书店的图书日益陌生；另一方面却是不少发行工作者，守着上亿元的库存，眼看着资金积压，却想不出对策，启动读者消费！学习叶圣老的论述，不是很有启发吗？

总起来说，叶圣陶先生关于读者问题的论述是有完整体系的。读者是书刊的消费者，读者才是真正的市场，书销到读者手中，才达到销售的终点。读者是真正的上帝。抓住了一定的读者群，就是抓住了办好出版社的关键。办社的宗旨、定位，出书的方针、范围，编辑的各个工作环节，发行的重点都离不开对读者的研究。所谓定位，首先是特定读者的定位，然后才是出书范围的定位。作为出版工作者千万不要忘记读者，心中一定要有读者，要把对读者的调研、交流、服务、吸引、组织摆放到自己的工作日程上。对特定读者群的需求摸得准，满足得及时，服务得周到，久而久之就形成了出版社的声誉、品牌，就会带来更多的商机。还是那句话：只有不辜负读者，读者才会给你丰厚的回报，你才是一个成功者！

第三节　出版理念与编辑的境界

理念是指思想、观念、信念，也是指认定和追求的某种目标、原则、方法。我在研究出版社经营管理问题时，发现成功的出版人，都有正确、独到的出版理念，都善于实施科学的出版管理。2003 年北京大学新闻传播学院的肖东发教授，请我给出版专业的学生讲讲出版社的经营管理问题。我设想一个年轻人，要办一个出版社，他应如何解决出版理念与经营管理问题呢？

一、浅谈出版社的经营管理与出版理念

如果让你去办一个出版社，当一位社长，你如何把一个出版社经营管理好？首要的要解决哪些经营管理方面的实际问题？

(一) 经营目标的确立：近期目标、中期目标、长期目标

1. 经营的三个层次

(1)初创阶段。求生存经营，考虑出版社靠什么吃饭、过日子，靠什么赢利。以“盯住市场，盯住效益”为目标。往往是什么赚钱做什么，是市场导向型。新成立的小社、文化公司、文化工作室，首先要考虑的就是这些问题。

1996 年，我访问大连出版社，副社长周秀才介绍说：该社成立于 1988 年，是局级单位(单列市出版社)，1990 年曾被停业整顿，调整班子后，情况逐步好转。目前全社 45 人，年出书 100 多种，年创利 100 多万元。现库存不到 100 万元。如何经营管理？一是目标责任制，要求按职

称，分别年创利 6 万元、5 万元、4 万元。分房、出国、安电话都和效益挂钩。1991 年买了 10 套房，除拿出两套解决特困户，其他房子与贡献挂钩，分去五套，年创利 30 万元，给三房一厅，可以“一步登天”，利润是指回款数。分配上 5、3、2 分成。5 可作流动资金，3 是工资集体福利，2 是奖金，实际可用作分配的 2＋3。编辑可以搞编、印、发一条龙。推销，只靠大连市场不行，靠内地、靠全国，实行外线作战，销售大头在外。可以在哪里组稿，就在哪里印刷，在哪里征订发行。如一套《小学生程度目标测试》在江苏找作者，在江苏印发。码洋达到 500 多万元，5.8 折给书店，利润可观。社里把住终审权、选题权、财务权、自费出版权。出版行业有特殊性：说出事，就出事。按规矩办，赚钱也不难。社里主要靠学生用书过日子。总之分房、出国、安电话都和创利挂钩。室主任分房、高级职称要解决，如创利不够，就稍微往后放一放。全社发行人员只有 3 人，考察码洋、利润两个指标，完成码洋可以拿职务津贴，利润和超额奖挂钩。编辑完不成任务要扣奖金。再版书归社里。编辑室出书可超范围。由于加强了利益机制，加强了自我管理，全社目前积极向上。

(2)求发展经营，出版社发展的中期阶段。此阶段出版社主要探讨在市场竞争中解决准确定位，打造品牌，成为名社、强社的课题。盈利问题已解决，建设市场与文化双导向型。

案例：中国青年出版社前几年的求发展经营，中期阶段。中青社创办于 1950 年 1 月，有 50 多年历史，在计划经济体制下，中青社已成为名社、大社，创造了“服务青年，引导青年”的书刊品牌。在市场经济情况下，如何保持生机和活力，在竞争中，既珍视传统，又寻求超越，摆脱一个企业由盛转衰的周期，不致落伍，是经营上要认真研究的问题。

看一组数字：中青社 1991～2000 年书刊统计。(缺 1992 年统计)

年　份	出版(种)	期刊(期)	书刊总码洋(万)	利润(万)
1991 年	403	52	3 868	350
1993 年	423	54	5 243	361
1994 年	600	42	6 200	365

（续表）

年　份	出版(种)	期刊(期)	书刊总码洋(万)	利润(万)
1995 年	734	42	9 700	369
1996 年	542	42	14 246	602
1997 年	559	42	14 375	898
1998 年	648	44	17 032．8	833
1999 年	581	44	17 698	836
2000 年	578	51	19 958	1 354．4

注：每年的利润33％上交国家，67％留下开支、发展。

中青社是一个老社、名社。中期目标是在市场经济条件下保持大社、强社的地位，并为进一步发展打下坚实的基础。建社 45 周年时，1993 年新班子上台，如何寻求超越，经分析，找出中青社四条劣势：①思想观念上守旧，②体制僵化，③管理上有弊端，④规模不够、效益不够。提出新的目标：多元化、一体化、国际化的战略目标，要把中青社建成“国内一流，国际知名”的出版社。抓品牌建设、抓经营机制的进一步改革。图书上，实行套书战略、精品战略，提出图书形态学的理论，搞装帧设计革命。建社 45 周年，提出“练内功，求实效”的目标。1995 年社里搞一系列业务研讨，讨论出版战略、选题策划、书籍形态、图书质量、期刊风格。管理上从“双效益目标责任制”改为“一级法人，二级管理”，人、财、选题权开始下放到编辑室，开始自我扩张。2000 年，中青社建社 50 周年，提出“永不自满，开拓奋进”的要求。1998 年完成企业形象设计，提出出版社企业文化理念。1998 年提出发展新目标：中青社走内涵发展道路，逐步形成“中青出版集团”，将机构重组，22 个处级单位，调整为 16 个部门。编辑部设 6 个中心：社科、当代文学、文教、科普、电子音像、综合期刊，两部：文化艺术开发部、实业开发部(公司)。2000 年提出的发展目标是：中国青年出版社要走内涵式发展道路，形成中青复合式出版集团。图书、期刊、电子音像三大块。从单一出版向立体、多元出版发展，从平面出版向全方位出版发展。图书实施新工程：学术著作大众化，大众读物经典化。搞“大视野文库”。启动社刊工程。

《青年文摘》由月刊改为半月刊(红版、绿版)，发行量 100 万～200 万。创办《青年文摘·人物版》，《青年文学》改两个版，《追求》与法国费加罗合作，改为时尚刊物《虹》，创办《青年心理》、《同学月刊》等。

(3)做大、做强的经营，跨越式发展的经营。出版社进入出版企业的成熟阶段，要突破体制性限制，实现跨越式发展。此阶段的出版社可考虑组建大型出版集团，进行国际化经营。国外的大型传媒集团往往采取地区化发展，全球化经营的策略。

案例：外研社，1979 年成立，90 年代出书 700 种，期刊 10 种，音带 600 万个，销售码洋 3 亿元，利润 5 000 万元。李朋义在《“外研社模式”阐释》中介绍外研社长远目标：“建立一个学术性、教育性、多种媒体的外语出版集团”，为此外研社制订了短期、中期、长期目标。短期目标已实现(2000 年)，实现销售 5 亿元。中期目标：逐步完善目前的经营结构，增加外语图书音像品种，增加电子出版力度，发挥报刊潜能，提高对国内外语市场占有率，实现销售总码洋 10 亿元，成为中国最大的外语出版基地。长期目标(2010)年：通过实现经营方式上的突破，在巩固和挖掘国内外语市场的同时，利用外语多媒体产品的优势进军国际市场，开发边缘(文化)产品，创办教育性信息咨询产业。最终实现出版业辐射教育市场、信息咨询市场、广告市场、影视市场等，销售额达 15 亿元～20 亿元。

为了实现上述目的，经营思想如下：

①以图书出版为主，辅以报刊、音像、电子、网络等多种媒体出版。形成多种媒体互动。

②以外语出版为主，兼及国际化、语言、教育、科技等多媒体的汉语出版，达到资源共享的理想状态。

③加强发行网络建设，形成多渠道、多形式的发行模式。

④按照现代企业制度，逐步形成出版集团组织与经营模式。

⑤凭借出版主业信息资源的优势，通过智力资源和边缘产品的综合开发，推动向相关传媒领域发展，形成集团多元经营格局(加强无形资产的利益开发)。纵向发展时，寻求横向联合扩充。与外语类、综合类出版社联合，与中文出版社联合，扩大出版范围，与新华书店、外文书店联合。跨越式发展与外部条件有关。

2. 为何要设定发展目标

为什么要设定发展目标，特别是中远期目标？设定发展目标实际上是出版社的战略管理。

“二战”以后，世界经济、科技出现许多重大变革，企业面临的内外环境日益复杂多变，迫使企业开始研究战略管理。许多企业由过去只注重内部资源的利用，追求短期利益，转向重视企业的长远发展，适应外部环境的变化，保持自身稳定的增长。

出版社更宜采用战略管理。在自己的生存环境中，找到企业的目标，并在目标实现过程中，根据战略需要，对企业资源在质和量上重新分配，求得企业环境、目标、能力的动态平衡。企业战略赋予企业理想和活力，有了长远目标，企业才有定力，才不会随波逐流，不会急功近利。企业战略目标要能够看得见，可以操作，可以衡量，可以评价。企业战略管理的目的是为了强化企业的竞争实力。企业一旦确定了自己的战略，就要根据战略要求选择和调整企业管理模式，使之服从战略的需要。通过市场的调研与细分，决定目前应采取的对策。企业目前需要的是利润？份额？经济实力？市场品牌？企业追求的是时尚，还是文化？如看重利润、经济实力，可以追求时尚，多出畅销书。如果看重文化，就不应随波逐流。

(二) 经营的四个方面：理念的形成，目标的确定，思路的选择，工程的实施

1. 经营理念的形成

一个成功的出版家，必须有自己的经营理念，也就是自己的经营哲学、经营思想。出版物就是出售思想、观念、知识、信息的。所以出版者自己先要弄明白：为什么要做出版？做成什么样的出版？

案例一：在编《叶圣陶编辑思想研究》一书时，弄清了叶圣老的出版思想，①出版工作是教育工作的一个组成部分，出书是为了提高全体公民的素质；②出版工作要一切为了读者，竭诚为读者服务，决不肯辜负读者；③用朴实、严谨的态度为读者编好书刊。这些出版思想，影响了开明、中青几代编辑的出版理念、作风。

案例二：我研究了日本讲谈社创始人野间清治的出版理念。《野间清治——讲谈社经营的神话》一书中有一序文《野间清治及其思想》(上智大

学教授渡边升一写），文中说，野间清治的思想是日本独特的，体现实践了欧美文化中没有的哲学、人类观——“心学”。“心学”就是宣讲通俗的为人之道。他主张“人心为主，教义为辅”，“近理之理，无论神道、佛道，都可拿来一用”，“凭自己的判断力，从中找到合理性的东西”，“寻找近理之理，以此研磨自己”这一过程，被野间清治命名为“修养”。他把出版“修养”读物作为体现心学的实践。战前讲谈社出版的代表性出版物，被野间清治命名为《修养全集》12卷。其中第一卷《圣贤伟人的故事》，是孔子、释迦、基督三者的对话。在《修养全集》中介绍了“穆罕默德、苏格拉底、路德、达摩、乃木大将、林肯、孔明、恺撒、克拉克、康德、司马温公、新岛襄、宫本武藏等人的言行”。野间清治能在极短时间，成为日本的杂志王，主要是因为他摸准了大多数日本人思想的脉搏。他的口号是：“出版有趣且有用的杂志”，“普通日本人感到有兴趣的东西，不一定都是坏的。”野间编杂志时，把少年、年轻公司职员作为选择的读者目标。费解的，尤其是玄学的东西，少年人看不懂，对那些病态的东西少年人也不喜欢。新知识、催人奋进、孝敬老人、成才的故事等都挺有趣，而且这些读物在生活中也很有功效。出版“健全的少年人有用、有趣的读物”是他的宗旨，由此他的出版物在全日本受到欢迎。他要求：面向成年人的杂志，也应没有孩子们看了有害的东西。他说“这是讲谈社对日本人讲的信用”。他办的一些杂志如《讲谈俱乐部》讲的是武侠、恋人、侦探、诙谐、成才的故事，趣味之作。《国王》讲的是勇敢、恋爱、侠客、侦探、成才、诙谐等快活林故事。《富士》讲的是勇武、恋爱、诙谐故事，是风趣大全。有人说他是“反时代的出版家”，当时无论左翼、右翼，还是青年将校，都被政治思想所禁锢，和心学完全相反。野间作为出版家的生涯是从办《雄辩》杂志开始的。在“发刊词”中作了如下的表述：“雄辩衰时正义灭。雄辩乃世界之光。没有雄辩作指导的社会舆论必将腐朽——在文化灿烂的社会中，常常需要雄辩，或者说，少了以雄辩为贵的风气则不行。”后来，这个刊物被停刊了。

渡边升一在《野间清治及其思想》一文最后指出：“距今已经过去近六十年了。现在又听说到了‘文明冲突’时代了。可是，世界正一步步地变得狭窄，朝着单一的市场化方向发展下去。武力斗争的世纪，至少是大国间，失去了好多极其珍贵而又无法挽回的东西。因此，我奉劝各宗教、宗派乃至各个国家不要太自负，要相互理解相互协调，接受彼此的‘近理之理’。这些都是心学给我们的启迪。”他引用野间清治《走向繁荣之路》中的话说：“国与国、人与人之间要友好相处，至诚相待，把建设和平、幸福的黄金时代、理想王国作为我们的最终目标，为了子孙后代尽我们最大的努力……我想我们一生的意义在于，在死之前，我们为他人做了一点点好事，为了社会变得更好尽了一点点微薄之力。”这些话对当代出版人、出版理念的建立，有启迪的作用。中国青年出版社的《青年文摘》杂志的宗旨一度也曾标明是“撷英集粹，有趣有益”，这与讲谈社的出版理念是相通的。

中青社原领导班子合影(2000年)
从左至右：郑一奇、王文起、胡守文、陈浩增、程绍沛、王修文

2. 发展目标的确定

发展目标的确定包括出版方针的确定，经济指标的要求，品牌打造的方略，经营特色的塑造，企业形象的设计等。

出书方针(或出刊方针)的确定，实际即是出版理念的具体化。出版理念因时势之变、市场之变，可以调整为不同的具体出版方针。

比如中国青年出版社的出版理念是“服务青年，引导青年”，过去一直坚持“重在教育”的出书方针，但在不同时期，也有一定的变化。①1950年，中青社提出着重出版革命启蒙教育和青年团建设用书。②1953年，毛泽东提出青年要身体好、学习好、工作好。中青社开始形成思想教育、文学、现代科学文化知识的出书格局。③1956 年 9 月 7 日胡乔木同志曾给当时的中国青年出版社副社长顾均正先生写过信，希望中青社能注意出版神话、童话、民间故事、寓言、传说、历史故事。认为这些内容“现在青年知道得少，对青年学历史、学地理、学文学，了解祖国都很不利。”实际是引导中青社出书既要注意思想、政治教育的需要，也要注意文化传承的需要。④1965 年提出出书要注意“三基四性”，即青年读物必须注意介绍各门学科的基本理论、基本观点、基本知识，注意稳定性、系统性、知识性、趣味性。⑤1978～1990 年提出出书要对青年进行“两个武装”，即马克思主义与现代科学文化知识的武装，为培养“四有”新人服务。⑥改革开放新时期出版方针又有新的发展，即要为全面提高青年的素质服务。

3. 发展思路的选择

即选择分割市场的范围，选择切入市场的着重点、切入的策略。比如河北教育出版社提出大教育的思路，除了出好教材外，着重从文学、艺术、教育理论三个方面切入市场。学习出版社从学习文件、宣传干部为对象的文化类图书两个方面切入市场。每个文化公司成立后都要研究发展思路，是经营经管类图书，还是经营新观念图书？

4. 发展工程的确定

在一定理念指导下，明确了出书出刊的方针、思路，就要落实到具体的出版工程，落实到具体的书刊。我在中青社一直在弘扬民族精神方面组织出书。如《祖国》、《祖国丛书》、《中华民族杰出人物传》、《中华文化集粹丛书》、《中华智慧集粹丛书》、《人生宝典》、《人类精神文明发展史》等，均取得较好的双效益。

(三)要实现经营目标，完成出版工程，就一定要实行科学的管理

巢峰在《图书市场竞争论》中指出：一个出版社进行的“选题竞争、质量竞争、价格竞争、发行竞争，都是由它的主体——出版社组织进行的。这种组织或领导，就是管理。”“管理水平先进、科学，就能在图书市场竞争中获胜；相反，就会在竞争中失败。从这意义上说，管理竞争是具有决定意义的竞争。”

出版管理的具体要求是：尽才、保质、省时、节用、协调。

出版管理工作的发动机是社领导。管理工作的发动机是各管理部门。

一般出版社可分为四大部门：编辑部门、经理部门(出版、财务)、发行部门、行政部门。各部门相互形成协作关系。既要循章办事，又要相互制约。要相互谅解、相互支持。做到工作有序、协调。

如何管理好一个出版社，涉及方方面面：

1. 要有严格的科学的制度

无论选题的确定，稿件的组织处理，书稿的发排、校对、印刷，图书的征订工作，都必须按既定的程序、质量和时间进行。即使是作息时间、人事劳动、财务开支等行政工作，也必须有章可循，有章必循。比如编辑工作必须遵循《编辑工作流程》，图书质量管理，必须遵循《图书质量保障体系》和本社的相关规定。

2. 出版社内部工作要按计划进行

外部的市场竞争是无计划的，但企业内部管理要完全按计划执行。选题、发稿、出书不用说，就是发行和利润，也要有计划指标。

3. 建立合理、科学的分配、奖惩机制

要使劳动与报酬相适应，确保多劳多得，少劳少得，充分调动职工的积极性。

现有出版社的分配管理机制多种多样：

一是联产计酬目标管理制或联产计酬承包制。实绩与分配直接挂钩。社直接管到每个员工。

二是计划管理，按职工实绩拉开分配差距。确定一个社总的目标，目标完成后，根据职工承担的不同任务、职责、质量，进行奖罚。有按职工系数进行分配的，有按项目提成的。社直接管到每个部门。

4. 队伍、人才建设

什么是治社之本？既不是职级、房子、利润，也不是制度、计划、机制。须知，这一切都是人干出来的。确切地说，这里所说的人，是指高素质的人。或者说，一个出版社能否成功，关键在于有没有高素质的人。在形形色色的管理方法中，其他方法都是子法，而队伍建设是母法。有什么样的编辑，就能编出什么样的书。所以，见钱不见书的出版者，是劣等出版者。见书不见人的出版者，是平庸的出版者。只有以提高人的素质为治社之本，以出好书为强社之路的出版者，才是具有远见卓识的出版者。

如何提高人的素质，保证人的素质？

一是严格选人，把好人才进口关。俗话说：请神容易送神难。不同的年轻人，差别甚大。是否适应工作，要认真考察。二是在职培训。短期培训与导师制相结合。要重用提拔想干的、干得好的，不要纵容不想干、不好好干的。人要能进能出，干部要能上能下。

野间清治写过一篇《职责，社长处世之道》，其中谈到人的管理问题大致有以下几点：不重用感情用事的人，因为他们易冲突、好冒进。考察一个人能否担当重任，最安全有效的方法是，首先观其人格，其次看其能力。无论他拥有多么出色的才能，若人格不完善，也不能委以重任。在决定起用一个人之前，首先要观察他是否能与周围的环境保持融洽，是否能与同事和睦相处，是否能与客户建立良好的关系。给机敏的人分配灵活性较大的工作。留心录用对象的健康状况。录用一个在某些方面具备天才素质的人之前，要对他的过去进行详细的调查，这样的人另一方面一定存在很大的不足，比如与周围环境格格不入等，最终会因为他扰乱公司的秩序。不录用指手画脚的"伟人"，他们是搞乱公司的祸根，收拾他们的残局需要花费巨大的心血。即使是一名无名青年，要进入公司当职员，也要详细考察，因为"他日或许会成大器，何况作为一个将要与我长期共事的同僚，他的品质与健康状况应该为我所熟悉"。

作为一个企业主管，要管好下边的人，首先要管好自己。一位日航的副总裁，这样告诫自己：不要拒绝承担个人的责任；要善于启发手下的工作人员；不要对下面采取一个样式的管理方式，用人要用其长处；不要忘了公司的命脉、利润；不要只见问题，不看目标；不要不当主管，只当哥们；要设定标准；不要重用能力不行的人；不要纵容能力不行的人；不要培养明星，要培养普通的人……这些都是管人先管好自己的经验之谈。

5. 作风建设

抓本治社，就要从严治社。要培养严谨的作风、严肃的态度，要有严格的制度、严明的纪律，这些是治社之宝。这样才能令行禁止，形成战斗力、生产力。好的社风，一旦形成，并习以为常，成为习惯，就能同是同非，同善同恶。坚持好的社风，不能稍有懈怠，否则后果不堪设想。

有的出版社，一直是机关化作风。“九三学社”成员不少(上午九点来，下午三点走)，不出战斗力，出摩擦力。

有的出版社，改革后，实行公司化管理，纪律严明，打卡考勤，奖勤罚懒，出战斗力，出生产力。

我在任室主任时，为带好全室，养成好的工作作风，注意了以下几点：压任务，带队伍；要带好队伍，一定要抓到好的项目；用人用其所长，多看部属的优点、长处；以身作则、严格要求；关心体贴，照顾群众的利益；学习国外的先进管理经验，实行一分钟管理；注重工作质量，用系统管理法管好工作。

一个出版社的管理，简单地说是人、财、物的管理，产品的设计、生产、销售、宣传的管理。

第一是产品的管理。书刊的策划，市场的调研，选题的评估、批准，编辑的组稿、审稿、编辑加工，美编的总体设计，发稿、制作、印刷，成品的检查；产品的销售方案，通路选择，成本的核算，销售的回款，产品的营销。通过管理，实现产品对路、销售顺畅、形成利润。

第二是人的管理。产品是人设计、制作、销售的，要有高素质的人。机构的设置、干部的配备、任免，职称的评定，员工的奖惩、培训、考勤、考绩，分配的兑现等。

第三是资金的管理。投入产出，成本控制，资金流动，管理费用，利润率，重大项目投资、评估、决策。风险预防。

第四是财产管理。办公楼、厂房、库房、车辆、库存书、书籍、文稿、画稿、档案、资料、图书馆……

管理中要注意防范风险，注意防止违规违纪经营，注意民主与集中的统一，科学决策，按规定程序办。安全也是效益。出版界管理水平不高，投资出了出版圈，常常失败。常常因安全出问题、决策出问题影响经营全局。

具体出版社的管理经验：

中国青年出版社的经营管理秘诀：面向青年读者，书刊准确定位；坚持质量第一，确保书刊精品；经常市场调研，适应需求变化；注重选题策划，增强竞争能力；开拓期刊工程，实现利润多源；改造图书形态，适应读图时代；推进发行改革，实行一社多制；注重人才培养，发扬团队精神；研究发展战略，及时调整思路；开展读书活动，真诚服务读者。

外研社的管理经验：

①建立一套适合市场经济的经营管理体制，实行三个委员会的管理制度：社务委员会、编辑委员会、经营管理委员会。社委会：决定大政方针、发展规划、结构调整、人事变动、分配方案。编委会：决定选题立项、质量管理、编辑培训。经管会：参与全社经营管理、制订出版规划，对出版周期、成本、质量进行讨论决策。

实行社长负责制。（社长是关键人物，通过社长办公会、总编办公会、经营管理委员会办公会贯彻决策）

人事制度：干部能上能下，职工能进能出，机构能设能撤。

分配制度：按劳分配、多劳多得、兼顾效率与公平。拉开职工收入差距，充分照顾职工个人利益，提高职工积极性。

生产管理：按照现代企业制度严格要求，加强经营管理，严格经济核算，加强市场竞争力。力求以较少的投入，取得较大的产出，创造好的经济效益。

②建立一套适合市场经济的编辑管理体制。选题是出版社的生命线。在向市场转变过程中，要求出版社改革选题制度，鼓励编辑从案头工作中解放出来，深入调研，了解市场，分析市场，从市场反馈中找出选题。做到“心中有读者，眼里有市场”。

③建立一套适合市场经济的营销管理体制。外研社经过多年努力，在全国建立发行网络，有 2 000 多个发行网点，包括外文书店、新华书店、大学书店、各省批销中心。为调动营销人员积极性，发行部内部实行分片包干责任制，把全国网点按地域划分成几个业务室，各业务室专人负责，营销业绩与个人收入挂钩。实行大投入、大产出的销售模式。重点项目，可投入上百万元的广告费。

二、学习叶圣陶的编辑思想

叶圣陶先生作为老一代编辑家，他的编辑思想非常丰富。作为后学者，我们结合自己的编辑工作实践，谈几点学习叶老编辑思想的体会，以有助于我们改进当前的编辑工作。

(一)把编辑出版工作看作是教育工作的一部分

搞了多年编辑工作的人，常常还会产生这样的困惑：到底什么是编辑工作？为什么要做好编辑工作？编辑工作的目的是什么？不同的人对此会有不同的回答。有的人认为编辑工作的目的就是为了人类文化财富的积累和传播；有的人认为编辑出版工作的目的就是为了出书赚钱……但是叶老有自己独特的看法，他认为编辑出版工作“是教育工作的一个组成部分，一个不可缺少的重要的组成部分。”(《在开明书店创建 60 周年纪念会上的讲话》，人民政协报 1985 年 11 月 29 日)

叶老在这次讲话中是从回忆开明书店的宗旨，谈到他对编辑出版工作的看法的。他说：“开明是一个私营的书店，当然要赚钱的，现在叫做讲求经济效益，不赚钱而蚀了本，书店就办不下去，就要关门，还谈得上什么有发展，但是开明不光为赚钱。我们有所为有所不为：有所为，就是出书出刊物，一定要考虑如何有益于读者；有所不为，明知对读者没有好处甚至有害的东西，我们一定不出。这样做，现在叫做考虑社会效益。我们决不为追求经济效益而不顾社会效益，我们决不肯辜负读者。开明书店的读者主要是青年和少年，因而我们认为，我们的工作是教育工作的一个组成部分，一个不可缺少的重要的组成部分。我们的工作就是老师们的工作。我们跟老师一样，待人接物都得以身作则，我们要诚恳地以平等的态度对待我们的读者，给他们必要的条件，让他们成长为有益于社会的人。”(《叶圣陶出版文集》，57 页，中国书籍出版社 1996 年 3 月)

叶老在多处反复强调过这一点。他在《出版史料和出版事业》一文中也说过：“出版事业的性质是工业、商业、教育事业三者兼之；三者之中，教育事业应居首要地位。”(《叶圣陶出版文集》，29 页，中国书籍出版社 1996 年 3 月)

从某种意义上说，把出版工作看作是教育工作的一个组成部分，这种正确的主张的提出，可以追溯到清末民初的张元济(1867～1959)。张元济在 1901 年加入商务印书馆时，就有很明确的目的，就是要以出版来推行现代教育。张元济在维新变法前后主张过英才教育，1901 年以后，他认识到更重要的事是普及教育，认识到以出版推行普及教育更为实际、方便。他在给蔡元培的信中说：“盖出版之事可以提携多数国民，似比教育少数英才为尤要。”张元济在晚年写过一首诗《告别商务印书馆同人》，更明确地总结了自己办出版的宗旨，诗是这样写的：

昌明教育平生愿，故向书林努力来，

此是良田好耕植，有秋收获仗群才。

中国现代出版事业的奠基人之所以把出版事业看做是教育事业的一部分，这是有其深刻的历史原因的：清末国运衰败，中华民族屡遭帝国主义列强的宰割，一些知识阶层中的上层人士认为普及教育，兴办现代出版事业，开发民智，才是真正的救国之路。他们认为：中国人如果不能获得良好的教育和具备充分的知识，中国是不可能实现真正的现代化的。他们最早觉悟到现代出版事业对传播新思想、新知识，开发民智的极端重要性。他们兴办出版事业，先抓新式教科书、教学参考书、品德修养书的出版，要把出版事业办成一所没有围墙的大学校。

叶圣陶先生加入商务是在 1923 年，比张元济先生晚了 22 年。他加入商务之后，明显地受到张元济编辑思想的影响，推行的也是商务既定的出版方针。叶老进入商务后，主要是在国文部编辑各类教材和出版读物。

叶老对这一主旨还提供了自己许多新的见解：比如他把出版事业作为他实施教育改革的有效工具。他提出：“教育不是孤立的事，要改革教育必须其他种种方面都改革，但是教育的意识不能不从早唤起，改革的工具不能不从早预备。”(《叶圣陶散文甲集》，四川人民出版社 1983 年)他从商务到开明，到解放后的 40 年间，一直在探索如何利用编辑出版这个“有效的工具”，实施自己教育改革的目标、方法，实践着编写适合青少年学习特点的教材、辅导读物，探索科学的教材体系。特别是他利用《中学生》杂志，以完全不同于学校里那些枯燥乏味、陈腔滥调的国民党“国定教本”的面貌，向青少年学生提供了许多新知识、新事物、新道理，大大开阔了青年人的眼界。

把出版工作看作是教育工作的一部分，不能仅仅理解为编辑出版教科书、教参、辅导读物。更重要的是注重出版物的教育目的，教育效果，注重出书的品格。

叶圣陶先生十分重视出版物的教育作用，重视出书的品格。在开明书店 20 余年间出版的 1 500 多种图书中“青少年读物比重将占在总数的

3/4左右”(王知伊《开明书店纪事》)。这1 100余种青少年读物没有一本是不够格的，都是对青少年健康成长有益的好书，受到了广大青少年读者的欢迎。

出书要讲究书的品格，讲究书的教育目的和作用，这无疑是十分正确的编辑思想。

中国青年出版社是以青年读者为对象的出版社，它的前身是开明书店和青年出版社。成立以来继承和发扬了开明的优良传统。在团中央的领导下确立了马克思主义、现代科学知识和优秀传统文化武装青年的正确方针，几十年来坚持为青年出好书，受到了广大读者的充分肯定。近些年来，有的人提出，在市场经济条件下，不应过分强调出版物的教育目的、教育作用，而更应重视出版物的愉悦作用。有人更形象地说：现在还有谁肯花钱买个爹来教训自己？

值得注意的是，在市场经济条件下，出版物的教育作用，教育目的并不可能被取消和削弱，无论是发展经济和建设精神文明，都离不开高素质人的培养。可以断言：把出版工作看作是教育工作这一思想并未过时。当然，我们不能把教育理解为教条主义的生硬灌输，板着面孔训人，而是要注意出版物的品位和教育效果。至少要引导青少年学好，奋发向上。要引导青少年面向未来面向世界。如果用这一标准来检查现在社会上的出版物，其中存在问题的、格调低下的不在少数。不少这类出版物正是打着“愉悦”的旗号出笼的，实际上宣扬的是一种金钱至上，享乐至上的错误的人生导向。应当说，寓教于乐是妥当的，片面强调愉悦，否定教育，则会把出版物引向歧途。一部分书针对在校学生，突出知识、品德教育；一部分书针对好读书的社会青年，在扩大见闻，愉悦性情上有所侧重，是比较符合实际的方针。所以，重提出版事业是教育事业的一部分，是有助于端正出版事业的发展方向的。

(二)出好书是为了全面提高人的素质

在论述出版事业是教育事业时，叶老还进一步提出，教育的目的是“培养全面发展的合格公民”，辩证地提出了“教是为了达到不需要教”的思想。

他指出，教育的目的是“培养全面发展的合格公民。提倡引导与启发，相机诱导，必令学生运其才智，勤其练习，领悟之源广开，纯熟之功课弥深，达到疑难能自决、是非能自辨、斗争能自奋、攻关能自勉的主动境界，归结为一句话，我是教是为了达到不需要教”。(《叶圣陶同志生平》，《新文学史料》1988 年 2 月)

用现在的话来说，教育是目的，是为了全面提高人的素质。这也是他从事编辑出版活动的目标。就教科书的编写而言，叶老一直提倡生动活泼，内容上紧密联系学生生活，举例上适应学生心理。在选文上坚持与社会环境相关涉，如抗日战争时期，他编撰的教材选入记叙历代民族英雄的文章；在社会主义建设时期，他主张“教科书内容要增加现代生产需要的最新科学技术的知识”。

出书的目的是为了全面提高人的素质，这就要求我们出书要具有思想性、科学性、知识性，要传播最新的、科学的信息，不要传播落后的、错误的、荒谬的信息。在方法上要提倡“引导与启发”，使读者通过阅读“达到疑难能自决、是非能自辨、斗争能自奋、攻关能自勉的主动境界”。中国青年出版社较好地继承发扬了开明的优秀传统，出书上坚持做到思想性、科学性、知识性、趣味性的统一。出版了大量适合青年阅读的入门、基础读物，雅俗共赏的知识读物，约请大专家写小书，真正为青年健康成长着想。

针对当前出版界的实际看，就教科书和教辅读物而言，不少还是偏重于适应应试教育，而不是强调素质教育。以题海战术取胜，而不是引导青少年生动活泼地全面发展。就青少年读物而言，真正适合青少年阅读的文学作品、科普读物、知识普及读物也还不多。不少编辑出版工作者热衷于高档、豪华，价格昂贵的大出版工程，而没有认真地研究、考虑培养高素质的新一代中国公民具体需要。重温叶老的编辑思想，对我们改进工作是否很有启发呢?

(三)出版青少年读物需要了解青少年读者的特点

叶老在编辑出版青少年读物时，非常强调要了解、适应青少年读者的特点。他要求遵循这样的方针：“不要教训，要劝说；不要灌输，要启发；不要以教育者自居，要像对待朋友一样对待读者，了解他们的生活和学习情况，知道他们需要什么，喜爱什么，跟他们一起商量，一起探讨，解决一些面临的问题。”中国青年出版社历来强调要为青年读者服务，要深入调查研究，做青年的知心朋友。

但是从当前编辑出版工作的实际看，有相当一部分青少年读物编辑并不了解青少年读者，并不知道他们需要什么，爱好什么，许多人名为青少年读物编辑，实际上编书并不从青少年实际需要出发，而是从自己的爱好出发，从为个人树碑立传出发。每个历史时期的青少年都有共性、相同的特点，但是每个时期又有不同的个性特点。在开放的环境条件下，青少年的特点是什么？需要爱好是什么？许多青少年读物编辑不一定回答得上来。更有甚者，把编青少年读物视为“小儿科”不予重视，而一心一意在编“曲高和寡”的学术著作，把它硬塞给青少年。这些实在是青少年读物出版中应予认真研究、纠正的问题。

(四)用朴实严谨的态度编好青少年读物

叶老从出版事业是教育事业的指导思想出发，强调要用朴实严谨的态度来编好青少年读物，他在《出版史料和出版事业》一文中指出：“出版事业的教育效果怎样，在表册帐簿里是看不出来的，得看对读者的影响怎么样；而影响又不是一年半载就能检查明白的，总要经过较长的时间才看得清出版物对读者的见识思想究竟是有益还是有害。所以出版事业首先要抓紧撰著编辑这一环，不惮斟酌再三，不厌屡易其稿，务求做到尽可能的完善，同时对排版、印刷、装订、发行等工作也决不能放松一丝半毫，这才能够不断发展，日益昌盛。”

在叶老等人的倡导下，开明书店在编辑青少年读物时，养成了一种“不马虎”的态度，以朴实、严谨的工作作风对待编辑工作的每一个环节。叶老自己在编辑工作中更是如此，据有的作者回忆，20 世纪 40 年代中叶，叶老在审阅田世英撰写的《开明新编本国地理》时，50 多万字的初稿，他逐字逐句地加以推敲修改，甚至连一个标点符号也不轻易放过。“他不仅亲笔修改，修改后还不厌其烦地向我说明他为什么要这样改动。这样培养编辑者水平，提高出版物质量，向读者负责的精神，实在令人钦佩”。(《我与开明》，中国青年出版社，1985 年 8 月)。这种朴实严谨的编辑作风，不仅影响了开明书店的编辑，也影响到了与开明合并的中国青年出版社的编辑。今天，为了提高青少年读物的质量，为了改进青少年读物的编辑工作，我们应当重新强调朴实严谨的工作作风，反对那种马马虎虎、粗枝大叶、浮华不实的作风。

三、编辑的境界

叶至善是中国少年儿童出版社的第一任社长，著名出版家。他2006年3月4日去世，享年88。先生去世一年了，至今出版界的许多人还在怀念他。前不久听吴道弘先生说，他正在编一本纪念叶先生的文集。吴先生在编辑过程中打电话问我，在参加叶先生告别仪式时，曾见到一副挽联，问我是谁写的？我说当时看了印象很深，但是谁写的，确实记不清了。吴先生让我帮忙查询一下，说挽联也可收入纪念集中。我打电话问中国少年儿童新闻出版总社总编室韩苏华主任，承她细心，从当时拍摄的DV中找到了这副挽联：

叶至善先贤　千古

一叶知春春华馨百代

四世至善善德懿九州

华夏文化促进会　哀挽

为什么文化界、出版界有这么多人在深深地怀念叶至善先生？作为后人，我们应当向叶先生学习什么呢？我觉得叶先生值得我们学习的地方很多，但从编辑同行的角度，我认为最值得我们学习的是他对编辑工作的挚爱。叶先生写过一篇短文，题目就是《我喜欢编辑工作》，如前所述(参见本书26页)叶先生认为编辑工作一是可以满足他的创造欲；二是可以满足他的求知欲，所以他一生喜欢做编辑工作，成就甚多，足为后人之楷模。

(一)让一位无名作者的处女作成为名作，靠的是认真

在20世纪50年代至60年代，叶先生担任中国少年儿童出版社的第一任社长兼总编。一次李庚同志(原中青社副社长、副总编，当时因错划“右派”归叶先生监管)交给老叶一部稿子，叫《小布头奇遇记》，说是别家出版社退的稿，自己看了以后，觉得还不错，要老叶决定取舍。老叶说，我相信你的眼力，你能看中的稿子错不了。就这样，他从李庚手里接过来，满怀兴致地看起来，果然很有看头。作者孙幼军虽是新人，但文笔流利，故事引人入胜，富有教育意义。老叶就逐字逐句，斟酌修改。他还让女儿小沫作为这本书的第一个小读者，见她看得爱不释手，对这本书稿就更有底了。老叶还找到漫画家沈培，请他为这本文稿配了一百七

八十幅插图，并与他一起策划开本、装帧，在老叶的关注下，这本书稿终于问世了，后来一版再版，成为儿童文学名作，去年还在重印。

编辑的基本职责就是要善于选择、判断书稿，即使是无名作者的处女作，也要读过之后，再决定取舍。叶至善先生与李庚先生独具慧眼，让一位无名作者的处女作，成为儿童文学名作，这就很值得今天的编辑学习。现在仍有这样的事发生：一部优秀的书稿，开始问世时，不少编辑(包括复、终审者)没有认真阅读就作出误判，多次被退稿，后来几经周折，被有心人慧眼识珠，决定出版，终成名作。为什么不少编辑在选稿时会发生误判呢？一是根本没有认真读完书稿，二也没有多征求一些意见，总以为这本稿子不好卖，赚不到钱，还是退稿省心了事。

(二)拒出一本名译作，靠的还是认真

编辑要独具慧眼，自然有经验的积累，对市场的调查，对读者阅读心理的了解，但是都离不开认真、负责的工作态度。叶先生在他著的《父亲的希望》一书中，还讲到他拒绝出版一位名人旧译的事。在《名著和名译》一文中他说，“文革”之后，胡乔木同志“派他的秘书送来一封信，建议我们重新排印赵老先生(指赵元任先生——引者注)那本《阿丽思漫游奇境记》，连书都送来了，商务印书馆的老版本。”既然是领导推荐的名作、名译，一般常规，安排出版就是了。没想到叶先生和他的同事们非常认真。“大家轮流看了书，结果都说看不懂，不明白这本书讲的到底是什么意思。”叶先生与同事作了仔细研究。叶先生说了他的看法：“这本‘阿丽思’是大大有名的 nonsense，据说原作到处妙趣横生；这位赵先生只怕体现不出来，译的时候费尽心思。读过原作又熟悉北京话的人，都说他译的棒极了；可一般人还是读不出滋味来，别说孩子们了……这样一本名著名译，原式原样印出来供专门家研究，看来很有必要；让孩子们自己读恐怕难，很难。”编辑部经过研究，认为“文革”后少年儿童读物面临“书荒”，“当务之急是让孩子们有书可读，不是提供什么研究材料；这本‘阿丽思’只好缓一步再说。”编辑部取得共识后，由老叶给乔木回了信，举例说明缓出此书的理由。没过几天，胡乔木同志回信，同意编辑部的意见，这本书的出版“暂时不必考虑了。”商务版的老书，送给老叶留作纪念了。

(三)改文稿让人放心，靠的还是认真

处处为读者着想，对读者负责，不仅体现在对书稿的仔细选择上，还体现在对文稿的认真修改加工上。叶至善先生改稿认真严谨在编辑界是出了名的。据他的同事遇衍滨先生说，老叶主管《中学生》时，编辑部内流行一种“恐叶病”，意思是稿子交到他手里后，提心吊胆，生怕通不过。在老叶的严格要求下，书稿的质量自然是让人放心的。现在，一些编辑部审稿、加工粗疏、马虎已不是个别事例，几乎成了“通病”“顽症”。我想，如果现在编辑部中，多几位像老叶这样的认真、叫劲的编辑，书稿中的错误，自然可以大大减少，出书后也不会一再受到读者的指责和批评了。学习叶至善同志，每位编辑是否可以从自己的案头工作学起呢？

目前编辑中普遍存在“浮躁”的毛病，“急功近利”是“浮躁”的病根。编辑工作要赚取利润，这是无可厚非的，但赚取利润，不能靠浮躁。还是让我们听听叶至善先生生前的忠告。有一次遇衍滨先生去看叶先生，说起当时出版界有一股要钱不要后代的坏风气。遇先生问叶先生“你们在开明书店的时候，也整天想着怎么赚钱吗？”叶先生笑着说：“当然也想怎么赚钱。没有钱怎么出书啊！可是总有比赚钱更重要的东西吧！比如总得有点事业心吧，总得有点责任心吧，起码得有点良心吧！”（参见遇衍滨著《耕耘足迹》，228 页《编辑楷模》一文，中国少年儿童出版社，2002 年 12 月）

让我们一起学习叶至善先生，在编辑工作中加强事业心、责任心。讲良心，出好书。学习他一生追求至善善德的崇高境界，用自己朴实、严谨的编辑工作告慰前人，嘉惠后来。

四、编辑之学，学无止境

最近我读到了吴道弘先生的《编辑实践与编辑学思考》（东北师范大学出版社出版）一书，收获甚多，这是一部内容丰富，精粹可读，文风优雅的编辑学论著。我认识吴先生始自 1982 年，那年我参加了中国出版工作者协会组织的“业务基本知识讲座”，授课老师中即有吴先生。吴先生是著名编辑家，第三届中国韬奋出版奖获得者，后又担任中国出版工作者协会学术工作委员会主任，他提携后进，让我也参加了学术工作委员会的工作，当面请教的机会更多了。这次读吴先生的著作，犹如学生研究老师的讲义、专著，我是认认真真读完的，有所心得体会，自然是想说一说的。

中国出版工作者协会副主席卢玉忆(前排左三)与学术工作委员会全体合影
前排左起：方厚枢、邵益文、卢玉忆、吴道弘
后排左起：乔还田、郑一奇、钟颖科、陈芳烈、潘国彦、魏玉山、胡德培

吴先生是新中国成立后培养的第一代编辑出版工作者，几十年来，他一直从事编辑出版教育和出版理论方面的研究，著作甚多，卓有建树，学术造诣甚高。我读了这本论著后，深深感到吴先生是有高度理论自觉的出版家，他善于在丰富的编辑出版工作实践的基础上，做出理论抽象与概括，深入探讨出版编辑工作的规律，是站在理论高峰之上来审视出版工作的。因此读《编辑实践与编辑学思考》一书觉出一种宏大的气度，视野很开阔。书中的内容大体涉及六个方面：图书编辑学研究，编辑工作规律探讨，出版教育与出版人才培养，编辑实务探讨，出版史研究，书评研究。如此宽广的视野，不是编辑大家是写不出来的。虽然研究的面比较宽广，但全书仅有 30 万字，收入 46 篇文章，内容又是精粹的，作为一本理论论著，作者的文风又是优雅可读的。我感到要成为编辑大家，只有丰富的实践经验是不够的，还需有理论思维的能力，有出版理论的自觉与建树。只有在科学出版理论指导下的出版实践，才不会是盲目的、混乱的出版实践，而是一种符合事物发展规律的、成功的出版

实践。

这部书非常关注出版理论、编辑学研究的前沿课题，在研究探索中，善于提出研究方向和新的研究课题。比如，书中提到从事编辑学研究要处理好宏观研究与微观研究的关系，从微观入手，一个个看似独立的具体题目(如选题、组稿、审稿等)，要放在宏观的视野下，如编辑工作的规律性、编辑的主体作用等，来进行科学的考察，它们不是孤立的，而是彼此相关、互有联系的。我以为对编辑，出版工作的宏观考察，还可以放大、延伸到支配出版工作的更宏观的客观规律来考察。出版工作其实兼具商业、工业、文化产业的特性，制约出版工作的当然也有客观的经济规律、文化积累、发展的客观规律，甚至上层建筑对经济基础起反作用的客观规律。一些编辑出版工作的具体问题，如图书质量控制等问题，只有在更宏观的背景下来考察，才会有更清醒、全面的认识。

书中还提到，应当扩大编辑学研究的视野，很好地跟出版学的研究联系起来，要研究现代科技对出版编辑工作的影响，努力吸收、利用邻近科学的有关原理、方法和研究成果，作为自己学科成长的养料，这也是非常有远见的。现代科学的发展有互相交叉、渗透的趋势。我们乐见出版学、编辑学专著不断问世，也更乐见一些学科交叉，渗透的专著问世，如出版经济学、出版教育学、出版美学等。吴先生提出，研究中国编辑出版史，特别是近代编辑出版史，是编辑学、出版学学科建设的必要条件，也是学科建设不可缺少的重要内容。这是完全正确并富于远见的。对出版规律的认识要从历史经验的总结入手。一些国外学者观察中国人的思维方式，好大、唯大，这就是从历史的观察中得出的结论。我们在出版发展规划上是要避免好大、唯大的片面性的。书中提出新的研究课题甚多，比如吴先生提出要研究一点读者史，认为“读者对出版的影响问题是值得很好研究的”。可惜吴先生对这一问题未曾展开论述。我以为读者问题是一个很大的题目，是否大体可以分为读者论与读者史两个方面，研究读者构成、阅读心理，研究阅读过程与价值，研究读者引导等是读者论方面的问题，读者史则是从纵的方面考虑阅读状况的流变，如深入研究是很有价值的。

这部书虽是一部编辑学的理论文集，却是紧密结合编辑工作实际的，富有指导意义。书中的《图书选题的构成与方法》、《试论图书的审稿制度》、《图书的序跋》、《编辑与图书宣传》、《关于作者工作的断想》、《关于作者署名等问题的意见》、《读书的遗憾》等文，都是吴先生丰富的编辑经验的总结。

书中我最喜欢读的是书评研究部分，这里收入了吴先生的名作《书评例话》、《书评续话》。我是常写书评的，但写不好，也未作深入研究，读了这一部分有豁然开朗之感，对我以后写书评是有指导作用的。我想对凡是想写书评的人或书评编辑，这两篇是可以列入必读篇目的。吴先生是研究书评问题的专家，我这篇读后感是否能交卷，能得几分，只好请吴先生打分了。虽然写得不好，但我的确是认真读了这本书的，也希望出版界的同仁都读读这本好书。编辑之学，学无止境啊！

第四章

编辑工作与悟性修养

前面几章中我已初步探讨了什么是编辑的悟性？修炼编辑的悟性与破解工作难题，提高编辑能力有什么关系？这一章中将对涉及编辑悟性的一些问题作进一步探讨。

第一节　认识悟性，了解悟性与编辑工作的关系

关于悟性，《现代汉语词典》是这样解释的：指人对事物的分析和理解的能力。《辞海》认为悟性亦称“知性”，是划分认识能力或认识能力发展阶段的用语，一般是指理解的性能，包括规定、判断、分析、推论、区别、比较等认识的性能或求知的能力在内。知性也即是“理智”“理解力”等。

编辑的悟性，是指从事编辑工作的人，对出版工作(包含编辑工作)客观规律的认识、理解程度，是编辑对自己工作认识比较深入、自觉的阶段。表现为对编辑创造力的理解与自如的运用。如对出版形势的审时度势，应对对策的先人一步；对编辑行为有较好的职业敏感，有创造性的直觉；对编辑核心竞争力(较好的作者人脉，选题创意的自觉构思、策划，优质书稿的准确选择、判断)有自觉的提升；善于开拓创新，善于规避风险，有较突出的编辑成果与市场业绩；有较高的文化品位与出版追求，用智慧来从事编辑工作。编辑悟性来自编辑工作的大量实践，也来自编辑经验的积累与总结，更来自编辑善于学习与思考。编辑应善于运用科学思维的各种方法，解决编辑工作中遇到的各种难题，打开编辑工作的新局面。编辑的悟性是编辑行为的理性思考、实践总结、智慧提升。

一般谈到悟性，更多是体现在艺术的学习与创作上，学中国画、中国书法的行家谈悟性的最多，也表现在对科学思维、科学发明的研讨上。共同的认识是：要创新，离不开科学思维，离不开悟性的修炼。其实编辑工作与艺术创作、科学发明有相通之处，都是一种创造、创新，都要不断探求新的知识、新的表现形式；都要不断破解难题，寻求解题的方

法；都要发挥从业者的聪明才智与创造潜能，都需要修炼自己的悟性。关于编辑创新与编辑悟性的关系，我们在后面再作深入讨论，这里先从编辑业务的知识构成看，修炼悟性是必不可少的。

编辑业务的知识构成，按传统的分析法，既有书本知识，也有实践知识。书本知识是指学习编辑专业的人，通过学校教育，通过看书学习，了解的编辑业务基本知识、基本技能等。即通过书本、文献、语言传承获得的编辑业务知识。而实践知识，是指编辑在实际工作中学到的编辑技能。一般地说，实践知识，即人们在生活与工作中总结出来的实际技能知识具有独特性，它往往难以用语言文字说明，只能是师傅“做给你看”，靠徒弟自己“体验感悟”。学习技能的有效办法，往往是通过师傅带徒弟，通过实际工作来积累经验。要真正掌握一门知识，既需要掌握文本的、编码的、固化的知识，又要掌握实际工作中体验的、技能的、灵活的知识且能有机地将两种知识结合起来。从编辑业务知识的特点看，更是一门实践性、运用性、灵活性的知识。学习编辑业务自然可以从学习文本式的、规范式的、程序化的编辑业务知识中获得，可以通过书本、语言的传授，教会新入门者。但是编辑业务实践的丰富、多样，个性化、创新性，又要求从业人员必须有实践经验，掌握实际工作的技能。所以出版部门多年来也采用师傅带徒弟，老编辑带新编辑的方法，带领新从业者逐步入门。这里就非常需要培养新编辑对业务的理解、分析、运用能力，即修炼编辑的悟性。

20世纪60年代以来，一些外国学者又将知识构成分解为显性知识与隐性知识，这种分析方法对我们认识编辑悟性也有启发。所谓显性知识是指“能用文字表达出来容易以硬数据形式交流和共享，并且经编辑整理的程序和普遍原则。”所谓隐性知识，就是“高度个性化而且难以格式化的知识”，自主理解、直觉、经验、技艺等等都属此列。用这种分析方法来分析编辑业务知识的特性，就更可以看出修炼编辑悟性的必要了。

编辑业务知识，自然有显性的部分，主要表现为对编辑业务的基本程序、流程的了解，对编辑业务多个环节基本要求的了解。这些是可以用文字表达清楚的，也可以格式化、规范化、程序化。但编辑的业务知识更多的是隐性的部分，主要体现为对编辑工作规律的认识，对出版大局的了解、把握；编辑核心竞争力的形成、提升；各种编辑难题的应对与解决，这些知识是很难用格式化、程序化的方法讲清楚的。更多的要通过编辑工作实际案例的剖析，老编辑经验的总结与传授，新编辑在实际工作中逐步领悟与学习。往往通过老编辑带领，做给新编辑看，更要新编辑在实际工作中领悟学习，举一反三，自主运用。编辑业务知识的丰富性、个性化、不断创新的内在要求，决定了学习隐性编辑业务知识更为重要。实践出真知，编辑实践出编辑悟性，这是毋庸置疑的。

第二节 修炼编辑悟性是为了编辑创新

一、实境、悟境、灵境

一些研究中国书画的专家在总结自己学习绘画，自成一家的经验时，提出学习绘画艺术，要经历三种境界：实境、悟境、灵境。明代大书画家董其昌在谈到学习书法的过程时，认为自己走过了由低到高的三个阶段：第一个阶段是临摹，即临摹古人的书法作品，力求形似；第二个阶段是妙悟，即反复多看古人的书法名作，用心去感触古人书法名作的精髓与神韵，追求古人书写之神气；第三个阶段是自创，不再只是做古人的仰视者、崇拜者，而是对自己提出更高的要求，要形成自己独特的艺术风格。艺术创作最忌重复与雷同，追求个性与创新，艺术充满了无限的丰富与变化的可能，要求的是品位与卓尔不群。所以继承传统，寻求超越，修炼悟性，以达灵境，是艺术创作成败的关键。

其实编辑工作也是一门艺术。本质上是要求创造、创新的。著名编辑家叶至善先生认为，编辑工作要创造、创新，这与工程师、艺术家的工作是相通的。

一些老编辑告诫我们：不要只做编辑匠，而要做个编辑家。从普通编辑成长为编辑行家，似乎也要经历一个由实境、悟境到妙境的过程。

实境，是指一位新编辑刚刚入门，老编辑怎么教，他就怎么做，处于“照猫画虎”的阶段。这一阶段中新编辑会逐步掌握各种基本编辑流程与编辑方法，但较少自己的创造，还因经验不足，在编辑工作中会出现各式各样的疏漏与误失。但是开始接触工作实际，入了门。

悟境，是指工作多年的编辑，不仅已能独立完成编辑任务，而且逐步积累了编辑经验，如果又善于学习、思考、总结经验，他会逐步认识编辑工作的客观规律，开始在编辑工作中有了自主性、创造性，不仅在编辑工作上做出了实绩，也开始有研究心得发表，有了自己特殊的经验的领悟。这是大多数资深编辑都可以做到的。

灵境，是指毕生从事编辑工作，并对编辑工作有挚爱的人，他不仅对编辑工作的客观规律有了通透的认识，还能学习世界各国的编辑经验，与时俱进，始终关注编辑工作研究的发展与前沿课题。在编辑活动中自觉地形成特殊的风格，对于编辑职业的创造性、艺术性有了深刻的理解，指导完成一系列重大编辑创新工作，能著书立说，卓有创见。自己也成为学问家、编辑家。有的编辑大家由于有非凡的努力与悟性，在把握出版规律上已达到了一种自由飞翔的高度。这一目标许多老一代出版家已达到过，也是新一代出版人应当向往与追求的。

在前面几章中，通过编辑工作规律的探讨，说明修炼自己的编辑悟性是可以帮助一个编辑逐步认识出版工作、编辑工作的客观规律的，在行动上方向明确、目标坚定、有更多的自由。目前中国的出版工作正处在大变革中，体制的变化，出版的企业化运作，使一部分出版人迷失了行动的方向与目标，把追求出版利润作为出版的唯一目标。一些老出版家明确指出：出版行为，经济是手段，文化是目的。只有对出版行为、编辑工作有透彻的认识，工作上方向才清，目标才明，行动上则不会摇摆、误失，才会成功。

修炼自己的编辑悟性，还可以开发编辑的智慧，为解决编辑工作的难题找到可行的方法。近些年来由于出版工作的客观环境变化，许多人都感到出版工作越来越难做。不仅国内如此，国际上也不乏此种反映。前些年日本出过一本书《出版大崩溃》，生动地讲述了在困境下，日本同行面临的问题与无奈。但是国外的同行在困境面前并未退缩，仍在奋力开拓，对编辑工作的规律认识在加深，突出重围的案例层出不穷。近年来日本又出版了一本书《出版大冒险》，介绍了一些日本中小出版社，打开思路，调整方向，杀出生路的经验，出版人、编辑人的智慧为出版的生存、发展找到了目标、路径、方法，获得了新的成功。出版人、编辑家的悟性、功力、境界，再次得到升华。

修炼自己的编辑悟性，就能开发自己的创造潜能，打开编辑的创造之门。许多著名的编辑家，有的是我的老师，有的是我的朋友，有的虽有耳闻，但未深交，但是通过他们的编辑行为，通过他们编出的好书，就可以看出他们是编辑悟性极高之人。修炼自己的编辑悟性，能使我们在编辑创新上有一种自觉。

修炼编辑悟性，就是要努力学会用科学思维、创新思维解决编辑工作中的难题。一般人解决工作中的难题往往是根据常规的思路，按照已往的经验来寻找对策。但是任何一项工作，如要取得创造性的成果，就要突破思维定势，向思维的广度和深度进军，变单一线性思维为多种创造性思维。结合编辑工作实际，应当培养、训练以下几种创造性的思维能力。

二、修炼编辑想象力

想象力：什么是想象力?《现代汉语词典》是这样解释的："在知觉材料的基础上，经过新的配合而创造新形象的能力。"想象力有以下特点：一是可以使人们的思维超越现实的时间限制，向未来延伸；二是可以使人们在思维超越现实空间的限制，把看起来风马牛不相及的东西联结起来；三是想象可以帮助人们形成一个非常纯化的环境条件，从而使事物呈现出在通常环境条件下不可能呈现的性质。

编辑的产品是书，利用自己的想象力对做好编辑工作是非常必要的。书一般可分为虚构类与非虚构类的。虚构类的文学作品，离开了作者和编辑的想象力是寸步难行的。《西游记》中的孙悟空，是作家根据生活中的猴子形象，结合人间的喜怒哀乐，想象出来的一个能上天入地，疾恶如仇，行七十二变的拟人化的神猴。他似人非人，似猴非猴，是靠文学想象力，虚构出来的文学形象。任何一部文学作品离不开作家、编辑的想象力的运用、发挥。前面谈到审稿时，曾举出美国的文学编辑是如何“发挥绝佳的想象力，构想出许多可能的戏剧化情节”帮助作者进入创作的成功的。关于非虚构的作品，编辑的想象力是否还有用武之地呢？非虚构类的作品，如知识读物，内容必须是真实的，但如何向读者介绍这些知识，采用什么样的题目，如何结构、分类介绍，编辑仍然有充分想象的余地。比如向儿童介绍百科知识，既可以按知识分类，按条目解释，也可先向儿童征集问题，再请专家答复，后一种方式，即是编辑想象力的充分运用，效果也好得多。再比如，为了满足当代人适应变化，应对变化的需求，美国出版商策划了《谁动了我的奶酪》这个寓言故事。这样一本现代人的心理自助书，许多中国编辑开始阅读时，都不看好，拒绝接受出版。只有这本书的中国版策划人信心十足，他们具有与美国同行相似的想象力，认为这些美式寓言小故事，也会对处于迅速变化中的中国人有启示，可以医治当代人的各种焦虑与彷徨。中央电视台著名财经节目编辑，更是充满想象力地组织一些国内的顶级 CEO 对这本书进行讨论，结果这本号称"全球第一畅销书"的小册子，在中国四五年内销出了 280 万册。

出版人王晓宁写的《出版散论》(河南大学出版社 2006 年 9 月)一书中有一篇专谈想象力的文章《想象比经验更重要》。他说："经验易使人满足现状，而想象促人激发潜能；经验使人固步自封，而想象常启人不懈追求。经验易使我们感叹：'此书编得还不错''此书发得还算行'；而想象则会使我们不断惊呼：'此书编得还不够好''此书发行还不够多'。"

他认为："想象是成功的关键"，"想象是创意的摇篮"，"想象着的思维，才是地球上最美丽的花朵。"他用"天马行空""突破常规""破除迷信""挑战权威""激情澎湃""热血沸腾""迁想妙得""悟对神通""别出心裁""独辟蹊径"来形容想象力的运用。

从事出版、编辑工作，从出版社经营目标的确定，发展思路的选择，出书方针的决定，工程项目的决策，选题策划的构想，书稿的选择判断，书稿的修改加工，产品的营销宣传，读者工作的开展，都需要发挥出版人的想象力、创造力。

在目前出版产业化、大型化的趋势中，中小型出版社如何做特、做优，就要充分发挥自己的想象力，要一心一意做好自己的"独家产品""拳头产品"以立于不败之地。《出版大冒险》(国际文化出版公司 2006 年 6 月)一书介绍了日本 13 家中小出版社产生利润的机制与结构，无一不是独辟蹊径的结果，真是"杀猪抹脖子捅屁股、各有各的招"。"迷踪出版社"专做"指南书"的文章，在东京、大阪等几十个都道府县推出几十个版本的《孩子游玩场所的指南》。"航海者·日本"出版社咬定电子书不放松，推出《CD-ROM版新潮文库100册》。“密涅瓦书房”在“专业书”“学术书”领域独辟蹊径，年年都有获奖。求龙堂“以翻译书”带“美术书”《第十二个天使》、《东山魁夷全集》而重开生路……这些自创产品、特色产品的推出，与出版人出色的想象力分不开。

编辑人、出版人发挥想象力，自然不是胡思乱想。一切想象还是来自工作人员的专业修养，业务能力，信息收集，还是来自编辑、出版工作的实际。编辑出版人经过头脑的分析、思考，得出新的结论、方法、对策、创意。想象力的运用，也是要解决实际问题，一切结论、方法、对策、创意是否正确，是否成功，也要接受实际工作的检验。

一定程度上说，想象力也是实际工作中逼出来的。想象力还可拓展到变通力、迁移力……本质上就是一种创造力。“只有心想，才能事成。”想都不敢想，还能前进一步吗？编辑工作也应当这样思考问题。

三、修炼编辑判断力

判断力：众所周知，编辑的基本职能之一，就是选择判断书稿。选择来自判断，判断正确与否，判断水平的高下，直接影响编辑效果。在实际工作中发生编辑误判的事例屡见不鲜，明明是好书稿，编辑却拒之门外；明明是平庸书稿，编辑却大开出版之门。

2007年7月20日《参考消息》发了一则《伯乐难寻》的报道，摘引英国《泰晤士报》7月19日报道。

目前，英国的一位失望的作家，证实了那些怀才不遇者一直担心的情况：如果出版商没有慧眼，纵然杰作也难以出版。

这位名叫戴维·格拉斯曼的43岁作家，花了数月的时间给自己的新书《自由之塔》寻找出版商，却无果而终，这让他充满了挫折感。

因而，他想检验一下如今的出版商是否具有慧眼，能发现真正优秀的作品。于是他将简·奥斯汀的三部著作(《傲慢与偏见》、《诺桑觉寺》和《劝导》)的首章发给了18家出版商。他只对简·奥斯汀作品的标题和人物名字作了改动，并署了一个假名，然后坐等出版商的回音。

结果，格拉斯曼收到了一沓拒绝信，包括企鹅图书有限公司，该公司在信中说，那些作品很有创意，很有趣，但不太适合该公司出版。有意思的是，简·奥斯汀的这几部作品都是该公司出版过的。

在 18 家出版商中，只有一家认出了这些作品出于简·奥斯汀之手。

无独有偶，2000 年 1 月 18 日《中华读书报》发了一篇短文《瞎了眼的出版业》也讲述了同样性质的故事：英国《星期日泰晤士报》进行了一次测试，报社工作人员将两本获布克奖的图书的书稿充作无名作者投稿投给了英国的一些出版社和版权经纪人。结果表明，这些人似乎并不识货。有 20 个出版社或版权经纪人收到了这两份书稿，但他们一共只给出 21 条答复。除了一条之外，其余的全是冷冰冰的拒绝。

为什么会出现这种误判呢？为什么明明是优秀的作品，却会遭到冷冰的拒绝呢？而一些不太成熟的作品却一再受到人们的热捧呢？这是一个值得编辑认真研究、思考的问题。人们寄希望于编辑“慧眼识珠”，但有些编辑却“有眼无珠”。

前面讲到审稿时，我谈到国内一些编辑审稿误判的类型：有不审型，对书稿不审、不看，只听别人汇报。有权力型，谁权大谁说了算。上级主观武断，下级不敢坚持实事求是，据理申辩，看头儿眼色行事。偏爱型，自已喜欢哪一类书，就上哪一类，不考虑分工、性质、特色、品牌、市场。另类型，认为另类作品走俏，有市场，一心一意当另类作家，另类编辑。死板型，抱着老经验、老框框不放，不理解市场、读者的变化，以坚持原则自许。交际型，把手中的权力，看作交易的资本、交换的筹码。你帮我出书，我帮你办事，出书总在几个朋友圈子里打转。见钱眼开型，有钱、送钱来就出书，审不审无所谓……这些都是编辑误判的实际情况。

看来，编辑误判也是一种职业病、流行病，国内外同行，或多或少都会染上，我本人也不例外。

1985 年 8 月 19 日中国社科院近代史所研究员喻松青曾向我推荐史景迁所著《王氏之死》一书，她寄给我此书的英文本，并写信说：“此书通过《聊斋》故事叙说清代历史，内容生动，别具一格，为海外最畅销之历史书，适合于一般对历史有兴趣的人阅读。作者斯宾塞(中文名史景迁)为美国著名历史学家，现任耶鲁大学历史系主任。”

我收到书后，因我只学过俄文，只好求助于我哥哥郑伊雍(20 世纪 40 年代留美，学经济)，就把书请他看看，再作判断。一个月后他给我回信，认为“本书大量摘引《聊斋》及地方志，再译回中文，似不必要，对国内读者意义不大。我看不要考虑了。”我听取了这个意见，就没翻译出版此书。此书介绍到中国是在 2006 年的事。其实这本书的出版，对史学研究者还是有方法论的参考价值的，一般历史爱好者也可以读一读。

我在 20 世纪 80 年代，还拒绝过《全球通史》的出版，当时一位我们军队驻外使馆的武官，曾翻译此书，希望中青社出版，译稿我看过，觉得写得也有新意，但对市场前景不太看好。这书后来上海一家出版社翻译出版了，且成为在史学界颇有影响的一本书。

更早些时候，我的叔父郑鹤声先生还告诉我黎东方的通俗史学适合介绍给青年读者，但我亦未作进一步的深入了解，黎东方的书是在 1997 年，才由上海人民出版社介绍出版的。

我的叔父史学家郑鹤声先生(1970 年)

造成编辑误判的原因很多，从客观上看，书稿是精神产品，本身具有个性化、多样、丰富、复杂的特点，书稿好不好，不是一眼就能看明白的，判断起来，有难度。编辑对书稿前景的判断，又是一种预测的判断，判断是否符合实际，还要等书出版后，投入市场，接受读者的检验。有的书如工具书、教材、专业书，读者数量是可以计算出来的，有的书如大众读物，读者数量就很难预测。所以我们不能要求编辑对每本书都判断准确，判断八九不离十就很不错了。有时候编辑的判断也是一种模糊的判断，直觉的判断，不可能像医生那样，通过化验、透视、CT 扫描等等科技手段，来作出准确诊断。一本书到底行不行，还是要推到市场上，送到读者手中才知晓。所以，即使判断可用的书稿，起印点也不会很高。市场走得动，就加印，走不动，就不能加印。编辑工作成绩，不能只看他是否看走眼了几本书，而要看他的整体命中率如何。

从影响编辑准确判断书稿的主客观原因分析，从主观上说，判断书稿取决于编辑对作品本身的感觉如何，即编辑读了书稿后感觉如何，书稿打动没打动编辑。但是具体到每个编辑经历、修养、学识、兴趣都不一样，各有所好，所以书稿的命运就可想而知了。就知识读物而言，有的编辑就喜欢学术性强的，有的却喜欢深入浅出的。有的喜欢传统的，有的喜欢前卫的。同样一部书稿，老编辑看中的，换一个年轻编辑就可能看不中。编辑判断书稿，有时要借助自己的经验。有经验自然比没经验好，但是经验也会成为一种思维定势，成为一种框框、教条，妨碍你作出正确判断。编辑判断还要借助于自己的学识、修养、眼光、境界。知识面宽一点，杂学多一点，判断可能好一点，知识面过窄、过专，对出了这个知识圈的书稿判断就有困难。编辑判断有时要借助市场调研，但这种调研费时费力，调研的结论也只是描述一种趋势，仅供参考。具体到每本书，判断时要搞调研，有的可行，有的也难。编辑判断书稿，有时要集思广益，听取方方面面的意见，比如进行书稿论证会，但论证会上，隔行如隔山，种种意见，也只能择善而从，主意还得自己拿。再加上影响编辑判断还有一些外在因素：比如上级领导的意见，外部投资者资金的吸引力，编辑、出版社关系网的种种要求，都会影响编辑对书稿的判断与决策。总之要客观、全面、准确地判断书稿是不很容易的事。

从编辑判断力的角度看，应当抓好以下几个环节：观察——提问——分析——决策。每一个环节都思考到位，判断就可能比较准确。

观察：编辑的观察对象主要是书稿、作品。观察书稿就是要认真通读书稿，要尽可能与作品对话、交流。编辑应当深入了解作品，理解作品，又要能跳出作品，进行全方位的观察。观察要能抓住主流、抓住本质，是能“越过缺点，看到优点”“发现书稿潜力”的观察，能对有潜质的优秀作品产生共鸣。观察作品要既欣赏、又挑剔，为进一步完善作品出谋划策。观察作品还要评估其社会效益与市场前景。

观察要深入，就要进行提问。围绕书稿进行全方位的提问。作品到底写得如何？有可能吸引哪一部分读者？书稿还需要如何完善？需要多大规模、什么方式的宣传？这本书的看点、卖点是什么？如何说服经销商接受这本书？如何拟出明确、响亮的宣传文稿？装帧设计方案如何考虑？定价策略？如何打动媒体关注这本书？如果书稿还不成熟，有没有挽救的希望、方案？书稿存在的问题是全局性还是局部性的？谁来修改、完善？

即使是一本国外畅销书，要引进中国，也要进行提问，权衡利弊。《哈利·波特》是一本知名的畅销书，几经争取版权落入人民文学出版社，但是为了在中国营销成功，人文社策划班子还是反复提问：

①巫师、魔法、悬疑、幻想是西方儿童文学的传统，中国的孩子、家长习惯上接受的是知识性、学习性的读物，由于文化背景的不同，《哈利·波特》会不会在中国“水土不服”？不受欢迎？

②不少国外畅销书引进中国后因译文缺陷，导致无人喝彩而无声无息，《哈利·波特》如何跨越语言障碍？

③《哈利·波特》在日本等亚洲国家，销售远不如欧美红火，原因是什么？

④国内现有的促销手段，远不及欧美成熟，如何让中国的小读者着迷《哈利·波特》？

⑤可能出现大量盗版会带来负面影响，如何应对？

正是深入的提问、思考，使人文社想出了针对性的对策：请高手翻译，制定多角度、多方位、多层次促销方案：搞单品种书全国订货会；利用五大媒体进行有梯次宣传；制作特殊宣传品配合图书宣传……终于让《哈利·波特》在中国大受欢迎。

分析：在提问的基础上，综合分析各种利弊，为决策提供方案、依据。

决策：围绕书稿的取、舍、运作、制作、销售制定行动方案。

观察、提问、分析、决策，基本上是运用逻辑思维来作判断。有时也有依靠编辑直觉、经验作判断的。

直觉，按照《现代汉语词典》的说法，是“未经充分逻辑推理的感性认识。直觉是以已经获得的知识和累积的经验为依据的”。

具体来说直觉有以下几个特点：①直觉是对问题内在规律(即客观事物的本质联系)的深刻认识与理解；②这种理解来源于经验的积累；③它是经验积累达到一定程度突然达到理性与感性产生共鸣时，而表现为豁然贯通的一种顿悟式的理解。灵感思维时，一定会有直觉顿悟，直觉却不一定出现在灵感中。

编辑用直觉判断书稿是很自然的事，特别是经验丰富悟性较高的编辑，更应相信自己的直觉。直觉本身就是一种发现的意识、捕捉的意识，对编辑判断书稿是完全有用的。直觉的特点是：编辑在接触书稿、作者后，往往会产生一种看法，得出一种结论，作出一种判断。但是一时无法立即说清你的看法、判断、结论有多少依据，无法说清看法、判断、结论的过程。但在大多数情况下，你的看法、判断、结论又会被证明是正确的。这即是直觉的特点。

我在与高占祥合作十多年过程中，对他的作品的把握、出版决策，有时就是依靠直觉作出决定的。

编辑培养自己的直觉，有以下几种可供参考的方法：

(一)要相信自己的直觉，相信自己的第一判断。不相信直觉的人，即使产生了直觉，也会由于不敢相信而泯灭了直觉中渗出的可贵信息。

(二)养成快速思考的习惯，反复思考，快速思考，灵感、直觉、顿悟才会出现。

(三)多思多想，形成高品质的思维能力。进行编辑工作，要多思多想，每作一决策，事后成功还是不成功，都要思考总结，学习一些思维科学的原理，并运用到编辑工作之中，多思、多想才能有直觉、悟性的产生。

(四)多积累经验与相关知识。经验、知识、直觉是互通的。

总起来说，编辑工作发生误判是难免的，原因也多种多样：利益驱动，唯利是从；主观武断，唯我是从；感觉迟钝，缺少经验；知识单一，视野狭窄；缺乏全局，落后形势……这些都会导致误判。

要做到不误判，编辑需要锻炼自己的眼力。有的论者认为编辑应有"市场的眼光""文化的眼光""哲学的眼光"。我认为编辑好眼光应当具有"高""新""特""活""正"的特点，要锻炼眼力就要边工作，边学习，边总结，边提高。当然注意编辑的专业分工，专业类的书稿判断，要听取相关专家、顾问的意见。也是可以减少误判的。

我对编辑提高判断力作了以下十点概括：审时度势，客观判断；积累杂学，文化眼光；把握趋势，力求创新；了解作者，心中有数；体察读者，换位思量；善提问题，反复考量；把握本质，看到潜力；积累经验，相信直觉；对话作者，沟通心灵；集思广益，科学决策。

四、修炼编辑构思力

(一)构思力

构思力原指作家、艺术家在孕育作品过程中所进行的思维活动，从选取、提炼题材，酝酿、确定主题，一直到探索最适当的表现形式和结构方式。在叙事性作品中还要考虑人物活动与事件进展的局面等。构思决定于创作者的知、情、理、意等心理要素汇合成的完整的心理结构。

文学作品的创作过程一般是从构思开始的。构思是对未来作品思想内容和艺术形式的全面设计。既包括内容(题材、主题)，又包括形式(结构、语言、体裁等)。构思力从文学创作的角度看，即是作者对未来作品的设计能力。

编辑构思，是编辑对编书的预先设计。编辑构思力，则是编辑对未来要出的书进行预先设计的能力。

编辑构思与作者构思有相通之处，都是对一个未来作品的预先设计，但编辑构思又有自身独特之处。作者的写作构思一般只是针对具体的一本书的创作构思；编辑构思除了针对具体一本书，也包括针对一套书、一类书以及年度出书与长远出书的宏观构思、多层次构思。编辑构思从时间上说有主动构思、被动构思与平行构思。主动构思是早于作者创作的编辑构思，即编辑主动策划选题，然后按策划方案向适当的作者组稿，按预定的方案审稿、编稿。被动构思是指作者主动投交作品，编辑认为适合本社出书方针、范围，纳入出版计划后根据书稿情况与本社要求进行的编辑构思。平行构思则多见于文学创作。文学编辑组稿一般无固定的选题目标，在与作家交往过程中，得知作家有一创作构想即可进入编辑构思，与作者同步讨论作品的主题、故事、人物、情节、矛盾、冲突，帮助作者进入创作。最早研究编辑构思的是徐柏容先生，他在与阙道隆、林穗芳合著的《书籍编辑学概论》中写有“编辑构思”一章。他指出：编辑构思具体到一本书，主要是“编辑主旨、编辑方法、针对的对象、要起什么作用以及由这些决定的书的总体结构和以何种物态形式面对读者等等的构思。”

(二)编辑构思力的作用和特点

编辑构思力主要的着力点是要解决一本书或一套书的创意构想，如何别出心裁，与众不同。也是要按照本社的出书方针、出书范围、读者定位，引导、帮助作者适应特定的写作要求。编辑构思的基础、前提是对出版资源信息的充分收集与分析研究，包括作者资源、书稿资源、市场动态，然后形成编辑意图。这种编辑意图是将创作资源与读者需要与市场动向汇整后构思出来的。比如考虑这一选题有没有人写过？什么人写最合适？怎么写才会吸引特定的读者等等。

编辑构思实际即是将一个创意具体化的构思。出书的创意一般可以理解为预想要出的这本书的看点和卖点。看点是指这本书有新的或可以吸引读者的内容，卖点是这本书有一定的目标市场。在考虑创新和看点时，要确定这个创意是否可以扩展成一本图书，而不是只能写成一篇文章，毕竟图书要求内容更系统、有深度和丰富的内涵。在考虑市场或卖点时，必须思考是否有人会买这本书，乐于读这本书。还必须到市场上调查是否已有同类书，你的图书是否能以独特的视角填补此类市场的某些空白，即了解某一类图书的市场饱和度。编辑构思的具体化就是要写出一本书的策划方案与编辑方案。

编辑构思的另一个作用即是要解决作者与编辑的互动，发挥一本书创作、写作过程中作者与编辑的两个积极性，并规范作者与编者的行为要求。作者与编辑目标都是一致的，都希望创作出编辑出一本受读者欢迎的图书。这样从内容到形式，从叙事方式、结构到语言风格，既要靠作者的认真写作，也要靠编辑的审视与修正。有一个好的编辑方案，明确了一本书的主旨、内容、特点、写作要求、体例等，则有利于作者与编辑互动，避免交稿后大返工。

编辑构思还有一个重要作用即是解决出书的系统化、有序化、合理化、规范化。如前所述，编辑构思与创作构思不同在于其有宏观和多层次的特点。作者构思往往只针对一本书，写完了一本，才会去构思另一本书。而编辑则不同，既要构思一本书的编辑方案，还要构思一套书、一类书和长远出书的方案。在考虑一套书、一类书或长远出书方案时，就更要构思出书的系统化、有序化、合理化、规范化。而出书的系统化、有序化、合理化、规范化则会产生“系统效应”，即 1＋1＋1＞3。

编辑构思在编辑工作中的具体体现则是写作一本书的策划方案，一套书的编辑方案；一个编辑室的年度出书计划；一个出版社的年度出书计划与长远计划。

如何写书的策划文案？

策划文案大体包括以下内容：①选题提出的依据及价值；②书稿内容的策划，包括内容介绍，编撰体例，作者介绍，工作进度，计划出版时间；③市场调研，包括与同类书比较，读者定位与预测；④营销方案，包括定价，制作设想，宣传方案，销售通路；⑤效益预测等。

具体到一本书，最重要的是要说明这本书的内容、特点，出版的理由，实现的步骤。把这本书的创意用简明扼要的文字予以说明，并说明是可以付诸实施的，对效益(社会效益、经济效益作必要的预测)。

下面以胡亚权策划的《敦煌壁画白描精华》方案为例。

关于《敦煌壁画白描精华》的策划

敦煌石窟是世界级国宝。敦煌石窟包括莫高窟、西千佛洞、榆林窟、东千佛洞、五个庙石窟，从公元 4 世纪创建，历经十六国、北魏、西魏、北周、隋、唐、五代、宋、西夏、元等 10 个朝代，连绵 1 000 年，虽遭自然和人为的破坏，但至今仍保存 550 余个洞窟。5 万多平方米的壁画和 2 000 余身彩塑，是现存历史最悠久、规模最大、内容最丰富、保存最完好的佛教艺术宝库。中华民族以此为骄傲。由于地处我省境内，甘肃也因此而知名于世。

本世纪初，莫高窟藏经洞 45 000 余件遗书文献文物的出土，震动了世界，由此形成了一门名叫“敦煌学”的显学，至今仍为热门学科。

由于敦煌学庞杂综复，学者的研究成果虽然涉及很多的领域，但仍然只是沧海一粟，且研究成果属高深层次，很少顾及大众。

目前敦煌研究的成果结集出书的，国内外已有上千种，其中不乏大型画册。由于国内经济实力的原因，像文物出版社的《中国石窟全集》、人民美术出版社的《中国美术全集》等大型系列画册，均在出版前期步履维艰。文物出版社不得不与日本合作出版。

这类大型画册都是彩色精印，定价每套几千元人民币，国内的广大读者只能望书兴叹，无力购买，因此发行量一般在千册左右。这几年来，由于改革开放，许多地方出版社开始对此类图书发生兴趣，江苏美术出版社与甘肃人民美术出版社合作出版了《敦煌》，甘肃人民美术出版社出版了《甘肃石窟》等画册。台湾也出版了摄影家抓拍的《丝绸之路》画册，等等。

问题在于，高档次的画册民众无力问津，普及型的画册并没有被列入议事日程。我在甘肃少年儿童出版社出任总编辑时，曾组织策划了《敦煌连环画精品》一书，原打算出成系列，但3年成一书，几经周折，迟迟于1994年才问世。甘肃人民美术出版社刘云石总编辑组织的《敦煌之最》(谢生保著)于1993年出版后获中宣部“五个一工程”奖，乃甘肃出版界引以为荣之事也。

从80年代起，我一直注意敦煌美术的普及问题，发现敦煌研究人员在临摹壁画时，首先要在原壁画的基础上制作出1：1的白描底本。研究人员力求分毫不差地摹写古代画家的原作，体会古人笔味技巧。遂想到，这才是最具权威性的白描图本，它和一般的画家及艺术学院高年级学生照画册临写或者在洞窟中的速写有着天壤之别。这样，产生了一个构思：出版一套真正的敦煌白描画丛。

1986年，去敦煌开会期间，找到谢生保先生，谢先生毕业于西北师院中文系，后辗转到敦煌研究院专家委员会任秘书，对敦煌学研究颇为尽心。我们彻夜深谈，集思广益，确定了出版白描画册的选题。

这一策划，又征求了研究院专家的意见。一生从事敦煌图案研究的关友惠先生说：“我40年来一直在做这个梦，希望梦想成真。稿酬低一点不去计较，成果问世是造福社会的事情。”这些奉献的中国老一代知识分子的思想境界，使我大为感动，决心将此选题变成出版物。

1993年，谢生保先生组织的白描图稿送到编辑室，我们对样稿仔细审阅，坚定了信心。向甘肃人民出版社总编正式申报了选题，被批准。现已发稿3种，计划两年内出齐11种。

丛书名称：《敦煌壁画白描精华》

大16开，12印张，内文单色，平装加四色护封。计划印数3 000套，每册定价50元以内。

各卷书名：《敦煌佛像》、《敦煌菩萨》、《敦煌飞天》、《敦煌乐伎》、《敦煌舞伎》、《敦煌图案》、《敦煌供养人》、《敦煌动物画》、《敦煌故事画》、《敦煌山水花鸟画》、《敦煌社会风俗画》共11卷。

作者：全部由敦煌研究院美术人员组成，且为专家级。

主编：谢生保。

编委：赵俊荣、马玉华、吴荣鉴、赵旲成。

以上意见，请甘肃人民出版社张正杰总编辑批示。

关于一套书的策划方案：套书多指丛书、文库、书系，由多个单本构成一套书。在构思一套书的策划文案时，要考虑内部各本书的内容与互相联系，还要考虑这套书总体上看与别的套书有什么区别。方案应包括以下内容：①编辑宗旨，说明为什么要编这套书，丛书的目的、性质，要起的作用，读者对象；②编辑原则，明确丛书的内涵与边际，重点要说明什么，每本书的大体内容、要求；③编辑方式，分不分辑，是组新稿还是选编，是否组织编委会；④体例规定，每本的字数，每本的格式，开本，用纸，装订等；⑤出书计划，工作进展安排。

写丛书的编辑方案要考虑丛书内部各本之间的联系。这种联系，有时是很明确的，有逻辑顺序，按照事物发展的内在联系列题。如 1994 年中国青年出版社出过一套岳洪治主编的“名家爱情诗选”，列题按爱情自然发展的过程列出：《灵泉——爱情的奥秘》、《青吻——初恋的感觉》、《沉醉——热恋的幻梦》、《奇境——婚后的行旅》、《别泪——失恋的况味》，选编名家爱情诗，每册一个主题，册与册之间也有自然的联系。

也有的丛书编辑方案各册之间内容不一定有紧密的联系，但都是围绕一个主旨列题。列题或是考虑读者对象的接受程度，或是考虑与其他同类丛书的区别。

构思一本书或丛书的编辑方案要避免对书稿内容、特点讲述不清楚，对策划创意思考不准确，对目标读者界定过于模糊、笼统，对同类书状况调研不够，对销售通路、方式没有弄清楚，对市场前景、目标利润过于乐观。要尽可能情况明，才能决心大。

至于一类书以及年度出书与长远出书的宏观构思、多层次构思，初做编辑工作的可能接触不到，一般是资深编辑、编辑室负责人，出版社社长、总编辑要研究的问题。一个出版社的长远出书规划(3～5 年)首先要考虑出版社的定位、特色；其次要考虑出版社的特定读者对象；考虑出版社自身特有出书范围与编辑方针、任务；按照既定的出书范围列出可以考虑的出书板块与选题；要研究出版社出书的重点项目与风格。

年度出书计划的构思应当比较落实，一般建立在出版社已掌握的出版资源与选题资源的基础上。应包括以下内容：①指导思想和原则；

②年度出书的重点与重大选题策划；③制定年度出版选题计划的具体要求；④填报年度出版选题计划表的具体规定。

编辑如何提高自己的构思力？构思即构想，成功的构思应用在编辑工作上，应是创意＋结构。提高自己的构思力应在创意与结构上下功夫。

一切伟大的创造都是从构想开始的。出版产业是内容产业、文化产业。创意构想自然离不开内容与文化。

关于出版内容创新：一是依靠策划；二是依靠品牌。策划要求运用高级的创造性思维活动来设计选题，设计的选题要有别于惯有的思维，一般的发现，已有的成果。策划创意不是纯主观思考的产物，而是来自对信息的广泛搜集，反复研究，多方论证，来自个人与集体智慧的产物，来自主观认识与客观实际的统一。我们推出的文化产品图书要具有吸引力、影响力。构思策划即要研究什么图书对读者具有吸引力、影响力。高占祥先生在新出版的《文化力》(北京大学出版社 2007 年 9 月)中指出："新奇独特的作品有吸引力""贴近群众的作品有吸引力""名人、名作、名角具有吸引力""大悲非喜的作品有吸引力""传统与现代对接的作品有吸引力""艺术与科技嫁接的作品有吸引力"。他还指出："人文素质是文化影响力的基石""文化品牌是文化影响力的风帆""文化经典是文化影响力的明灯"这些是文化内容产业构思必须遵循的方向。编辑要提高自己的构思能力，要注意发挥思维联想，注意逆向思维，灵感、直觉、感悟的作用。既学会抽象思维也学会形象思维，这样才有可能策划时做到"人无我有，人有我新"，避免同质化，避免跟风炒作，拾人牙慧。

品牌是优质产品不断延伸形成的标志效应。品牌意味着出版单位在某一产品方向不断推出优质产品，也引导读者识别与认购某一类产品。在中国购买古籍类图书多找中华书局的；买语言类工具书多找商务的；买外语教学类的多找外研社的。受大众欢迎的期刊如《读者》、《青年文摘》、《故事会》等也形成了自己的品牌。构思品牌产品，一定要明确自己的出版特色、产品定位、做优做好，还需要长期坚持，持之以恒。品牌产品也要不断修订、完善，以延续自己的生命周期。《辞海》、《辞源》、《现代汉语词典》、《新华字典》都是通过修订再版而形成生命周期不断延续的品牌产品。

我 2001 年从中青社退休后，被河北教育出版社北京颂雅风文化艺术中心请去任“文字总监”，又经历了一个新品牌的创造过程。河北教育出版社成立于 1986 年，经过 20 年发展，从一个默默无闻的小社发展成年出书逾千种，出书涵盖社会科学、文化教育、文学艺术、儿童读物、教材教辅等诸多领域，年销码洋过两亿、总资产超过 3 亿的品牌大社。北京颂雅风文化艺术中心成立于 1999 年，原是河北教育出版社北京办事处，成立之初承担了为社里制作图书的任务。在社里支持下，颂雅风文化艺术中心确立了编辑制作艺术类图书的发展方向。在社领导提出的“出精品、育品牌”的出版理念与“诚信、创新、合作、共享”的企业价值观指导下，以出版高档次、高品质的艺术类图书为己任，先后出版了《20 世纪书法经典》、《中国名画家精品集》、《中国书法家精品集》等大型画册，又出版了《中国书法家全集》、《中国名画家全集》、《世界名画家全集》等大型丛书，为海内外知名的吴冠中、沈鹏、范曾、张仃、黄胄、袁运甫等画家出版了作品集。该中心已出版的《鲁迅之世界》、《梅兰芳藏戏曲史料图画集》、《中国漫画书系》、《中国民间剪纸集成·蔚县卷》等 8 种图书获得国家图书奖。特别是《梅兰芳藏戏曲史料图画集》获第六届国家图书奖提名奖、第二届全国优秀艺术图书二等奖，第 14 届香港印制大奖冠军、第 53 届美国印制大奖 Benny Award 特等金奖，2004 年 1 月在德国莱比锡获“世界上最美的书”的装帧界最高荣誉奖。颂雅风文化艺术中心发展成策划、编辑、设计、制作一体的现代艺术出版机构，成为全国知名的艺术图书出版品牌机构之一，不断吸引着高端艺术出版物前来出版。实践证明注重品牌建设、品牌延伸，是出版创新的必经之路。

五、修炼编辑亲和力

亲和力，原是指两种或两种以上的物质结合成化合物时互相作用的力，引用到人际关系上是指人与人交往时谦虚友善的状态。亲和力是一个人综合气质的表现。作为编辑，只有具备亲和力，才能拉近人与人之间的距离，与作者交上朋友，当好伯乐，发现人才，推出好的作品。日本讲谈社的学术局长、学艺局长、顾问鹫尾贤也在《编辑力》一书中专门研究了编辑的人际交往。他非常强调编辑要建立自己的人脉。他说：“编辑就像硬盘，如何拥有丰富的优秀软件，决定一个编辑的价值。因为编辑都知道自己能力有限，如果只合作一次就放弃作者这种超优的软件，不是很可惜吗？编辑必须拥有许多在关键时刻可以变成重要软件的作者人脉。”这是对编辑亲和力的很好阐释。编辑亲和力即是编辑建立作者人脉的能力。

编辑亲和力的构成，可以分四个方面：一是“识”，即要善于识别作者，从众多作者中认识人才，发掘优秀作者，从众多作品中识别优秀作品。二是“交”，能以文会友，与作者交成朋友。要能成为特定文化圈中的平等成员，可以和作者平等的交流沟通。对不同的作者，如年轻的、中年的、老年的，不知名的、著名的能采用不同的方式方法当好参谋，给予帮助。三是“诚”，编辑与作者交朋友要以诚信交人，以优质的工作取信于人。四是“勤”，编辑与作者的联系，不能是出完一本书就中断了联系。对基本作者，重要作者要保持经常联系，请他们为编辑部出点子，联系更多的作者，当好编辑部的“智库”。

总之修炼编辑的悟性涉及方方面面的问题。修炼时既要从理论上学习，学点哲学，学点思维科学，甚至学点兵法、谋略，也要从实践中学习：做一本书，就总结一次，打一仗，进一步。还要善于向同行学习，向朋友学习，在生活中学习。艺无止境，学无止境。在 21 世纪，我们期待着优秀的作品，期待着文脉的传承，期待着新一代编辑家的著作。

郑一奇著作要目

一、专　著

1.《人民热爱的音乐家——聂耳与冼星海》，石家庄：河北教育出版社，1992 年。

2.《爱国学生的震天怒吼——“一二·九”运动》，石家庄：河北教育出版社，1992 年。

3.《近世邮风》，北京：民主建设出版社，1997 年。

4.《编辑心语》，石家庄：河北教育出版社，2004 年。

5.《史海流连》，北京：中国青年出版社，2007 年。

6.《实用编辑学》(合著)，北京：中国青年出版社，1986 年。

7.《漫话长城》(合著)，郑州：河南教育出版社，1987 年。

8.《中华民族的象征——长城》(合著)，香港：香港南粤出版社，1989 年。

9.《出版词典》(合著)，上海：上海辞书出版社，1992 年。

10.《中国文化精要》(合著)，北京：中国青年出版社，1994 年。

11.《民国著名人物传》(合著)，北京：中国青年出版社，1997 年。

12.《图书商品学》(合著)，北京：人民出版社，1999 年。

二、主　编

13.《新编中国文史知识词典》(任副主编)，北京：中国青年出版社，

1989 年。

14.《中华英杰》(主编之一)，杭州：浙江少年儿童出版社，1995 年。

15.《中国历史文化事典》(任副主编)，东京：日本新潮社，1998 年。

16.《叶圣陶编辑思想研究》(主编之一)，北京：开明出版社，1999 年。

17.《人类精神文明发展史》(4 卷本)(主编之一)，北京：中国青年出版社，2003 年。

三、论　文

18.《加强图书出版全面质量管理的对策思考》，见《市场经济与编辑出版》，天津：天津教育出版社，1994 年。

19.《试论选题策划的必要性与限制性》，见《编辑工作的规范与创新》，石家庄：河北教育出版社，1997 年。

20.《论编辑的大局意识》，见《出版改革与精神文明建设》，北京：北京出版社，1999 年。

21.《选题策划的策略》，见《出版策划·理论与实践》，南宁：广西教育出版社，2000 年。

22.《我们决不肯辜负读者——学习叶圣陶出版思想的一点体会》，载《出版广角》2000 年第 2 期。

23.《美国商业期刊经验探秘》，载《出版广角》2000 年第 8 期。

24.《诊治“硬伤”，编辑不可放弃的职责》，载《中国编辑》2003 年第 4 期。

25.《浅议青年编辑职业道德的养成》，载《中国编辑》2007 年第 3 期。

26.《图文书编辑技巧应注意的几个问题》，载《中国编辑》2007 年第 6 期。

27.《八里桥究竟在哪里?》，载《历史研究》1978 年第 4 期。

28.《张衡创制的是浑象还是演示用浑仪》，载《社会科学战线》1985 年第 2 期。

29.《从屈辱与痛苦中获取崛起的力量——记圆明园被英法联军焚掠 130 周年》，载《中国青年报》1990 年 10 月 8 日。

30.《震撼清王朝的第一枪——纪念辛亥革命 80 周年》，载《炎黄春秋》1991 年第 2 期。

31.《朗克〈教皇史〉选评介》，见《外国史学名著评介》第 2 卷，济南：山东教育出版社，1993 年。

32.《中国传统文化的特征》，见《中国文化精要》，北京：中国青年出版社，1994 年。

33.《史学——智慧之学》，载《光明日报·史学》1996 年 7 月 2 日。

34.《从天命论看传统文化对中国农民战争的影响》，载《江汉论坛》1998 年第 5 期。

35.《〈中国史学入门——顾颉刚讲史录〉是怎样诞生的》，载《出版史料》2004 年第 4 期。

36.《胡乔木与中国青年出版社——从一封原信的保存经过说起》，载《出版史料》2006 年第 4 期。

四、书　评

37.《纪念民族精英的"凌烟阁"——评〈中华民族杰出人物传〉》，载《出版工作》1985 年第 9 期。

38.《重新发现我们的优秀传统文化——评〈中国文化精要〉》，载《社会科学战线》1995 年第 2 期。

39.《道德修养的百科全书——评高占祥著的〈人生宝典〉》，见《〈人生宝典〉论》，北京：中国青年出版社，2001 年。

40.《行走中的哲思》，载《中国图书评论》2004 年第 4 期。

41.《张居正的悲喜剧及其他》，载《中国图书商报》2006 年 12 月 19 日。

42.《"征服"希特勒的幽灵》，载《中华读书报》2006 年 2 月 5 日。

43.《坐冷板凳的历史学家》，载《中国图书商报》2007 年 3 月 20 日。

44.《梦回旧学求真解》，载《中国图书商报》2007 年 5 月 29 日。

附　录
推荐给年轻编辑的阅读书目

一、出版概论

1.《现代出版产业发展论》(于友先著)，苏州：苏州大学出版社，2003年。

2.《图书出版的艺术与科学》(赫伯特·贝利著)，石家庄：河北教育出版社，2004年。

3.《出版大冒险》(长冈义幸著)，北京：国际文化出版公司，2006年。

二、编辑概论

4.《书籍编辑学概论》(阙道隆、徐柏容、林穗芳著)，沈阳：辽宁教育出版社，1995年。

5.《编辑人的世界》(格罗斯主编)，北京：中国工人出版社，2000年。

6.《出版策划·理论与实践》(张芬之主编)，南宁：广西教育出版社，2000年。

7.《写作与编辑》(陈合宜著)，广州：暨南大学出版社，2003年。

8.《我是编辑高手》(吉尔·戴维斯著)，石家庄：河北教育出版社，2004年。

9.《选题策划》(杰夫·赫曼等著)，石家庄：河北教育出版社，

2005 年。

10.《这书要卖 100 万》(井狩春男著)，桂林：广西师范大学出版社，2005 年。

11.《图书营销案例点评》(刘拥军主编)，苏州：苏州大学出版社，2005 年。

12.《打造畅销书》(布赖恩·希尔著)，北京：中国人民大学出版社，2006 年。

13.《畅销书的故事》(迈克尔·科达著)，北京：中国人民大学出版社，2006 年。

14.《编辑力》(鹫尾贤也著)，北京：中国人民大学出版社，2007 年。

15.《报刊逻辑与语言病例评析 1100 例》(宇文现主编)，北京：首都师范大学出版社，2008 年。

三、出版与编辑经验

16.《老编辑手记》(韦君宜著)，成都：四川人民出版社，1985 年。

17.《我是编辑》(叶至善著)，北京：中国少年儿童出版社，1998 年。

18.《叶圣陶编辑思想研究》(叶圣陶研究会编)，北京：开明出版社，1999 年。

19.《编辑的故事》(黄伊著)，北京：金城出版社，2003 年。

20.《我的出版思维》(聂震宁著)，石家庄：河北教育出版社，2004 年。

21.《编辑心语》(郑一奇著)，石家庄：河北教育出版社，2004 年。

22.《为书籍的一生》(绥青著)，桂林：广西师范大学出版社，2005 年。

23.《开明魂》(章士宋、章士褱著)，绍兴市名人文化研究会，2007 年。

四、思维科学与文化创新

24.《创造》(傅世侠著)，沈阳：辽宁人民出版社，1985 年。

25.《文化力》(高占祥著)，北京：北京大学出版社，2007 年。

26.《增强自主创新能力》(北京市科委编)，北京：中国青年出版社，2007 年。